开源节流

不做假账

——彭湘华

华东地区大学出版社第九届优秀教材评奖

二等奖

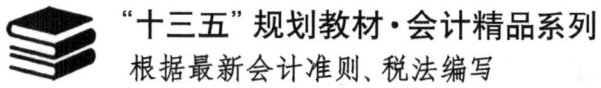"十三五"规划教材·会计精品系列

根据最新会计准则、税法编写

出 纳 实 务

（第五版）

主编◎彭湘华 杨令芝 李香花

立信会计出版社

LIXIN ACCOUNTING PUBLISHING HOUSE

图书在版编目(CIP)数据

出纳实务 / 彭湘华，杨令芝，李香花主编. —5 版
. —上海：立信会计出版社，2019.8(2024.1 重印)
ISBN 978 - 7 - 5429 - 6082 - 5

Ⅰ. ①出… Ⅱ. ①彭… ②杨… ③李… Ⅲ. ①出纳—
会计实务-高等学校-教材 Ⅳ. ①F233

中国版本图书馆 CIP 数据核字(2019)第 158762 号

责任编辑　　孙　勇

出纳实务（第五版）

CHUNA SHIWU

出版发行	立信会计出版社			
地　　址	上海市中山西路 2230 号	邮政编码	200235	
电　　话	(021)64411389	传　　真	(021)64411325	
网　　址	www. lixinaph. com	电子邮箱	lixinaph2019@126. com	
网上书店	http://lixin. jd. com		http://lxkjcbs. tmall. com	
经　　销	各地新华书店			
印　　刷	上海万卷印刷股份有限公司			
开　　本	787 毫米×1092 毫米	1/16		
印　　张	18.25	插　　页	1	
字　　数	408 千字			
版　　次	2019 年 8 月第 5 版			
印　　次	2024 年 1 月第 3 次			
书　　号	ISBN 978 - 7 - 5429 - 6082 - 5/F			
定　　价	39.00 元			

如有印订差错，请与本社联系调换

第五版前言

出纳是会计工作中必不可少的组成部分，担负着企业会计核算的基础工作。出纳人员不仅要负责现金收付和银行结算业务，同时还要负责现金、票据、有价证券的保管等重要任务。出纳工作虽然不像会计工作那样复杂，但却很琐碎，要想做好这项工作并不是一件容易的事。它要求出纳人员不仅要有足够的耐心，而且要有全面的法规知识、熟练高超的业务技能、严谨细致的工作作风。

本教材在编写中以适应高职教育为目标，以全面素质教育为基础，以能力为本位，以就业为导向，以最新的法律、法规为依据，全面系统地介绍了出纳岗位所应具备的基本理论知识，且理论部分多以简洁的图表表示，重点介绍了出纳岗位的基本技能，技能部分图文并茂。部分章后安排了案例或实训的内容，教材后安排了综合实训以训练学生的动手能力。

本教材适合于高职高专学生进行出纳岗位实训，也适合在职出纳人员进行后续教育和基本技能训练。为了便于教师教学和学生自学，本教材配有综合实训的参考答案，还配有课时授课计划等教学资料，可发E-mail至 pastwater11@163.com 联系索取。

本教材由彭湘华、杨令芝、李香花担任主编。许宗保、谢达理、陈金莲担任副主编。银样军对全书进行了指导和修订，担任主审。最后由彭湘华对全书进行总纂定稿。各章编写具体分工为：杨令芝编写第一章；谢达理编写第二章；易新编写第三章；许宗保、李香花编写第四章；杨胜艳编写第五章；张凤明、黄志宏编写第六章；刘岳兰、许静编写第七章；陈金莲编写第八章；彭湘华、付小华、宋景娥、易俊杰、罗坤杰、吴甜敏、袁小燕、曾玲编写第九章。

本教材是长沙民政职业技术学院卓越校建设——职业与就业特色课程建设的研究成果之一（课程编号：Z1444201602），是会计教学界和实务界集体智慧的结晶。编写过程中，中国人民银行长沙分行的易新和唐武云、长沙大学财务处的李志光等提供了很多实物资料，也提供了很多中肯的意见和建议，还参考了同行的智慧，在此一并致谢。

由于作者水平有限，书中不当之处在所难免，恳请读者批评指正。编者的邮箱是270911392@qq.com。

编　　者
2019 年 8 月

目　　录

第 一 章

出纳基本知识

第一节　出　纳　职　业

一、出纳职业的基本含义

在"出纳"一词中，"出"即支出的意思，"纳"则是收入的意思，这两个字合二为一则非常准确地表明了出纳业务的核心要义，也就是货币资金的收入与支出。从会计学的角度出发，出纳显然是一个会计名词，出纳职业至少含有出纳工作和出纳人员这两个方面的含义。

（一）出纳工作

出纳工作是管理货币资金、票据、有价证券进进出出的一项工作。从实践来说，出纳是指按照有关规定和制度，办理本单位的现金收付、银行结算及有关账务，保管库存现金、有价证券、财务印章及有关票据等工作的总称。从大的方面来讲，只要是票据、货币资金和有价证券的收付、保管和核算，就都属于出纳工作。它既包括各单位会计部门专设出纳机构的各项票据、货币资金、有价证券的整理和保管，货币资金和有价证券的核算等各项工作；也包括各单位业务部门的货币资金收付、保管等方面的工作。而从小的方面来讲，出纳工作则仅指各单位会计部门专设出纳岗位或人员所负责的各项工作。

（二）出纳人员

出纳人员，从广义上讲，既包括会计部门的出纳工作人员，也包括各单位业务部门的各类收款员。而收款员从其工作的性质、内容、要求以及他们本身所应当具备的个人素质等方面综合来看，与会计部门的专职出纳人员有很多相同之处。首先，收款员的主要工作是办理货币资金和各种票据的收入，保证自己经手的货币资金和票据的安全与完整；其次，收款员还需要填制和审核许多原始凭证；再次，由于收款员同样是直接与货币打交道，所以除了要有过硬的出纳业务知识以外，还必须具备良好的财经纪律意识和职业道德修养。所不同的是，收款员一般工作在经济活动的第一线，各种票据和货币资金的收入，特别是货币资金的收入，通常是由收款员转交给专职出纳的；最后，收款员的工作过程是收入、保管、核对与上交，一般不专门设置账户进行核算。因此，也可以说，收款员是出纳或者会计机构的派出人员，他们是各单位出纳队伍中的一员，他们的工作是整个出纳工作的一部分。出纳业务的管理和出纳人员的教育与培训，应从出纳工作大的方面综合考虑。在平时的实际工作中所指的出纳人员仅指会计部门的出纳人员。

二、出纳职业的基本特点

任何工作都有自身的特点和工作规律，出纳是会计工作的组成部分，具有一般会计工作的本质属性,但它又是一个专门的岗位、一项专门的技术,因此,具有自己的工作特点。

(一)广泛的社会性

出纳工作担负着一个单位货币资金的收付、存取活动,而这些活动是置身于整个社会经济活动的大环境之中的,是和整个社会的经济运转相联系的。只要这个单位发生经济活动,就必然要求出纳人员与之发生经济关系。例如,出纳人员要了解国家有关财会政策法规并参加这方面的学习和培训,出纳人员要经常与银行打交道等。

(二)较强的专业性

出纳工作作为会计工作的一个重要岗位,有着专门的操作技术和工作规则。如何填凭证,怎样记出纳账都很有学问,就连保险柜的使用与管理也是很讲究的。因此,要做好出纳工作,一方面要求经过一定的职业教育;另一方面也需要在实践中不断积累经验,掌握其工作要领,熟练使用电脑等现代化办公工具,只有这样,才能成为一个合格的出纳人员。

(三)全面的政策性

出纳工作的政策性是很强的,工作的每一环节都必须依照国家有关规定进行。如办理现金收付要按照国家现金管理规定进行,办理银行结算业务要根据国家银行结算办法进行。《中华人民共和国会计法》(以下简称《会计法》)、《会计基础工作规范》等法规都把出纳工作并入会计工作中来,并对出纳工作提出了具体规定和要求。出纳人员不掌握这些政策法规,就做不好出纳工作;不按这些政策法规办事,就会违反财经纪律。

(四)严格的时间性

出纳工作具有很强的时间性,何时发放职工工资,何时核对银行对账单等,都有严格的时间要求,一天都不能延误。因此,出纳人员心里应有个时间表,及时办理各项工作,保证出纳工作质量。

第二节　出　纳　工　作

一、出纳工作的职能

简而言之,出纳职能也就是出纳产生的作用,从总的方面来讲,可概括为收付、反映、监督、管理四个方面。

(一)收付职能

出纳的最基本职能是收付职能。企业的基本经营活动之一是货物价款、往来款项的收付以及各种有价证券、金融业务往来的办理,这些活动都必须经过出纳人员之手,是出纳工作的首要职能。

(二)反映职能

即利用统一的货币计量单位,通过其特有的日记账、各种明细分类账,对本单位的货币资金和有价证券进行详细的记录与核算,从而为经济管理和投资决策提供完整、系统的经济信息。

(三)监督职能

出纳不仅要对本单位的货币资金和有价证券进行详细的记录与核算,为经济管理的投资决策提供所需的完整、系统的经济信息,还要对企业的各种经济业务,特别是货币资金收付业务的合法性、合理性和有效性进行全过程的监督。

（四）管理职能

主要包括对货币资金与有价证券进行保管,对银行存款和各种票据进行管理,对企业资金使用效益进行分析研究,为企业投资决策提供经济信息,甚至直接参与企业的方案评估、投资效益预测分析等。

二、出纳工作的内容

鉴于出纳工作的职能,出纳人员的工作内容和任务主要包括货币资金的收支与记录、往来结算、工资核算、货币资金收支的监督等。

（一）货币资金的收支与记录

（1）做好现金收付的核算。严格按照国家有关现金管理制度的规定,根据稽核人员审核签章的收付款凭证进行复核,办理款项收付。

（2）做好银行存款的收付核算。严格按照银行《支付结算办法》的各项规定,根据审核无误的收入与支出凭证进行复核,办理银行存款的收付,经常与银行传递来的对账单进行核对,并编制银行存款余额调节表。

（3）认真登记日记账,保证日清月结。根据已经办理完毕的收付款凭证,逐笔序时登记现金和银行存款日记账,并结出余额。银行存款的账面余额及时与银行存款对账单核对,保证账证、账账、账实相符。月末要编制银行存款余额调节表,使账面余额与对账单上余额调节相符。对未达账项,要及时查询。要随时掌握银行存款余额,不准签发空头支票。

（4）保管库存现金,保管有价证券。对现金和各种有价证券,要确保其安全和完整无缺。库存现金不得超过银行核定的限额,超过部分要及时存入银行。不得以"白条"充抵现金,更不得任意挪用现金。如果发现库存现金有短缺或盈余,应查明原因,根据情况分别处理。不得私下取走或补足,如有短缺,因自身原因造成的要负赔偿责任。对于单位保险柜密码、开户账号及取款密码等,不得泄露,更不能任意转交他人。

（5）保管有关印章,登记注销支票。出纳人员所管的印章必须妥善保管,严格按照规定用途使用。签发支票的各种印章,不得全部交由出纳一人保管。一般而言,单位财务专用章由财务主管保管。对于空白收据和空白支票必须严格管理,专设登记簿登记,认真办理领用和注销手续。

（6）复核收入凭证,办理销售结算。认真审查销售业务的有关凭证,严格按照销售合同和银行结算制度,及时办理销售款项的结算,催收销售货款。发生销售纠纷,货款被拒付时,要通知有关部门及时处理。

（二）往来结算

（1）办理往来结算,建立清算制度。现金结算业务的内容主要包括:企业与内部核算单位和职工之间的款项结算;企业与外部单位不能办理转账手续和个人之间的款项结算;低于结算起点的小额款项结算;根据规定可用于其他方面的结算。对购销业务以外的各种应付、暂收款项,要及时催收结算,应付、暂收款项,要抓紧清偿。对确实无法收回的应收账款和无法支付的应付账款,应查明原因,按照规定报经批准后处理。

（2）管理企业的备用金。实行备用金制度的企业,要核定备用金定额,及时办理领用和报销手续,加强管理。对预借的差旅费,要督促及时办理报销手续,收回余额,不得拖欠,不准挪用。建立其他往来款项清算手续制度。对购销业务以外的暂收、暂付、应收、应付、备用金等债权债务及往来款项,要建立清算手续制度,加强管理,及时清算。

(3)核算其他往来款项,防止坏账损失。对购销业务以外的各项往来款项,要按照单位和个人分户设置明细账,根据审核后的记账凭证逐笔登记,并经常核对余额。年终要抄列清单,并向领导或有关部门报告。

(三)工资核算

(1)执行工资计划,监督工资使用。根据批准的工资计划,会同劳动人事部门,严格按照规定掌握工资和奖金的支付,分析工资计划的执行情况。对于违反工资政策,滥发津贴、奖金的,要予以制止或向领导和有关部门报告。

(2)审核工资单据,发放工资奖金。根据实有职工人数、工资等级和工资标准,审核工资奖金计算表,办理代扣款项(包括计算个人所得税、住房基金、劳保基金、失业保险金等),计算实发工资。

(3)负责工资核算,提供工资数据。按照工资总额的组成和支付工资的来源,进行明细核算。根据管理部门的要求,编制有关工资总额报表。

(四)货币资金收支的监督

货币资金收支过程中会面临很多消极因素,为了保证货币资金收支的安全,必须对其实施有效的监督。出纳监督是依据国家有关的法律法规和企业的规章制度,在维护财经纪律、执行会计制度的工作权限内,坚决抵制不合法的收支和弄虚作假的行为。出纳在办理现金和银行存款各项业务时,要严格按照财经法规进行,违反规定的业务一律拒绝办理。随时检查和监督财经纪律的执行情况,以保证出纳工作的合法性、合理性,保护单位的经济利益不受侵害。

三、出纳工作的基本原则

出纳工作的基本原则主要是指内部牵制原则或者说钱账分管原则。我国《会计法》第三十七条规定:"会计机构内部应当建立稽核制度。出纳人员不得兼任稽核、会计档案保管和收入、支出、费用、债权债务账目的登记工作。"钱账分管原则是指凡是涉及款项和财物收付、结算及登记的任何一项工作,必须由两人或两人以上分工办理,以起到相互制约作用。例如,现金和银行存款的支付,应由会计主管人员或其授权的代理人审核、批准,出纳人员付款,记账人员记账;发放工资,应由工资核算人员编制工资单,出纳人员从银行提取现金和分发工资,记账人员记账。实行钱账分管,主要是为了加强会计人员相互制约、相互监督、相互核对,提高会计核算质量,防止工作误差和营私舞弊等行为。

《会计法》专门规定出纳人员不得兼任稽核、会计档案保管和收入、支出、费用、债权债务账目的登记工作,是由于出纳人员是各单位专门从事货币资金收付业务的会计人员,根据复式记账原则,每发生一笔货币资金收付业务,必然引起收入、费用或债权、债务等账簿记录的变化,或者说每发生一笔货币资金收付业务都登记收入、费用或债权、债务等有关账簿,如果这些账簿登记工作都由出纳人员办理,就会给贪污舞弊者以可乘之机。同样道理,如果稽核、内部档案保管工作由出纳人员经管,也难以防止利用抽换单据、涂改记录等手段进行舞弊的行为,当然,出纳人员不是完全不能记录,只要所记的账不是收入、费用、债权、债务方面的账目,是可以承担一部分记账工作的。总之,钱账分管原则是出纳工作的一项重要原则,各单位都应建立健全这一制度,防止营私舞弊行为的发生,维护国家和单位财产的安全。

四、出纳工作的组织

合理地组织出纳工作,是发挥出纳作用、完成出纳任务、提高出纳工作质量的重要保证。由于各单位实际情况不同,出纳工作的组织内容也不尽相同,但无论哪一种形式,一般都包括设置合理的出纳机构、配备必要的出纳人员、建立和健全各种内部分工制度等。

（一）出纳机构设置

《会计法》规定:"各单位应当根据会计业务的需要,设置会计机构,或者在有关机构中设置会计人员并指定会计主管人员;不具备设置条件的,应当委托经批准设立从事会计代理记账业务的中介机构代理记账。"

《会计法》对各单位会计、出纳机构与人员的设置没有作出硬性规定,而是要求各单位根据需要来设定。各单位都应结合自身经济活动的特点、规模和业务量的大小及会计人员力量等设置出纳机构、配备出纳人员。出纳机构,一般设置在会计机构内部,如各单位财务科、财务处内部设置专门处理出纳业务的出纳组、出纳室。规模小、人员少、业务简单的单位,可以只指定一名专职或兼职出纳人员,但因为其工作的特殊性,一般也设立专门的办公场所,在名称上也被称为出纳组（或出纳室）。

（二）出纳人员配备

一般讲,实行独立核算的企业单位,在银行开户的行政事业单位,有经常性现金收入和支出业务的企业、行政事业单位,都应配备专职或兼职出纳人员,担任本单位的出纳工作。出纳人员配备的多少,主要决定于单位出纳业务量的大小和繁简程度,要以业务需要为原则,既要满足出纳工作量的需要,又要避免徒具形式,人浮于事的现象。一般可采用一人一岗、一人多岗、一岗多人等几种形式:

（1）一人一岗形式适用于规模不大的单位,出纳工作量不大,可设专职出纳人员一名。

（2）一人多岗形式适用于规模较小的单位,出纳工作量较小,可设兼职出纳人员一名。如无条件单独设置会计机构的单位,至少要在有关机构中（如单位的办公室、后勤部门等）配备兼职出纳一名。但兼职出纳不得兼管收入、费用、债权债务账目的登记工作、稽核工作和会计档案保管工作。

（3）一岗多人形式适用于规模较大的单位,出纳工作量较大,可设多名出纳,如分设管理收付的出纳和管账的出纳,或分设现金出纳和银行结算出纳等。

（三）出纳人员内部分工

单位规模较大、业务复杂、出纳人员有两名以上的单位,要在出纳部门内部实行岗位责任制,要对出纳人员的工作进行明确分工,使每一项出纳工作都有出纳人员负责,每一个出纳人员都有明确的职责。出纳人员的具体分工,要从管理要求和工作便利等方面综合考虑。通常可按现金与银行存款、银行存款的不同户头、票据与有价证券的管理等工作性质上的差异进行分工;也可以将整个出纳工作划分为不同的阶段和步骤,按工作阶段和步骤进行分工。对于公司内部"结算中心"式的出纳机构中的人员分工,还可以按不同分公司定岗定人。

<h1 style="text-align:center">第三节 出 纳 人 员</h1>

一、出纳人员的职责

出纳是会计工作的重要环节,涉及的是现金收付、银行结算等活动,而这些又直接关系到职工个人、单位乃至国家的经济利益,工作出了差错,就会造成不可挽回的损失。因此,明确出纳人员的职责和权限,是做好出纳工作的起码条件。根据《会计法》《会计基础工作规范》等财会法规,出纳人员的职责如下:

(1) 按照国家有关现金管理和银行结算制度的规定,办理现金收付和银行结算业务。出纳人员应严格遵守现金开支范围,非现金结算不得用现金收付;遵守库存现金限额,超限额的现金按规定及时送存银行;现金管理要做到日清月结,账面余额与库存现金每日下班前应核对,如发现问题,及时查对;银行存款与银行对账单也要及时核对,如有不符,应立即通知银行调整。

(2) 根据会计制度的规定,在办理现金和银行存款收付业务时,要严格审核有关原始凭证,再据以编制收付款凭证,然后根据编制的收付款凭证逐笔序时登记现金日记账和银行存款日记账,并结出余额。

(3) 掌握银行存款余额,不准签发空头支票,不准出租出借银行账户为其他单位办理结算。这是出纳人员必须遵守的一条纪律,也是防止经济犯罪、维护经济秩序的重要方面。出纳人员应严格支票和银行账户的使用和管理,从出纳这个岗位上堵塞结算漏洞。

(4) 按照国家外汇管理的结购汇制度的规定及有关批件,办理外汇出纳业务。外汇出纳业务是政策性很强的工作,随着改革开放的深入发展,国际经济交往日益频繁,外汇出纳也越来越重要。出纳人员应熟悉国家外汇管理制度,及时办理结汇、购汇、付汇,避免国家外汇损失。

(5) 保管库存现金和各种有价证券(如国库券、债券、股票等)的安全与完整。要建立适合本单位情况的现金和有价证券保管责任制,如发生短缺,属于出纳人员责任的要进行赔偿。

(6) 保管有关印章、空白收据和空白支票。印章、空白票据的安全保管十分重要,在实际工作中,因丢失印章和空白票据给单位带来经济损失的不乏其例。对此,出纳人员必须高度重视建立严格的管理办法。通常,单位财务公章和出纳人员名章要实行分管,交由出纳人员保管的出纳印章要严格按规定用途使用,各种票据要办理领用和注销手续。

二、出纳人员的权限

根据《会计法》《会计基础工作规范》等财会法规,出纳人员的权限有以下几点。

(一) 维护财经纪律,执行财会制度,抵制不合法的收支和弄虚作假行为

《会计法》是我国会计工作的根本大法,是包括出纳人员在内的会计人员必须遵循的重要法律。《会计法》中对会计人员如何维护财经纪律提出具体规定,为出纳人员实行会计监督、维护财经纪律提供了法律保障。出纳人员应认真学习、领会、贯彻这些法规,为维护财经纪律、抵制不正之风作出贡献。

(二) 参与货币资金计划定额管理的权力

现金管理制度和银行结算制度是出纳人员开展工作必然遵照执行的法规,而执行这些法规,实际上是赋予了出纳人员对货币资金管理的职权。如加强现金管理,要求各单位的库存现金必须限制在一定的范围内,多余的要按规定送存银行,这便为银行部门利用社会资金进行有计划放款提供了资金基础。因此,出纳工作不是简单的货币资金的收付,其工作的意义只有和许多方面的工作联系起来才能体会到。

（三）管好用好货币资金的权力

出纳工作每天和货币资金打交道,单位的一切货币资金往来都与出纳工作紧密相连。货币资金的来龙去脉、周转速度的快慢,出纳人员都清清楚楚。因此,提出合理安排利用资金的意见和建议,及时提供货币资金使用与周转信息,既是出纳人员义不容辞的责任,也是出纳人员所应胜任的工作内容。出纳人员应抛弃被动工作观念,树立主动参与意识,把出纳工作放到整个会计工作、经济管理工作的大范围中,发挥好出纳人员的作用。

三、出纳人员的基本素质要求

做好出纳工作并不是一件很容易的事,它要求出纳人员要有较高的政策水平,要有熟练高超的业务技能,要有严谨细致的工作作风,还要有敏锐的安全意识和良好的职业道德修养。出纳人员需要具备如下基本素质。

（一）政策水平

没有规矩,不成方圆。出纳工作涉及的"规矩"很多,如《会计法》及各种会计制度、现金管理制度及银行结算制度、《会计基础工作规范》、成本管理条例及费用报销额度、税收管理制度及发票管理办法,还有本单位的财务管理规定等。这些法规、制度,出纳人员如果不熟悉、不掌握,是绝对做不好出纳工作的。所以,要做好出纳工作首先就是学习、了解、掌握财经法规和制度,提高自己的政策水平。出纳人员只有掌握政策法规和制度,明白了自己哪些该干,哪些该抵制,工作起来才会得心应手,才不会犯错误。

（二）业务技能

"台上一分钟,台下十年功",这对出纳工作来说是十分适用的。出纳需要很强的操作技巧。打算盘、用电脑、填票据、点钞票等,都需要深厚的基本功。作为专职出纳人员,不但要具备处理一般会计事务的财会专业基本知识,还要具备较高的处理出纳事务的出纳专业知识水平和较强的数字运算能力。出纳工作中的数字运算往往在结算过程中进行,而且要按计算结果当场开出票据或收付现金,速度要快,又不能出错。这和事后的账目计算有着很大的区别。账目计算错了可以按规定方法更改,但钱算错了就不一定说得清楚,不一定能"改"得过来。所以说出纳人员要有很强的数字运算能力,不管用计算机、算盘、计算器,还是别的什么运算器,都必须具备较快的速度和非常高的准确性。在快和准的关系上,作为出纳人员,要把准确放在第一位,要准中求快。

提高出纳业务技术水平的关键在手上,打算盘、用电脑、开票据,都离不开手。而要提高手的工夫,关键又在勤。勤能生巧,巧自勤来。有了勤,就一定能达到出纳技术操作上的理想境界。另外,还要写好汉字、阿拉伯数字,提高写作概括能力,使人见其字如见其人。一张书写工整、填写齐全、摘要精炼的票据能表现一个出纳人员良好的业务素质。

（三）工作作风

要做好出纳工作,首先要热爱出纳工作,要有严谨细致的工作作风和职业习惯。作风的培养在成就事业方面至关重要。出纳人员每天和金钱打交道,稍有不慎就会造成意想不到的损失,因此必须养成与出纳职业相符合的工作作风。出纳人员的工作作风概括起来就是:精力集中,有条不紊,严谨细致,沉着冷静。精力集中就是工作起来就要全身心的投入,不为外界所干扰;有条不紊就是计算器摆放整齐,钱款票据存放有序,办公环境洁而不乱;严谨细致就是认真仔细,做到收支计算准确无误,手续完备,不发生工作差错;沉着冷静就是在复杂的环境中随机应变,化险为夷。

（四）安全意识

出纳人员保管着企业的现金、有价证券、票据、印鉴,企业要采取一定的保安措施,如建造专门的办公用房,安装防盗门、柜、锁等,财务部门也要建立相应的管理办法,如分工管理,各负其责,相互牵制,使得隐患不易滋生。出纳人员既要密切配合保安部门的工作,更要增强自身的保安意识,学习保安知识,把保护自身分管的公共财产物资的安全完整作为自己的首要任务来完成。

（五）道德修养

出纳人员必须具备良好的职业道德修养。要热爱本职工作,敬业、精业;要科学理财,充分发挥资金的使用效益;要依法办事,遵纪守法,严格监督,并且以身作则;要洁身自好,不贪、不占;要实事求是,客观公正,真实地反映经济活动的本来面目,不能徇私枉法;要注意保守机密,不得私自向外界或相关人员泄露企业的会计信息;要竭力为本单位努力工作、为单位的总体利益、为全体员工服务,牢固树立为人民服务的思想,要坚持原则,维护法律、法规的尊严。

四、出纳人员与会计人员的关系

在单位的财务工作中,会计与出纳是相辅相成的职业搭档,两者之间既有紧密的联系,又有明显的区别。

（一）各有各的分工

会计主要负责企业经济业务的核算,通过对企业经济活动的记录,为企业的经济管理和经营决策提供所需要的核算资料;出纳则分管企业票据、货币资金,以及有价证券等的收付、保管、核算工作,为企业经济管理和经营决策提供各种经济信息。

总体上讲,必须实行钱账分管,出纳人员不得兼任稽核和会计档案保管,不得负责收入、费用、债权债务等账目的登记工作。

（二）既互相依赖又互相牵制

出纳、会计之间,有着很强的依赖性。他们核算的依据是相同的,都是会计原始凭证和会计记账凭证,这些作为记账凭据的会计凭证必在出纳、会计之间按照一定的顺序传递。他们相互利用对方的核算资料,共同完成会计任务,缺一不可。

同时,他们之间又互相牵制与控制。出纳的现金和银行存款日记账与会计的现金和银行存款总分类账,有金额上的等量关系。这样,出纳、会计两者之间就构成了相互牵制与控制的关系,两者之间必须相互核对保持一致。

（三）出纳工作是一种账实兼管的工作,而会计主要是管账

出纳工作,主要是现金、银行存款和各种有价证券的收支与结存核算,以及现金、有价证券的保管和银行存款账户的管理工作。现金和有价证券放在出纳的保险柜中保管;银行存款,由出纳办理收支结算手续。既要进行出纳账务处理,又要进行现金、有价证券等实物的

管理和银行存款收付业务,在这一点上和其他财会工作有着显著的区别。除了出纳,其他财会人员是管账不管钱、管账不管物的。

对出纳工作的这种分工,并不违背财务"钱账分管"的原则,这是由于出纳是一种特殊的明细账。总账会计还要设置"库存现金"、"银行存款"、"交易性金融资产"等相应的总分类账对出纳保管和核算的现金、银行存款、有价证券等进行总金额的控制。其中,有价证券还应有出纳核算以外的其他形式的明细分类核算。

(四)出纳工作直接参与经济活动过程

货物的购销,必须经过两个过程,货物移交和货款的结算。其中货款结算,即货物价款的收入与支付就必须通过出纳工作来完成。往来款项的收付、各种有价证券的经营以及其他金融业务的办理,更是离不开出纳人员的参与。这也是出纳工作的一个显著特点,其他财务工作,一般不直接参与经济活动过程,而只对其进行反映和监督。

五、出纳人员的职业道德

出纳是一项特殊的职业,由于整天接触大量的现金,因此,与其他会计人员比较,出纳人员应当有着更为严格的职业道德。

(一)出纳人员应具备的职业道德

出纳人员应当热爱本职工作,努力钻研业务,使自己的知识和技能适应所从事工作的要求。

出纳人员应当按照会计法律、法规和国家统一会计制度规定的程序和要求进行会计工作,保证提供的会计信息合法、真实、准确、及时和完整。

出纳人员应当熟悉财经法律、法规、规章和国家统一会计制度,并结合会计工作进行广泛宣传。

出纳人员在办理出纳事务中,还应当实事求是,客观公正。应当尽其所能,为改善单位的内部管理、提高经济效益服务。

出纳人员应当保守本单位的商业秘密,除法律规定和单位领导同意外,不能私自向外界提供或泄露单位的会计信息。

(二)出纳人员应注意的问题

(1)清廉正直是出纳人员的立业之本,是出纳人员职业道德的首要方面。出纳人员掌握着一个单位的现金和银行存款,若要把公款据为己有及挪作私用,均有方便的条件和较多的机会。同时,外部的一些不法分子也往往会在出纳人员身上打主意,施以小惠,拉其下水。因此,出纳人员一定要立场坚定,原则分明,千万不要因为一时糊涂或者利欲熏心而毁了自己的大好前程。

(2)出纳人员肩负着处理各种利益关系的重任,只有坚持原则,才能正确处理国家、单位和个人的利益关系。在工作中,有时需要牺牲局部与个人利益去维护单位或者国家利益,有时需要为了维护法律、法规的尊严而去得罪同事和上司。这些都是出纳人员应该坚持和必须做好的,并且也是提倡职业化的今天出纳人员最起码的职业道德和规范。

出纳人员应该时刻记住:在出纳工作中应坚持原则,自觉抵制不正之风,为维护会计工作秩序的正常进行贡献自己的力量。

六、出纳人员的职业规划

出纳人员在不断的工作和实践中,知识结构、业务技能、思想道德、人际交往等各方面都会得到充实和发展,在做好本职工作的同时,出纳人员可以为自己的职业规划一个蓝图。

规划一:在一个普通单位先做出纳,再做普通会计,再做到会计师直至高级会计师。

规划二:在会计师事务所从最底层的职员做到高层经理。

规划三:从最底层的财务岗位干起,然后脱离财务岗位,走向领导岗位;或进军会计服务行业,如创办会计咨询公司、创办会计培训学校、创办代理记账公司等。

第四节 出纳账务处理的基本程序

目前,我国企业、事业、机关等单位会计常用的账务处理程序主要有四种:记账凭证账务处理程序;汇总记账凭证账务处理程序;科目汇总表账务处理程序;多栏式日记账账务处理程序。在各种程序下,对于出纳人员来说,出纳业务处理的步骤和方法基本相同。其基本程序如图 1-1 所示。

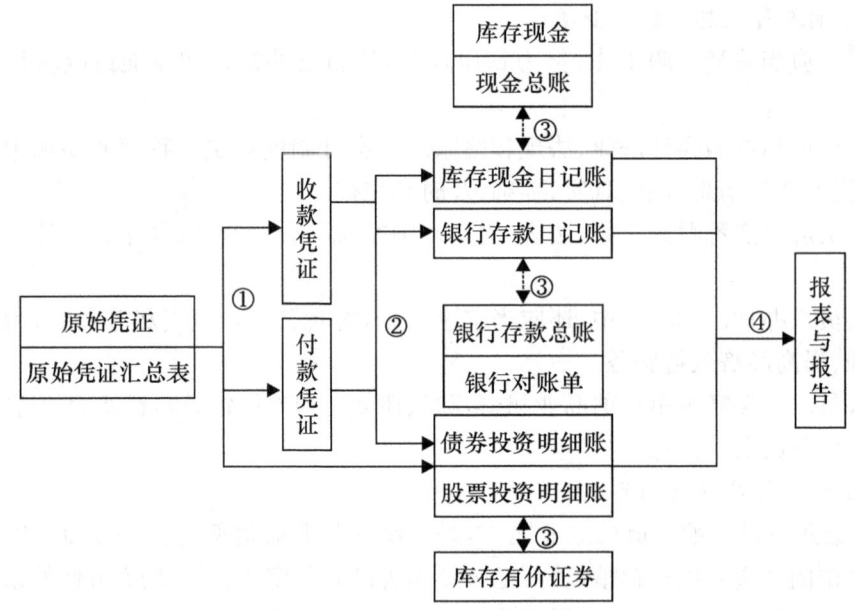

图 1-1　出纳账务处理基本程序

对图中序号的说明:

① 根据原始凭证或原始凭证汇总表填制收款凭证、付款凭证,对于转账投资有价证券业务,还要直接根据原始凭证登记有价证券明细分类账。

② 根据收款凭证、付款凭证逐笔登记现金日记账、银行存款日记账,有价证券投资业务的企业还要根据收款凭证、付款凭证详细地登记债券投资明细账、股票投资明细账。

③ 现金日记账的余额与库存现金每天进行核对,与现金总分类账定期进行核对;银行存款日记账的余额与银行存款总分类账定期进行核对,银行存款日记账的全部记录与开户银行出具的银行存款对账单进行核对(一单一对,逐笔勾对);债券投资明细账、股票投资明细账与库存有价证券进行核对。

④ 根据日记账和明细账的记录、计算情况,按照管理者的要求定期或不定期地报告出纳核算信息。

案例与调查

（一）案例

克隆他人笔迹，"神笔"女出纳的贪婪轨迹

一家公司的女出纳蔡琳娜，5年多来模仿他人笔迹从公司虚报、重报、凭空报销，共侵吞公款53万元。令人匪夷所思的是，在多达1000余笔的贪污中，从经手人、证明人、审核人到审批人、领款人，涉及的所有相关人员笔迹，竟全部出自她一人之手，其逼真程度之高，连当事人都无法分辨出来。蔡琳娜到底有着一支怎样的"神笔"，竟犯下如此奇案？家境殷实的美丽少妇，为何会走上不归路？

尘封5年的财务黑洞

2015年5月下旬，长沙双清区检察院反渎职侵权局副局长黄定忠和他的同事接到上级有关部门的任务，要求介入湖南省第四工程公司邵阳公司（以下简称四建邵阳公司）女出纳蔡琳娜贪污案的调查。

经彻查后发现，平均每年管理费不过百万元的四建邵阳公司，有50多万元巨款去向不明。巨大的财务黑洞令公司上下震惊不已，案情很快被报至双清区检察院。

同事眼中的"敬业"出纳

对于蔡琳娜在工作中的表现，与其共过事的同事都有一个共同印象：特别敬业。公司财务科长张敏说，交给蔡琳娜的事，她一定会完成得很好。"刚开始调查时，财务科4个会计我们都怀疑到了，唯独没有怀疑她。"黄定忠说，"作为出纳，蔡琳娜与会计的关系处理得不错，别的会计家里有事，通知她一下，她就会帮忙办好。按规定，单据要几个会计都到位后才能报账，但很多时候都是蔡琳娜一个人包揽。她待在办公室的时间最长，给人留下了特别敬业的印象，公司领导多次表扬她。"

然而，就是这样一个在同事眼中工作敬业的人，却在5年多内，报出假账千余笔，疯狂敛财53万元。而且直到案发为止，作案没有一次败露，这一切都归功于蔡琳娜近乎神奇的模仿笔迹能力。

克隆"神笔"令办案人员惊讶

"蔡琳娜的模仿能力堪称天才！"黄定忠说，从2011年3月她第一次模仿笔迹报账起，到2015年4月29日最后一次作案止，蔡琳娜克隆他人笔迹达数千次，"逼真程度令人叹为观止！"

黄定忠说，蔡琳娜贪污的手段非常特殊，财务审核的程序一般有5个环节，这5个环节都需要有人签字，她都可以冒签，"所有环节由她一人搞定。"

主管财务审核工作的党委书记李伯勋的字迹是被克隆得最多的，当检察机关找其核实有关单证时，面对"李伯勋"3个字的签名，他一时竟无法分辨真假。其逼真程度令办案人员惊叹不已！

2015年9月18日，邵阳市双清区人民检察院对被告人蔡琳娜依法提起公诉。同年10月23日，双清区人民法院经公审认为，蔡琳娜多次侵吞公款，且数额巨大，其行为已构成贪污罪。由于案发后有悔罪表现，法院决定对其减轻处罚，判处其有期徒刑5年，并处没收财产2.5万元。目前，蔡琳娜正在湖南女子监狱服刑。

"天才"的犯罪轨迹

蔡琳娜的家境在邵阳当地算是上等水平,在长沙置有房产,对于53万元的贪污款,"2天内把钱全部退赔"。李伯勋说,蔡琳娜的丈夫是某安装公司的项目经理,"每年有数万元的收入,蔡琳娜根本不缺钱花。"

家境殷实的蔡琳娜,为何要走上一条贪污公款的不归之路呢?本报记者就这一问题与主办检察官黄定忠展开了探讨。

黄定忠:蔡琳娜走上犯罪道路,至少经过了两个阶段的心理斗争。她第一次作案,不是因为贪钱,而是为了掩盖工作中的失误。这个阶段的犯罪心理主要是侥幸,而随后的作案,则是因为虚荣心作祟。

记者:蔡琳娜的第一次作案是在什么情况下发生的?

黄定忠:2011年的一天,蔡琳娜审核账目发现有一笔账不对,因为怕赔钱,她模仿了有关领导和财务负责人的笔迹,重做了一张单据,把账做平了。第一次作案时,为了不露出破绽,蔡琳娜先在家里临摹相关领导笔迹,看到颇有几分相似后,才下手模仿。没想到这次模仿竟成功蒙混过关,这助长了她的侥幸心理。

记者:蔡琳娜作案的手段主要有哪些?

黄定忠:通过千余笔单据的调查,我们发现蔡琳娜主要是通过以下4种手段作案。第一种是伪造报告,凭空报账。单位里的接待任务,有些消费是没有票据的,可以通过打报告的形式予以报账。比如2014年11月30日,她伪造何恒兴(化名,办公室主任)的名字,报销经营开支1.29万元。第二种是完全伪造相关人员的签字报账,即从经手人开始到领导审批止,全部由自己假冒。第三种是重复报账,即从已报账的单据中,抽出部分单据重新伪造一份会计制单,再冒用审核人、领导审批人(经手人已有,不必再假冒)签字即可报账。第四种是收入不入账:公司有车辆出租,一天费用是500元或1 000元,她收到后不入账而落进自己腰包。

记者:您能描述一下她的犯罪轨迹吗?

黄定忠:第一次做假账成功后,蔡琳娜尝到了甜头。此后1年多时间里,她不停地逛商场,为家里添置各种家用物品,并将所有购物发票全部开成办公用品,再到公司模仿他人笔迹予以报销。蔡琳娜承认,那段时间,她自己的工资基本不动,家里的消费品都是这样买来的;到2013年,她开始大面积作案,除了她自己购物的发票外,她丈夫在外面消费的一些发票也成了她报账的依据,甚至有意识地搜集别人的购物发票用来报账;从2014年到案发,她已近似疯狂,深陷其中无法收手。

记者:本案最大的借鉴意义在哪里?

黄定忠:案件背后暴露了公司财务管理的漏洞,如果公司财务管理制度严格,严格管理报账所需公章的话,也不至于此。对于蔡琳娜而言,拥有美术方面的"天赋"本是好事,但她没有用对地方,最终害了自己。

【要求】 结合本章的学习,谈谈蔡琳娜犯罪的原因和你的感想。

(二)调查

设计一份调查问卷,写一份调查报告,内容至少要有:出纳人员要掌握的专业知识,要学会的出纳机具,要具备的职业道德,要养成的职业习惯等(调查问卷附在调查报告后面,布置后两周内完成)。

第 二 章

出纳人员的基本业务技能

第一节　珠算操作技能

出纳工作每天要处理大量的货币收付业务，自始至终离不开计算。熟练地掌握与簿记有关的计算技能，就可以缩短计算时间，提高工作效率。

目前，现代化计算技术有了很大发展，计算器、电脑等新式计算工具得到了广泛使用和推广。然而，在某些计算方面，尤其是加减计算，如凭证汇总、账面余额的确定等，算盘显得更为简捷、方便，可以说，就加减计算来说较计算机更为优越。这宛若现代"空中客车"终难以取代陆上巴士、列车等交通工具，两者各有其妙，并行不悖。因此，出纳人员练好珠算技术，掌握电脑知识是其重要的基本功。本节就我国传统计算工具——珠算技术做一简要介绍。

一、珠算的基础知识

（一）算盘的结构

算盘一般是木制的，也有塑料制成的，由框、梁、档、珠四部分构成。

框：框也叫"边"，即算盘四周的木框。

梁：梁是连接在左右框上的一条横木，将算盘隔成两部分。有的算盘在梁上嵌有"记位点"，做记位用。

档：档是连接上下边框并穿过横梁的杆，用以串珠；同时，不同的档还表示不同的数位。

珠：珠是串在档上的算珠，用以表示数字。位于梁上的叫做上珠，一个上珠表示五个单位数，位于梁下的叫下珠，一个下珠表示一个单位数。

（二）置数法

珠算是以算珠表示数，以档表示位。位数的记法与笔算相同，高位在左，低位在右，每差一档即增大十倍或缩小十分之一，即自右向左依次是个、十、百、千、万……个位定在哪一档，可视运算的便利而定。一般进行多位数的加减运算时，最好将个位定在右侧档上，个位定好后，向左每隔二至三档再熟记两三个位数，如百位档、千位档或万位档、十万位档，这样在进行多位数计算时，可迅速找出位置的位数来。有人往往因数位不易认清，在梁上用字条标明个、十、百、千、万……数位，以便识记。这是一个不良习惯，所以不要养成在梁上标记数位的习惯。

进行加减法的运算时，要从左逐个向右拨珠，亦即从高位起逐步向低位运算。其他运算要视其具体的方法而定。

（三）拨珠法

拨珠方法的巧拙，直接关系着各项运算的准确度和速度。

拨珠时，指尖要准确地触及珠的刃边，不可深入珠间，拨珠用力要适度，不可用腕或臂来带动手指拨珠，应靠指关节的活动，使手指或曲或伸地来拨动算珠。拇指、食指和中指有一定的分工：

拇指：从下往上拨下珠。

食指：从上往下拨下珠。

中指：专管上珠的上下拨动。

为了避免影响视线和妨碍三指拨珠，无名指和小指应向手心自然卷曲。在熟练三指分工拨珠的基础上，为了加快速度要运用两指同时拨珠。如拇指和中指、食指和中指、拇指和食指联拨等。然后，可以进一步练习三指联拨。

（四）握笔法

握笔打算盘是提高计算与记数速度的有效办法。通常有两种握笔法：

（1）横夹在无名指和小指之间。

（2）用无名指和小指握笔。

（五）清盘法

在每次运算之前，要使所有算珠都离开横梁各靠上、下边，使全盘为空档，这叫做清盘。

（1）单指清盘法。需要清盘时，用左手将算盘上部抬起，使算珠落下，放平算盘，然后用食指由左至右划上珠的下部使其离梁，轻划下珠的上部使其离梁。

（2）双指清盘法。清盘时，将拇指和食指尖合拢，食指在梁上，拇指在梁下，顺着算盘横梁由右到左（或反向）迅速移动，用指尖把算珠推回原处。

（3）算盘上的原数不去，改作需要运算的数字，此法可以节省清盘时间。

（4）自动清盘法，算盘置于桌面上，用右手食指按下清盘按钮，右手拇指按着梁，拇指和食指同时用力，即完成清盘工作。

（六）算盘的位置和操作方法

1. 账簿本页合计数的运算

左手持算盘，随着拨珠的进行，不断移动算盘，使放在算盘下边的运算资料中要运算的数字随时出现在算盘的上沿，离算珠最近。

2. 票据合计数的运算

将所要加计的一叠票据下边和左边对整齐，左上端用大头针（或铁夹等）别住，然后轻轻捻开，使下沿成扇状放在算盘的下方，用左手中指、无名指、小指三指轻轻按住，用拇指翻起票据，随翻随用食指拨住。这样可以用一只手完成翻凭证的全部动作，腾出右手完全可以用于打算盘。操作时要把看数、拨珠、翻页三个动作配合好，以保证拨珠的不间断进行。对较软的或较薄的凭证，拇指动作须适当改变，才能翻起。

（七）打算盘的姿势与看数

打算盘时的姿势正确与否，直接影响计算的准确与速度。一般在打算盘时，身要正、腰要直、头稍低、脚平放，肘部摆动的幅度不宜过大。

打算盘要学会看数。看数绝不等于念数，也不是默诵。看数时不是逐个看，而是像摄像机一样，一次把若干数全摄下来。这些数字不需念出，只需直接用算珠拨打。否则，拨珠速度永不能超过口念速度,实际上练到一定程度,拨珠速度要快得多。

二、珠算的加减运算方法

（一）珠算加法

1. 加法的基础知识

加法是最基本的计算方法,把两个数或几个数合并一个数的计算方法叫做"加法"。例如:9＋7＝16,6＋10＋3＝19。算式中第一个数为被加数,其余的数为加数,合并成的数叫做"和数"。两个以上的加数相加,叫"连加"。相加的符号是"＋",读作"加上"。加法运算用算式表示为:被加数＋加数＝和。被加数和加数的位置可以互换,例如:9＋6＝15,6＋9＝15,结果都一样。

（1）加法的运算法则。加法运算的基本法则是:数位对齐,按位相加,满十进一。运算顺序,笔算一般从低位算起,珠算一般从高位算起,实际计算时从哪一位算起均可,可以灵活掌握。

加法运算的主要性质有"加法交换律"、"加法结合律"。

加法交换律:几个加数相加,交换被加数或加数的位置其和不变,这一性质叫做"加法交换律",例如:a＋b＋c＝b＋c＋a＝b＋a＋c＝c＋b＋a,应用加法交换律可以使一些计算简便。

例如:158＋793＋642＝158＋642＋793＝1 593

加法结合律:三个数相加,先把前两个数相加,再加上第三个数,或者先把后两个数相加,再加第一个数相加,其和不变,即:(a＋b)＋c＝a＋(b＋c),加法的这一性质,叫做"加法结合律"。加法结合律可以推广到若干个数相加,先把其中任意几个数结合起来成一组相加,再与其余的数相加,其和不变。

加法交换律与结合律是建立加法运算的基础,可以简化计算。

例如:257＋641＝(200＋50＋7)＋(600＋40＋1)＝(200＋600)＋(50＋40)＋(7＋1)＝800＋90＋8＝898

（2）加法的类别。珠算加法有不同的类别,按计算时是否使用口诀有"口诀加法"和"无口诀加法",在运算形式中又分为"进位加法"和"不进位加法"等。

（3）加（减）法的运算顺序。珠算加（减）法的运算顺序一般是从左到右,由高位算起,运算时先确定个位档,然后按相同的数位加（减）,即"同位相加,同位相减"的原则进行。但人们在实际计算中,为了提高计算速度和准确度,也采用有先从高位到低位（即从左到右）,再从低到高位（从右到左）来回穿梭地进行运算,有的还把每一行要加或要减的数字分成几段,首段从上而下数位对齐进行计算,然后,再从第二段、第三段依次进行计算。

（4）加法运算的基本步骤。在多位加法具体运算中,其基本步骤和方法是:① 先在算盘上选定个位档;② 再拨上被加数;③ 在相加时,要从高位向低位（即从左到右）依次加,这与笔算由低向高的方向相反;④ 加数要和被加数的档位对齐,然后进行同位数加法运算,百位对百位,十位对十位,个位对个位……;⑤ 要从左至右三位或四位一节看数拨珠,熟练后边看边打;⑥ 在初学时要运用口诀,熟练以后就不用口诀。

【例2-1】　3 255＋173＝3 428

先定好个位档,将被加数 3 255 拨在算盘上。

计算时认准个位档,按照"同位相加"的原则,把加数 173 从左到右,用一上一,七上二去五进一,三上三的口诀,依次加到相应的各档上,便得出和 3 428。

【例 2-2】 7 317＋1 826＝9 143

先定好个位档,将被加数 7 317 拨在算盘上。

计算时认准个位档,按照"同位相加"的原则,把加数 1 826 从左到右,用一上一,八去二进一,二上二,六上一去五进一的口诀,依次加到相应的各档上,便得出和 9 143。

【例 2-3】 37 475＋64 709＝102 184

先定好个位档,将被加数 37 475 拨在算盘上。

计算时认准个位档,按照"同位相加"的原则,把加数 64 709 从左到右,用六上六,四去六进一,七去三进一,零上零,九上四去五进一的口诀,依次加到相应的各档上,便得到和102 184。

2. 口诀加法

口诀加法是运用一套完整的口诀来指导拨珠动作,进行运算,口诀始见于明代,珠算口诀是根据算盘位数、档位和五升十进位等特点,结合加减数字的内容,科学地概括、总结出来的,传统珠算加法,用口诀指导拨珠计算。珠算加法口诀有 26 句,如表 2-1 所示。

表 2-1

珠算加法口诀 26 句

加数	不 进 位 的 加		进 位 的 加	
	直接的加	凑五的加	进十的加	破五进十的加
1	一上一	一下五去四	一去九进一	
2	二上二	二下五去三	二去八进一	
3	三上三	三下五去二	三去七进一	
4	四上四	四下五去一	四去六进一	
5	五上五		五去五进一	
6	六上六		六去四进一	六上一去五进一
7	七上七		七去三进一	七上二去五进一
8	八上八		八去二进一	八上三去五进一
9	九上九		九去一进一	九上四去五进一

口诀中第一个字表示加数,后面的字表示拨珠的动作,在口诀中,"上"表示拨下珠靠梁,"下"表示拨上珠靠梁,"去"表示把靠梁的珠拨去,"进一"表示向前档(左档)拨入一颗下珠。

珠算是五升下进制,即算盘中下一珠当一,上一珠当五,遇下就要进位,这就必然会出现"凑五"和"补十"的问题,凑五数是把一个小于 5 的自然数,凑成 5 所要加上的数,叫做这个自然数的"凑五数"。如 3 的凑五数是 2,4 的凑五数是 1 等。补十数也叫凑十数,是把一个10 的自然数凑成 10 所要加上的数叫做这个自然数的"补十数"或"凑十数"。如 7 的补十数是 3,4 的补十数是 6,2 的补十数是 8 等。

在珠算加法运算中,有的"先加后减",因此出现了"先十法"和"后十法"两种运算顺序。

先十法:两数相加,当某一数位上的和满 10 时,先拨进位数叫"先十法",规律是"和满十,进一减补"。用先十法计算时必须算本位看下位才能减少拨珠次数。如 27＋46,在十位应加 4,但两个个位数字较大,所以直接在十位上加 5,相当于在个位上加 10,而原来的数是 6,多加了 4,所以在个位上再减 4,得 73。

后十法:在某一档两数相加,和满 10,先在本档减去加数的补十数,然后向前一档进 1,这种方法叫做"后十法"。旧珠算加法口诀都按后十法编制的。

例如:7+6=7(−4)+10,口诀:六上一去五进一。

对初学者来说,只要正确掌握口诀,按口诀的拨珠法进行运算,就能很快计算出所需要的数据。熟练后,可不用口诀直接运算。珠算加法在运算形式中可分为"不进位加法"和"进位加法"。

1) 不进位加法。两数相加的和小于 10,在算盘上本档的上珠和下珠都够使用,这种加法叫做不进位加法,就是"本档够加就加",包括直接的加、凑五的加两种类型。

(1) 直接的加。在同一数位上两数相加,只需拨动本档的上珠或下珠或上、下珠就可以加的叫"直接的加"。用"上几的"口诀,共九句。直接的加有两种拨珠法,如表 2-2 所示。

表 2-2

直接的加口诀

口诀:直接的加	三 指 拨 珠 法	二 指 拨 珠 法
一上一 二上二 三上三 四上四	用拇指单拨靠梁	用拇指单拨靠梁
五上五	用中指单拨靠梁	用食指单拨靠梁
六上六 七上七 八上八 九上九	用拇指和中指联拨靠梁	用拇指和食指联拨靠梁

例如:算盘上已经有数码 2,现要加 2,直接拨加二颗下珠就行,即"二上二"成为四。

(2) 凑五的加。也叫"升五加"、"满五加",在同一数位上两数相加,如果两个加数都小于 5,它们的和等于或大于 5,那么相加时可加上 5,同时减去多加了的数(就是第二个加数的凑五数)。这类加法叫做"凑五加"或"升五加"或"满五加"。其口诀是"几下五去几",共四句,凑五的加有两种拨珠法,如表 2-3 所示。

表 2-3

凑五的加口诀

口诀:凑五的加	三 指 拨 珠 法	二 指 拨 珠 法
一下五去四 二下五去三 三下五去二 四下五去一	用中指拨上珠靠梁,同时用食指拨下珠离梁(自上而下拨珠)	用食指拨上珠靠梁,并用食指拨下珠离梁(自上而下拨珠)

例如:算盘上已经有数码4,现要加2,这时两数相加已经满了5,而本档下珠不够用,就需要拨加一个上珠,再去掉多余的三个下珠,即"二上五去三"。

2)进位的加法。在同一数位档上两数相加,其和满10,要向左边一档进1(就是加10),同时在本档减去多加了的数(就是本档加数的补十数),这样的加法,叫做"进位加法",包括直减进位加、破五进位加、连续进位加。

(1)直减进位加。进位加法中,能够用直接从本档减去第二个加数的补十数的,叫"直减进位加"。这类加法口诀是"几去几进一"。共九句。直减进位加有两种拨珠法,如表2-4所示。

表2-4

直接进位加口诀

口诀:进十的加	三指拨珠法	二指拨珠法
一去九进一 二去八进一 三去七进一 四去六进一	先用中、食指联拨上、下珠离梁,再用拇指拨前档下一珠靠梁	先用食指拨下珠和拨上珠离梁,再用拇指拨前档下一珠靠梁
五去五进一	用中指拨上珠离梁,同时用拇指拨前档下一珠靠梁	用食指拨上珠离梁,同时用拇指拨前档下一珠靠梁
六去四进一 七去三进一 八去二进一 九去一进一	用食指拨下珠离梁,同时用拇指拨前档下一珠靠梁	用食指拨下珠离梁,同时用拇指拨前档下一珠靠梁

例如:算盘上已经有数码8,现要加4,这时本档上的上下珠都不够用了(一般老式算盘也不用顶珠和底珠),应向左档进1(进十),就要在本档上拨去多加的数(上珠一颗,下珠一颗),并在左一档拨加一颗下珠,即"四去六进一"。

(2)破五进位加。进位加法中,要用破五减从本档减去第二个加数的补十数的,叫"破五进位加"。当两个数相加时,本档上的被加数是5或大于5,同时加数也是5或大于5,这样,两个数相加后一定等于或大于10,因此必须将加数中的5和被加数中的5合并为10,进到前一档,并将加数中超5的数拨在本档,这类加法口诀的结构是:"几上几去五进一"。破五进位加共四句,有两种拨珠法,如表2-5所示。

表2-5

破五进位加口诀

破五进十的加	三指拨珠法	二指拨珠法
六上一去五进一 七上二去五进一 八上三去五进一 九上四去五进一	先用拇指拨下珠靠梁,同时用中指拨上珠离梁,再用拇指拨前档下一珠靠梁	先用拇指拨下珠靠梁,同时用食指拨上珠离梁,再用拇指拨前档下一珠靠梁

例如:算盘上已经有数码6,现要加6,这时,本档珠不够用(一般老式算盘也不用顶珠和底珠),必须破五进十,就是在本档拨加一颗下珠,去掉一颗上珠,同时在左一档拨加一颗

下珠(进十),即"六上一去五进一"。

(3) 连续进位加。在同一数位上相加,和满10,要向左档进1,如果左档或连续前几档的数都是9,则左档或连续前几档的数都要满10进1,在这种情况下的进位,叫做"连续进位",用口诀"一去九九……(连续有几个9,就用几个9)进一"。

(二) 珠算减法

1. 减法的基础知识

基本减法是加减中的常规运算方法,减法是从一个数中减去另一个或几个数,求出它们的差是多少的计算方法。减法的算式是:被减数-减数=差。

珠算减法,应该遵守下面三个基本规则:

(1) 应将被减数与减数相同的数位对齐,同位数与同位数才能相减,计算小数减法时,必须把被减数和减数的小数点对齐,然后相减。

(2) 应按从高位数到低位数的顺序相减。

(3) 减数与减数不可交换位置。

珠算减法也有不同的类别,按计算时是否使用口诀分为"口诀减法"和"无口诀减法"两种,在运算形式中又分为"退位减法"和"不退位减法"等。

2. 口诀减法

口诀减法同口诀加法一样是运用一套完整的口诀指导拨珠动作,进行运算。

对初学者来说,只要正确掌握口诀,按口诀的拨珠法进行运算,就能很快计算出所需要的数据。熟练后,可不用口诀直接运算,减法口诀同加法口诀一样共26句,如表2-6所示。

表2-6

珠算减法口诀26句

减数	不退位的减		退 位 的 减	
	直接的减	破五的减	退十的减	退十还五的减
1	一去一	一上四去五	一退十还九	
2	二去二	二上三去五	二退十还八	
3	三去三	三上二去五	三退十还七	
4	四去四	四上一去五	四退十还六	
5	五去五		五退十还五	
6	六去六		六退十还四	六退十还五去一
7	七去七		七退十还三	七退十还五去二
8	八去八		八退十还二	八退十还五去三
9	九去九		九退十还一	九退十还五去四

口诀中第一个字表示减数,后面的字表示拨珠的动作,在口诀中,"退十"表示从前档借一颗下珠,"还"表示退去左档的数后应在本档上加,"上"表示拨下珠靠梁,"去"表示将靠梁的算珠拨去靠边框。根据口诀,减法运算可以分为两种情况:不退位的减法和退位的减法。

1) 不退位的减法。本档的被减数够减去减数,用不着向前位借一,这种减法叫不退位减法，就是"本位够减就减"。不退位减法，有两种情况："直接减"和"破五减"。

（1）直接减是指两个数相减时，只要将上珠或下珠拨去，或将上下珠同时拨去，以减去减数。用"去几的"口诀，共九句，直接减有两种拨珠法，如表 2-7 所示。

表 2-7

直 接 减 口 诀

口诀：去几的	三 指 拨 珠 法	二 指 拨 珠 法
一去一 二去二 三去三 四去四	用食指单拨离梁	用食指单拨离梁
五去五	用中指单拨离梁	用食指单拨离梁
六去六 七去七 八去八 九去九	用食指和中指联拨离梁	用食指拨下珠和上珠离梁

【例 2-4】 $9\,876 - 6\,815 = 3\,061$

先定好个位档，将被减数 9 876 拨在算盘上。

计算说明：认准档位，按"同位相减"原则从左到右，用六去六、八去八、一去一、五去五的口诀，依次从相应的各档上减去 6 815，便得出差 3 061。

（2）破五减。是指本档的被减数虽然够减，但下珠不够减，要拨去上珠，同时把多拨去的数用下珠补上，用"上几去五"的口诀，共四句，破五减拨珠方法如表 2-8 所示。

表 2-8

破 五 减 口 诀

口诀：上几去五	三 指 拨 珠 法	二 指 拨 珠 法
一上四去五 二上三去五 三上二去五 四上一去五	用拇指拨下珠靠梁，同时用中指拨上珠离梁（自下而上拨珠）	用拇指拨下珠靠梁，同时用食指拨上珠离梁（自下而上拨珠）

【例 2-5】 $75.76 - 32.42 = 43.34$

计算说明：定好个位档，并注意留出个位后小数需占用的档数，将被减数 75.76 拨在算盘上。

认准档位，按"同位相减"的原则，用三上二去五、二上三去五、四上一去五、二上三去五依次从被减数相应的各档上减去减数 32.42，便得出差 43.34。

2）退位减法。本档的被减数不够减去减数，必须向左边一档借一才够减，就是"本位不够减就退一加补"，叫做退位减法，退位减法有两种情况："退十减"和"退十还五减"。

（1）退十减。是指向前档借一当十相减后，把差数加在本档上，用"退十还几"口诀，共九句，退十减有两种拨珠法，如表2-9所示。

表2-9

退 十 减 口 诀

口诀：退十还几的	三指拨珠法	二指拨珠法
一退十还九 二退十还八 三退十还七 四退十还六	用食指在前档拨一下珠离梁，用拇、中指在本档拨上、下珠靠梁	用食指在前档拨一下珠离梁，并用拇、食指在本档拨上、下珠靠梁
五退十还五	用食指在前档拨一下珠离梁，同时中指在本档拨上珠靠梁	用食指在前档拨一下珠离梁，并用食指在本档拨上珠靠梁
六退十还四 七退十还三 八退十还二 九退十还一	用食指在前档拨一下珠离梁，并用拇指在本档拨上珠靠梁	用食指在前档拨一下珠离梁，并用拇指在本档拨上珠靠梁

【例2-6】 22 716－8 937＝13 779

计算说明：先定好个位档，然后拨上被减数22 716，认准档位，按"同位相减"的原则，将减数自左到右依次相减，在减数时，都要同时把减数的补数在本档加上，最后得出差13 779。

（2）退十还五减。是指本档不够减，向前档借一当十相减后所差的数与本档被减数相加，满五或大于五，要拨下一颗上珠，同时要把多加的数从下珠中拨去，用"退十还五去几的"口诀，共四句，退十还五减拨珠方法如表2-10所示。

表2-10

退十还五减口诀

口诀：退十还五去几的	三指拨珠法	二指拨珠法
六退十还五去一 七退十还五去二 八退十还五去三 九退十还五去四	先用食指在前档拨一下珠离梁，并用中指在本档拨上珠靠梁，同时用食指拨下珠离梁	先用食指在前档拨一下珠离梁，并用食指在本档拨上珠靠梁，再拨下珠离梁

第二节　数字书写技能

出纳人员要不断地填制凭证、记账、结账和对账，经常要书写大量的数字，进行规范的财务书写是出纳人员必须掌握的基本功。如果数字书写不正确、不清晰、不符合规范,就会带来很大的麻烦。因此客观上要求出纳人员掌握一定的书写技能,使书写的数字清晰、整洁、正确并符合规范化的要求。

一、小写金额数字的书写

小写金额是用阿拉伯数字来书写的。具体书写要求如下:

(1) 阿拉伯数字应当从左到右一个一个地写,不得连笔。在书写数字时,每一个数字都要占有一个位置,这个位置称为数位。数位自小到大,是从右向左排列的,但在书写数字时却是自大到小,从左到右的。书写数字时字迹工整,排列整齐有序且有一定的倾斜度(数字与底线应成 60 度左右的倾斜),并以向左下方倾斜为好;同时,书写的每位数字要紧靠底线但不要顶满格(行),一般每格(行)上方预留 1/2 空格位置,用于以后修订错误记录时使用。

(2) 阿拉伯数字前面应当书写货币币种符号或者货币名称简写。币种符号与阿拉伯金额数字之间不得留有空白。凡阿拉伯数字前写有币种符号,数字后面不再写货币单位。人民币符号为"￥"。

(3) 角分书写情况。所有以元为单位的阿拉伯数字,除表示单价等情况外,一律填写到角分;无角分的,角位和分位可写(00),或者符号"—";有角无分的,分位应当写"0",不得用符号"—"代替"0"。

(4) 各个小写数字的书写要求如下:

"1"字不能写得比其他数字短,以免篡改;

"2"字不能写成"2",以免改作 3;

"3"字要使起笔处到转弯处距离稍长,不应太短,同时转弯处要光滑,避免被误认为 5;

"4"字的"∠"要写成死折,使其不易改作 6;

"5"字的短横与"称钩"必须明显,以防与 8 混淆;

"6"字起笔要伸至上半格 1/4 处,下圈要明显,使其不易改作 4 或 8;

"7"字上端一横要既明显又平直,折划不得圆滑,易与 1 和 9 相区别;

"8"字要注意上下两圈儿明显可见,且上圈比下圈稍小;

"9"字的小圈儿要闭合,并且一竖要稍长,略出行,使其不易改成 0 或与 1、4 混淆;

"0"字不要写小,并要闭合,以免改作 9,连写几个"0"时,不要连笔写。

小写金额数字的规范书写如表 2-11 所示。

表 2-11

小写金额数字的规范书写

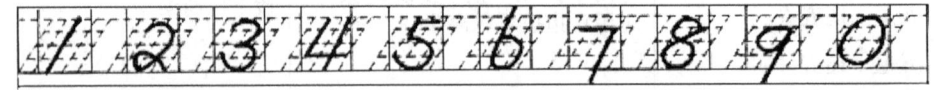

二、大写金额数字的书写

大写金额是用汉字大写数字零、壹、贰、叁、肆、伍、陆、柒、捌、玖、拾、佰、仟、万、亿等来书写的。具体书写要求如下:

(1) 以上汉字大写数字一律用正楷或者行楷体书写,不得用另、一、二、三、四、五、六、七、八、九、十、百、千等简化字代替,不得任意自造简化字。

（2）大写金额数字到元或者角为止的，在"元"或者"角"字之后应当写"整"或"正"字。

（3）大写金额数字前未印有货币名称的，应当加填货币名称，货币名称与金额数字之间不得留有空白。如"人民币伍佰元正"。

（4）阿拉伯金额数字中间有"0"时，汉字大写金额要写"零"字，阿拉伯金额数字中间连续有几个"0"时，汉字大写金额中可以只写一个"零"字；阿拉伯金额数字元位是"0"，或者数字中间连续有几个"0"、元位也是"0"，但角位不是"0"时，汉字大写金额可以只写一个"零"字，也可不写"零"字。

（5）大写金额中"壹拾几"、"壹佰（仟、万）几"的"壹"字，一定不能省略，必须书写。因为，"拾、佰、仟、万、亿"等字仅代表数位，并不是数字，数位前要有数字。

大写金额数字的规范书写如表 2-12 所示。

表 2-12

大写金额数字的规范书写

楷　　体	零、壹、贰、叁、肆、伍、陆、柒、捌、玖、拾、佰、仟、万、亿、整、圆（元）、角、分
行　　楷	零、壹、贰、叁、肆、伍、陆、柒、捌、玖、拾、佰、仟、万、亿、整、圆（元）、角、分

第三节　真假人民币的识别及处理技能

一、当前流通的人民币

鉴别假币首先应了解目前使用的人民币的特点。自 1948 年 12 月 1 日发行第一套人民币至今先后发行了五套人民币，其中第一套、第二套、第三套已不再使用，目前正在使用的是第四套和第五套人民币，其中以第五套人民币为主。

第五套人民币于 1999 年开始流通，在基本图案不变的情况下，2005 年和 2015 年又开始发行 2005 年版和 2015 年版第五套人民币，所以当前流通的第五套人民币有 1999 年、2005 年、2015 年三种版别。2005 年 8 月 31 日起发行 2005 年版第五套人民币包括 100 元、50 元、20 元、10 元、5 元纸币和 1 角硬币，与 1999 年版第五套人民币 100 元、50 元、20 元、10 元、5 元、1 元纸币同时流通。2015 年发行 100 元一种纸币。

二、1999 年版第五套人民币的防伪特征

人民币上采用印钞专用纸张、水印、凹印、安全线、对印、多色接线、磁性油墨、荧光油墨等多种防伪措施，不同时期发行的人民币其防伪特征有所不同。从面额上讲，也以 100 元面额的防伪措施最为完备。

目前流通的 1999 年版第五套人民币 100 元的防伪特征如下。

1. 100 元券人民币的票面特征及防伪特征

票面主色调为红色，票幅长 155 mm，宽 77 mm。票面正面主景为毛泽东头像，左侧为"中国人民银行"行名，阿拉伯数字为"100"，面额"壹佰元"和椭圆形花卉图案。票面左上角为中华人民共和国国徽图案，票面右下角为盲文面额标记，票面正面印有横竖双号码。票面背面主景为"人民大会堂"图案，左侧为人民大会堂内圆柱图案。票面

右上方为"中国人民银行"的汉语拼音字母和蒙、藏、维、壮四种民族文字的"中国人民银行"字样和面额（如图 2-1 所示）。

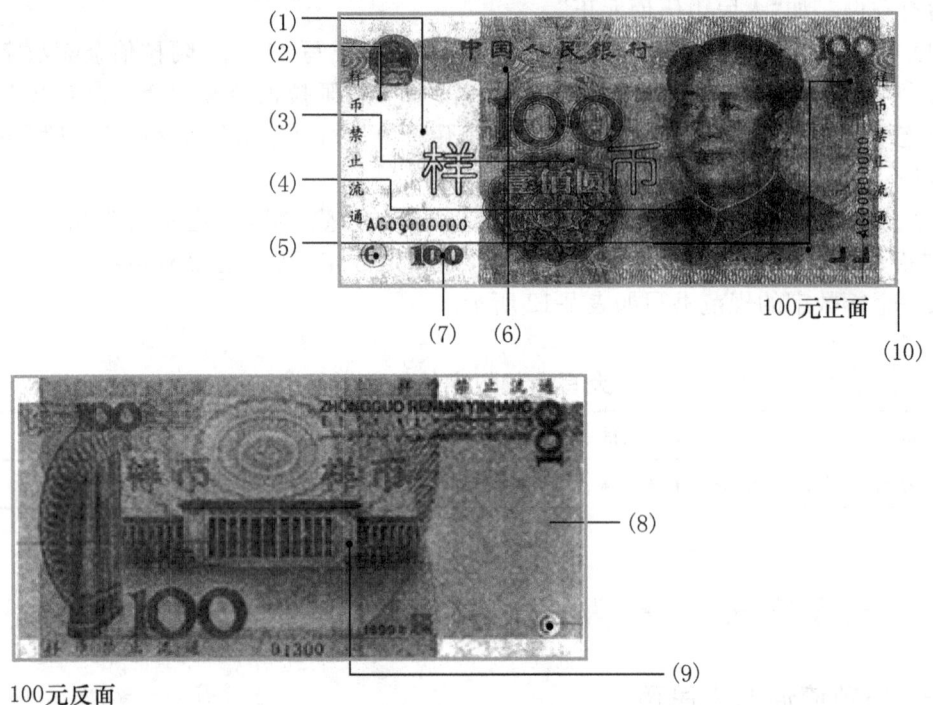

图 2-1　1999 年版第五套人民币 100 元券样币

其防伪特征如下：

（1）固定人像水印：位于票面正面左侧空白处，迎光透视，可见与主景人像相同、立体感很强的毛泽东头像水印。

（2）红、蓝彩色纤维：在票面上可看到纸张中有红色和蓝色纤维。

（3）磁性缩微文字安全线：钞票纸中的安全线，迎光透视，可见"RMB100"微小文字，仪器检测有磁性。

（4）手工雕刻头像：票面正面主景毛泽东头像，采用手工雕刻凹版印刷工艺，形象逼真、传神，凹凸感强，易于识别。

（5）隐形面额数字：票面正面右上方有一椭圆形图案，将钞票置于与眼睛接近平行的位置，面对光源作水平旋转 45 度或 90 度角，即可看到面额"100"字样。

（6）胶印缩微文字：票面正面上方椭圆形图案中，多处印有胶印缩微文字，在放大镜下可看到"RMB"和"RMB100"字样。

（7）光变油墨面额数字：票面正面左下角"100"字样，与票面垂直角度观察为绿色，倾斜一定角度则变为蓝色。

（8）阴阳互补对印图案：票面正面左下方和背面右下方均有一圆形局部图案，迎光观察，正、背图案重合并组成一个完整的古钱币图案。

（9）雕刻凹版印刷：票面正面主景毛泽东头像、"中国人民银行"行名、盲文及背面主景人民大会堂等均采用雕刻凹版印刷，用手指触摸有明显凹凸感。

（10）横竖双号码：票面正面采用横竖双号码印刷（均为两位冠字，八位号码）。横号码为黑色，竖号码为蓝色。

2. 50元券人民币的票面特征及防伪特征

票面主色调为绿色，票幅长 150 mm、宽 70 mm。正面主景为毛泽东头像，左侧为"中国人民银行"行名、阿拉伯数字"50"、面额"伍拾圆"字样和花卉图案，左上角为中华人民共和国国徽图案，右下角为盲文面额标记，票面正面印有横竖双号码。背面主景为"布达拉宫"图案，右上方为"中国人民银行"汉语拼音字母和蒙、藏、维、壮四种民族文字的"中国人民银行"字样和面额（如图 2-2 所示）。

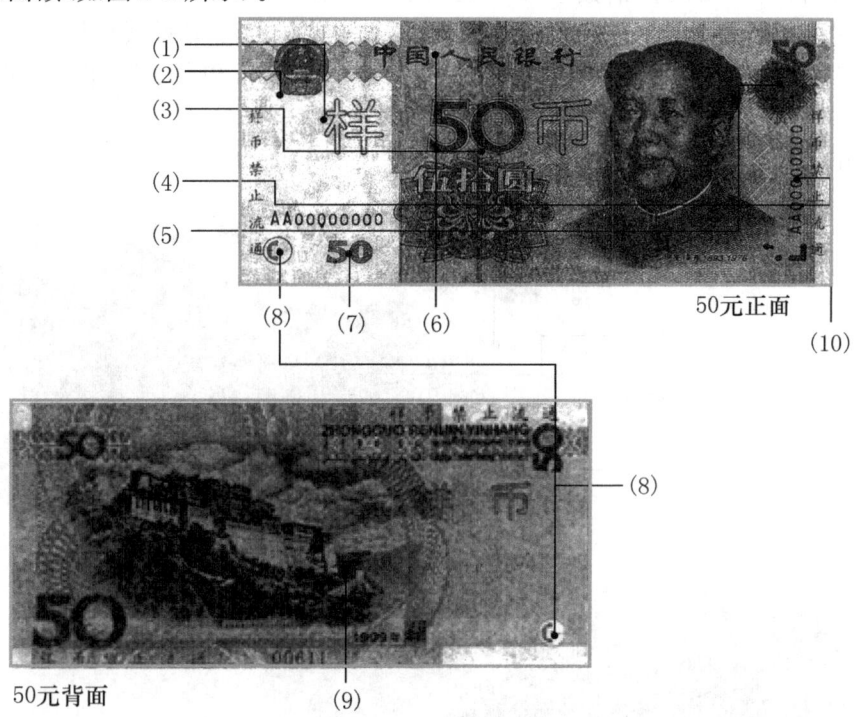

图 2-2　1999 年版第五套人民币 50 元券样币

其防伪特征如下。

（1）固定人像水印：位于正面左侧空白处，迎光透视，可以看到与主景人像相同、立体感很强的毛泽东头像水印。

（2）红、蓝彩色纤维：在票面上，可以看到纸张中有不规则分布的红色和蓝色纤维。

（3）磁性缩微文字安全线：钞票纸中的安全线，迎光透视，可以看到缩微文字"RMB50"字样，仪器检测有磁性。

（4）手工雕刻头像：正面主景毛泽东头像，采用手工雕刻凹版印刷工艺，凹凸感强，易于识别。

（5）隐形面额数字：正面右上方有一装饰图案，将钞票置于与眼睛接近平行的位置，面对光源作平面旋转 45 度或 90 度角，即可以看到面额数字"50"字样。

（6）胶印缩微文字：正面上方图案中，多处印有胶印缩微文字"50""人民币""RMB50"字样。

（7）光变油墨面额数字：正面左下方面额数字"50"字样，与票面垂直角度观察为金色，倾斜一定角度则变为绿色。

（8）阴阳互补对印图案：正面左下角和背面右下角均有一圆形局部图案，迎光透视，可以看到正背面图案重合并组成一个完整的古钱币图案。

（9）雕刻凹版印刷：正面主景毛泽东头像、"中国人民银行"行名、面额数字、盲文面额标记及背面主景"布达拉宫"图案等均采用雕刻凹版印刷，用手指触摸有明显凹凸感。

（10）横竖双号码：正面采用横竖双号码印刷，竖号码为红色，横号码为黑色。

3. 20 元券人民币的票面特征及防伪特征

票面主色调为棕色，票幅长 145 mm，宽 70 mm。正面主景为毛泽东头像，左侧为"中国人民银行"行名，阿拉伯数字"20"，面额"贰拾圆"和花卉图案，票面左上方为中华人民共和国国徽图案，左下方印有双色横号码，右下方为盲文面额标记。背面主景为"桂林山水"图案，右上方为"中国人民银行"汉语拼音字母和蒙、藏、维、壮四种民族文字的"中国人民银行"字样和面额（如图 2-3 所示）。

其防伪特征如下。

图 2-3 1999 年版第五套人民币 20 元券样币

（1）固定花卉水印：在 20 元人民币正面左侧空白处，迎光透视，可见立体感很强的荷花水印。

（2）红、蓝彩色纤维：在票面上，可看到纸张中有红色和蓝色纤维。

（3）安全线：迎光观察，钞票纸中有一条明暗相间的安全线。

（4）手工雕刻头像：人民币正面主景毛泽东头像，采用手工雕刻凹版印刷工艺，形象逼真、传神，凹凸感强，易于识别。

（5）隐形面额数字：正面右上方有一装饰图案，将票面置于与眼睛接近平行的位置，面对光源做平面旋转 45 度或 90 度角,可看到面额"20"字样。

(6)胶印缩微文字:正面右侧和下方及背面图案中,多处印有缩微文字"RMB20"字样。

(7)雕刻凹版印刷:票面上"中国人民银行"行名、面额数字、盲文面额标记等均采用雕刻凹版印刷,用手指触摸有明显凹凸感。

(8)双色横号码:20 元人民币正面采用双色横号码(两位冠字、八位号码)印刷。号码左半部分为红色,右半部分为黑色。

4. 10 元券人民币的票面特征及防伪特征

票面主色调为蓝黑色,票幅长 140 mm、宽 70 mm。正面主景为毛泽东头像,左侧为"中国人民银行"行名、阿拉伯数字"10"、面额"拾圆"字样和花卉图案,左上角为中华人民共和国国徽图案,左下角印有双色横号码,右下方为盲文面额标记。背面主景为"长江三峡"图案,右上方为"中国人民银行"汉语拼音字母和蒙、藏、维、壮四种民族文字的"中国人民银行"字样和面额(如图 2-4 所示)。

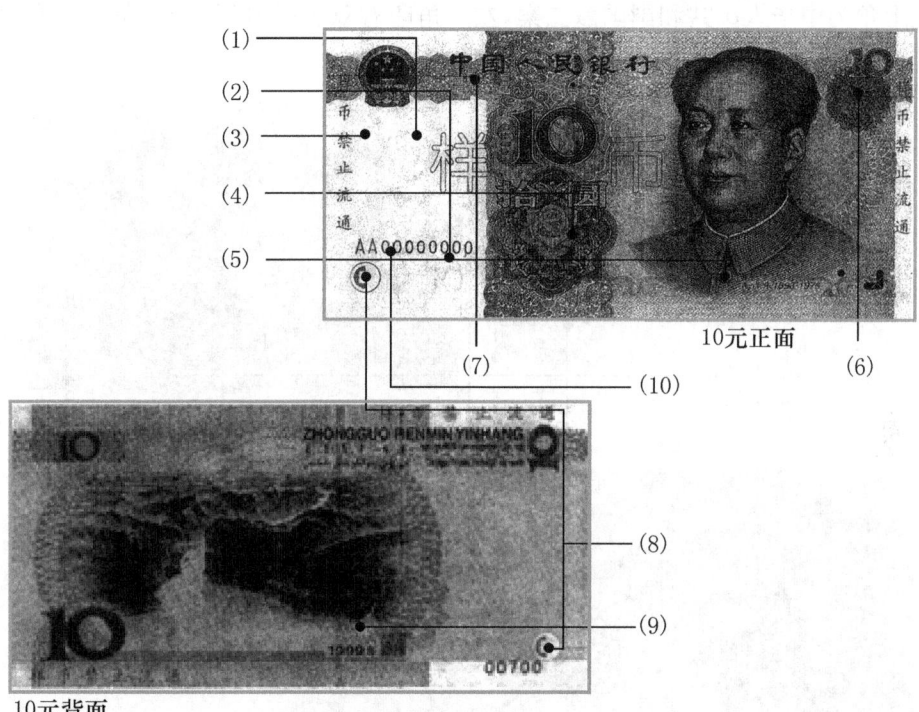

图 2-4 1999 年版第五套人民币 10 元券样币

其防伪特征如下。

(1)固定花卉水印:位于正面左侧空白处,迎光透视,可以看到立体感很强的月季花水印。

(2)白水印:位于双色横号码下方,迎光透视,可以看到透光性很强的图案"10"水印。

(3)红、蓝彩色纤维:在票面上,可以看到纸张中有不规则分布的红色和蓝色纤维。

(4)全息磁性开窗安全线:正面中间偏左,有一条开窗安全线,开窗部分可以看到由缩微字符"¥10"组成的全息图案,仪器检测有磁性(开窗安全线,指局部埋入纸张中,局部裸露在纸面上的一种安全线)。

（5）手工雕刻头像：正面主景毛泽东头像，采用手工雕刻凹版印刷工艺，凹凸感强，易于识别。

（6）隐形面额数字：正面右上方有一装饰图案，将钞票置于与眼睛接近平行的位置，然后，面对光源作平面旋转 45 度或 90 度角，可以看到面额数字"10"字样。

（7）胶印缩微文字：正面上方胶印图案中，多处印有缩微文字"RMB10""人民币"字样。

（8）阴阳互补对印图案：正面左下角和背面右下角均有一圆形局部图案，迎光透视，可以看到正背面图案合并组成一个完整的古钱币图案。

（9）雕刻凹版印刷：正面主景毛泽东头像、"中国人民银行"行名、面额数字、盲文面额标记和背面主景"长江三峡"图案等均采用雕刻凹版印刷，用手指触摸有明显凹凸感。

（10）双色横号码：正面印有双色横号码，左侧部分为红色，右侧部分为黑色。

5. 5 元券人民币的票面特征及防伪特征

票面主色调为紫色，票幅长 135 mm、宽 63 mm。正面主景为毛泽东头像，左侧为花卉图案，左上角为中华人民共和国国徽图案，左下角印有双色横号码，右下角为盲文面额标记（如图 2-5 所示）。

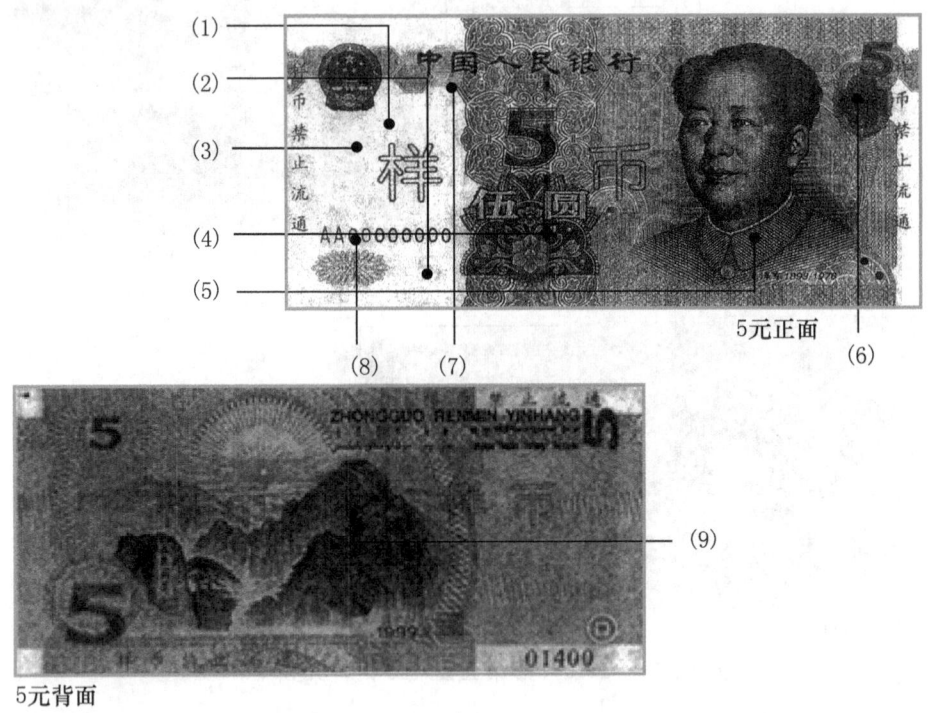

图 2-5 1999 年版第五套人民币 5 元券样币

其防伪特征如下：

（1）固定花卉水印：位于正面左侧空白处，迎光透视，可以看到立体感很强的水仙花水印。

（2）白水印：位于双色横号码下方，迎光透视，可以看到透光性很强的水印图案"5"。

（3）红、蓝彩色纤维：在票面上，可以看到纸张中有不规则分布的红色和蓝色纤维。

（4）全息磁性开窗安全线：正面中间偏左，有一条开窗安全线，开窗部分可以看到由缩微字符"5"组成的全息图案,仪器检测有磁性。

(5)手工雕刻头像:正面主景毛泽东头像,采用手工雕刻凹版印刷工艺,形象逼真、传神,凹凸感强,易于识别。

(6)隐形面额数字:正面右上方有一装饰图案,将票面置于与眼睛接近平行的位置,面对光源作平面旋转45度或90度角,可看到面额数字"5"字样。

(7)胶印缩微文字:正面胶印图案中,多处印有缩微文字"RMB5"和"人民币"字样。

(8)雕刻凹版印刷:正面主景毛泽东头像、"中国人民银行"行名、面额数字、盲文面额标记和背面主景泰山图案等均采用雕刻凹版印刷,用手指触摸有明显的凹凸感。

(9)双色横号码:正面印有双色横号码,左侧部分为红色,右侧部分为黑色。

6.1元券人民币的票面特征及防伪特征

票面主色调为橄榄绿色,票幅长130 mm、宽63 mm。正面主景图案为毛泽东头像,左侧为"中国人民银行"、阿拉伯数字"1""壹圆"字样和花卉图案,左上角为中华人民共和国国徽图案,左下角印有双色横号码,右下角为盲文面额标记。背面主景图案为杭州西湖,左下方印有阿拉伯数字"1",左下方印有面额"1YUAN",右上方为"中国人民银行"汉语拼音和蒙、藏、维、壮四种民族文字的"中国人民银行"字样、面额,右下方为年号和"行长之章"印鉴(如图2-6所示)。

图2-6 1999年版第五套人民币1元券样币

其防伪特征如下:

(1)固定花卉水印:位于正面左侧空白处,迎光透视,可以看到立体感很强的兰花水印。

(2)手工雕刻头像:正面主景毛泽东头像,采用手工雕刻凹版印刷工艺,形象逼真、传神,凹凸感强,易于识别。

(3)隐形面额数字:正面右上方有一装饰图案,将票面置于与眼睛接近平行的位置,面对光源作上下倾斜晃动,可看到面额数字"1"字样。

(4)胶印缩微文字:背面下方胶印图案中,印有缩微文字"人民币"和"RMB1"字样。

(5)雕刻凹版印刷:正面主景毛泽东头像、"中国人民银行"行名、面额数字、盲文面额标记等均采用雕刻凹版印刷,用手指触摸有明显凹凸感。

(6)双色横号码:正面印有双色横号码,左侧部分为红色,右侧部分为黑色。

三、2005年版第五套人民币的票面特征及防伪特征

(一)2005年版第五套人民币100元纸币

1. 第五套人民币100元纸币的2005年版与1999年版的相同点

2005年版第五套人民币100元纸币规格、主景图案、主色调、"中国人民银行"行名

和汉语拼音行名、面额数字、花卉图案、国徽、盲文面额标记、民族文字等票面特征，固定人像水印、手工雕刻头像、胶印缩微文字、雕刻凹版印刷等防伪特征，均与现行流通的 1999 年版的第五套人民币 100 元纸币相同。

2. 第五套人民币 100 元纸币的 2005 年版与 1999 年版的区别

（1）调整防伪特征布局。正面左下角胶印对印图案调整到正面主景图案左侧中间处，光变油墨面额数字左移至原胶印对印图案处。背面右下角胶印对印图案调整到背面主景图案右侧中间处。

（2）调整以下防伪特征。① 隐形面额数字：调整隐形面额数字观察角度。正面右上方有一装饰性图案，将票面置于与眼睛接近平行的位置，面对光源做上下倾斜晃动，可以看到面额数字"100"字样。② 全息磁性开窗安全线：将原磁性缩微文字安全线改为全息磁性开窗安全线。背面中间偏右，有一条开窗安全线，开窗部分可以看到由缩微字符"￥100"组成的全息图案，仪器检测有磁性。③ 双色异形横号码：将原横竖双号码改为双色异形横号码。正面左下角印有双色异形横号码，左侧部分为暗红色，右侧部分为黑色。字符由中间向左右两边逐渐变小。

（3）增加以下防伪特征。① 白水印：位于正面双色异形横号码下方，迎光透视，可以看到透光性很强的水印"100"字样。② 凹印手感线：正面主景图案右侧，有一组自上而下规则排列的线纹，采用雕刻凹版印刷工艺印制，用手指触摸，有极强的凹凸感。

（4）取消纸张中的红、蓝彩色纤维。

（5）背面主景图案下方的面额数字后面，增加人民币单位元的汉语拼音"YUAN"；年号改为"2005"。

2005 年版第五套人民币 100 元纸币如图 2-7 所示。

图 2-7 2005 年版第五套人民币 100 元券样币

（二）2005 年版第五套人民币 50 元纸币

1. 第五套人民币 50 元纸币的 2005 年版与 1999 年版的相同点

2005 年版第五套人民币 50 元纸币规格、主景图案、主色调、"中国人民银行"行名和汉语拼音行名、面额数字、花卉图案、国徽、盲文面额标记、民族文字等票面特征，固定人像水印、手工雕刻头像、胶印缩微文字、雕刻凹版印刷等防伪特征，均与现行流通的 1999 年版的第五套人民币 50 元纸币相同。

2. 第五套人民币 50 元纸币的 2005 年版与 1999 年版的区别

（1）调整防伪特征布局。正面左下角胶印对印图案调整到正面主景图案左侧中间处，光变油墨面额数字左移至原胶印对印图案处。背面右下角胶印对印图案调整到背面主景图案右侧中间处。

（2）调整以下防伪特征。① 隐形面额数字：调整隐形面额数字观察角度。正面右上方有一装饰性图案，将票面置于与眼睛接近平行的位置，面对光源做上下倾斜晃动，可以看到面额数字"50"字样。② 全息磁性开窗安全线：将原磁性缩微文字安全线改为全息磁性开窗安全线。背面中间偏右，有一条开窗安全线，开窗部分可以看到由缩微字符"￥50"组成的全息图案，仪器检测有磁性。③ 双色异形横号码：取消原横竖双号码中的竖号码，将横号码改为双色异形横号码。正面左下角印有双色异形横号码，左侧部分为暗红色，右侧部分为黑色。字符由中间向左右两边逐渐变小。

（3）增加以下防伪特征。① 白水印：位于正面双色异形横号码下方，迎光透视，可以看到透光性很强的水印"50"字样。② 凹印手感线：正面主景图案右侧，有一组自上而下规则排列的线纹，采用雕刻凹版印刷工艺印制，用手指触摸，有极强的凹凸感。

（4）取消纸张中的红、蓝彩色纤维。

（5）背面主景图案下方的面额数字后面，增加人民币单位元的汉语拼音"YUAN"；年号改为"2005"。

2005 年版第五套人民币 50 元纸币如图 2-8 所示。

图 2-8 2005 年版第五套人民币 50 元券样币

（三）2005 年版第五套人民币 20 元纸币

1. 第五套人民币 20 元纸币的 2005 年版与 1999 年版的相同点

2005 年版第五套人民币 20 元纸币规格、主景图案、主色调、"中国人民银行"行名和汉语拼音行名、面额数字、花卉图案、国徽、盲文面额标记、民族文字等票面特征，固定花卉水印、手工雕刻头像、胶印缩微文字、双色横号码等防伪特征，均与现行流通的 1999 年版的第五套人民币 20 元纸币相同。

2. 第五套人民币 20 元纸币的 2005 年版与 1999 年版的区别

（1）调整以下防伪特征。① 雕刻凹版印刷：背面主景图案桂林山水、面额数字、汉语拼音行名、民族文字、年号、行长章等均采用雕刻凹版印刷，用手指触摸，有明显凹凸感。② 隐形面额数字：调整隐形面额数字观察角度。正面右上方有一装饰性图案，将票面置于与眼睛接近平行的位置，面对光源做上下倾斜晃动，可以看到面额数字"20"字样。③ 全息磁性开窗安全线：将原安全线改为全息磁性开窗安全线。正面中间偏左，有一条开窗安全线，开窗部分可以看到由缩微字符"￥20"组成的全息图案，仪器检测有磁性。

（2）增加以下防伪特征。① 白水印：位于正面双色横号码下方，迎光透视，可以看到透光性很强的水印"20"字样。② 胶印对印图案：正面左下角和背面右下角均有一圆形局部图案,迎光透视,可以看到正背面的局部图案合并为一个完整的古钱币图案。③凹印手感线:正面主景图案右侧,有一组自上而下规则排列的线纹,采用雕刻凹版印刷工艺印制,用手指触摸,有极强的凹凸感。

(3)取消纸张中的红、蓝彩色纤维。

(4)取消正面原双色横号码下方的装饰性图案;背面主景图案下方的面额数字后面,增加人民币单位元的汉语拼音"YUAN";年号改为"2005"。

2005年版第五套人民币20元纸币如图2-9所示。

图2-9　2005年版第五套人民币20元券样币

(四)2005年版第五套人民币10元纸币

1. 第五套人民币10元纸币的2005年版与1999年版的相同点

2005年版第五套人民币10元纸币规格、主景图案、主色调、"中国人民银行"行名和汉语拼音行名、面额数字、花卉图案、国徽、盲文面额标记、民族文字等票面特征,固定花卉水印、白水印、全息磁性开窗安全线、手工雕刻头像、胶印缩微文字、胶印对印图案、雕刻凹版印刷、双色横号码等防伪特征,均与现行流通的1999年版的第五套人民币10元纸币相同。

2. 第五套人民币10元纸币的2005年版与1999年版的区别

(1)调整隐形面额数字观察角度。下面右上方有一装饰性图案,将票面置于与眼睛接近平行的位置,面对光源做上下倾斜晃动,可以看到面额数字"10"字样。

(2)增加凹印手感线:正面主景图案右侧,有一组自上而下规则排列的线纹,采用雕刻凹版印刷工艺印制,用手指触摸,有极强的凹凸感。

(3)取消纸张中的红、蓝彩色纤维。

(4)背面主景图案下方的面额数字后面,增加人民币单位元的汉语拼音"YUAN";年号改为"2005"。

2005年版第五套人民币10元纸币如图2-10所示。

图2-10　2005年版第五套人民币10元券样币

（五）2005 年版第五套人民币 5 元纸币

1. 第五套人民币 5 元纸币的 2005 年版与 1999 年版的相同点

2005 年版第五套人民币 5 元纸币规格、主景图案、主色调、"中国人民银行"行名和汉语拼音行名、面额数字、花卉图案、国徽、盲文面额标记、民族文字等票面特征,固定花卉水印、白水印、全息磁性开窗安全线、手工雕刻头像、胶印缩微文字、胶印对印图案、雕刻凹版印刷、双色横号码等防伪特征,均与现行流通的 1999 年版的第五套人民币 5 元纸币相同。

2. 第五套人民币 5 元纸币的 2005 年版与 1999 年版的区别

（1）调整隐形面额数字观察角度。下面右上方有一装饰性图案,将票面置于与眼睛接近平行的位置,面对光源做上下倾斜晃动,可以看到面额数字"5"字样。

（2）增加凹印手感线:正面主景图案右侧,有一组自上而下规则排列的线纹,采用雕刻凹版印刷工艺印制,用手指触摸,有极强的凹凸感。

（3）取消纸张中的红、蓝彩色纤维。

（4）背面主景图案下方的面额数字后面,增加人民币单位元的汉语拼音"YUAN";年号改为"2005"。

2005 年版第五套人民币 5 元纸币如图 2-11 所示。

图 2-11　2005 年版第五套人民币 5 元券样币

四、2015 年版第五套人民币 100 元纸币的票面特征及防伪特征

中国人民银行定于 2015 年 11 月 12 日起发行 2015 年版第五套人民币 100 元纸币。其票面特征和防伪特征如下:

（一）票面特征

2015 年版第五套人民币 100 元纸币在保持 2005 年版第五套人民币 100 元纸币规格、正背面主图案、主色调、"中国人民银行"行名、国徽、盲文和汉语拼音行名、民族文字等不变的前提下,对部分图案做了调整,对整体防伪性能进行了提升。

2015 年版第五套人民币 100 元纸币正面　　　　2015 年版第五套人民币 100 元纸币背面

2015 年版第五套人民币 100 元纸币与 2005 年版第五套人民币 100 元纸币正面图案相比主要调整了三处。

① 取消了票面右侧的凹印手感线、隐形面额数字和左下角的光变油墨面额数字。

② 票面中部增加了光彩光变数字，票面右侧增加了光变镂空开窗安全线和竖号码。

③ 票面右上角面额数字由横排改为竖排，并对数字样式做了调整；中央团花图案中心花卉色彩由桔红色调整为紫色，取消了花卉外淡蓝色花环，并对团花团、接线形式做了调整；胶印对应图案由古钱币图案改为面额数字"100"，并由票面左侧中间位置调整至左下角。

| 2005 年版第五套人民币 100 元纸币正面 | 2015 年版第五套人民币 100 元纸币正面 |

2015 年版第五套人民币 100 元纸币与 2005 年版第五套人民币 100 元纸币背面面图案相比主要调整了三处：

① 取消了右侧的全息磁性开窗安全线和右下角的防复印标记。

② 减少了票面左右两侧边部胶印图纹，适当留白；胶印对印图案由古钱币图案改为面额数字"100"，并由票面右侧中间位置调整至右下角；面额数字"100"上半部颜色由深紫色调整为浅紫色，下半部分由大红色调整为桔红色，并对线纹结构进行了调整；票面局部装饰图案色彩由蓝、红相见调整为紫、红相间；左上角、右上角面额数字样式均做调整。

③ 年号调整为"2015 年"。

| 2005 年版第五套人民币 100 元纸币背面 | 2005 年版第五套人民币 100 元纸币背面 |

（二）防伪特征

1. 公众防伪特征

① 光变镂空开窗安全线。光变镂空开窗安全线位于票面正面右侧。垂直票面观察，安全线呈品红色；与票面成一定角度观察，安全线呈绿色；透光观察，可见安全线中正反交替排列的镂空文字"￥100"。

② 光彩光变数字。光彩光变数字位于票面正面中部。垂直票面观察，数字以金色为主；平视观察，数字以绿色为主。随着观察角度的改变，数字颜色在金色和绿色之间交替变化，并可见到一条亮光带上下滚动。

③ 人像水印。人像水印位于票面正面左侧空白处。透光观察，可见毛泽东头像水印。

④ 胶印对印图案。票面正面左下方和背面右下方均有面额数字"100"的胶印对印局部图案。透光观察，正背面图案组成一个完整的面额数字"100"。

⑤ 横竖双号码。票面正面左下方采用横号码，其冠子和前两位数字为暗红色，后六位数字为黑色；右侧竖号码为蓝色。

⑥ 白水印。白水印位于票面正面横号码下方。透光观察，可以看到透光性很强的水印面额数字"100"。

⑦ 雕刻凹版印刷。票面正面毛泽东头像、国徽、"中国人民银行"行名、右上角面额数字、盲文及背面主景人民大会堂等均采用雕刻凹版印刷，用手指触摸有明显的凹凸感。

2. 专业防伪特征

正面

背面

① 有色荧光竖号码。有色荧光竖号码位于票面正面右侧,蓝色竖号码在特定波长紫外光照射下可见绿色荧光效果。

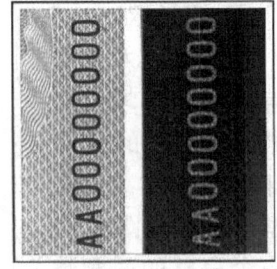

② 双色横号码。双色横号码位于票面正面左下方,其冠子和前两位数字为暗红色,后六位数字为黑色。用特定仪器检测,双色横号码具有磁性,可供机读。

③ 全埋安全线。全埋安全线位于票面中部。透光观察,可见安全线中镂空面额数字"100"。仪器检测有磁性,可供机读。

④ 红外配对图案。红外配对图案位于票面背面中部和右侧的凹印图案中,部分团具有红外特征。

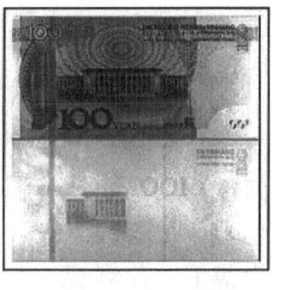

⑤ 无色荧光纤维。无色荧光纤维随机分布于纸张中。在特定波长紫外光照射下,可看到黄色和蓝色纤维。

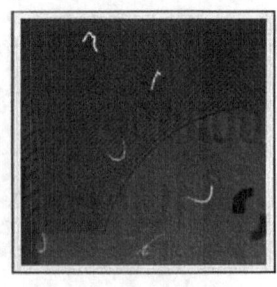

⑥ 有色荧光图案。有色荧光图案位于背面主景人民大会堂图案上方椭圆形图案中,部分图案在特定波长紫外光照射下可见桔黄色荧光图案。

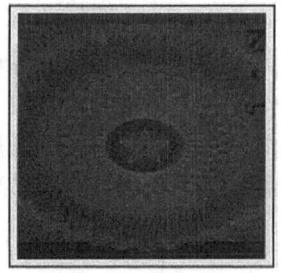

⑦ 无色荧光图案。无色荧光图案位于票面正面中部，行名下方。在特定波长紫外光照射下可见黄色荧光的面额数字"100"，可供机读。

⑧ 防复印标记。防复印标记在票面正面左侧、背面右侧的部分图案，可以防止彩色复印。

2015 年版第五套人民币 100 元纸币发行后，与同面额流通人民币等值流通。

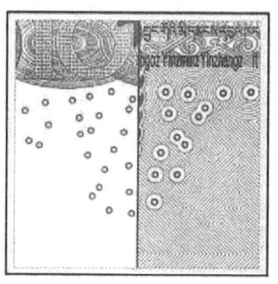

五、2019 年版第五套人民币 50 元、20 元、10 元、1 元纸币的票面特征及防伪特征

中国人民银行自 2019 年 8 月 30 日起发行 2019 年版第五套人民币 50 元、20 元、10 元、1 元纸币和 1 元、5 角、1 角硬币。2019 年版第五套人民币 50 元、20 元、10 元、1 元纸币和 1 元、5 角、1 角硬币发行后，与同面额流通人民币等值流通。

（一）纸币特征

2019 年版第五套人民币 50 元、20 元、10 元、1 元纸币分别保持 2005 年版第五套人民币 50 元、20 元、10 元纸币和 1999 年版第五套人民币 1 元纸币规格、主图案、主色调、"中国人民银行"行名、国徽、盲文面额标记、汉语拼音行名、民族文字等要素不变，提高了票面色彩鲜亮度，优化了票面结构层次与效果，提升了整体防伪性能。2019 年版第五套人民币 50 元、20 元、10 元、1 元纸币调整正面毛泽东头像、装饰团花、横号码、背面主景和正背面面额数字的样式，增加正面左侧装饰纹样，取消了正面右侧凹印手感线和背面右下角局部图案，票面年号改为"2019 年"。

1. 50 元纸币

2019 年版第五套人民币 50 元纸币正面图案

2019 年 50 元纸币正面中部面额数字调整为光彩光变面额数字"50"，左下角光变油墨面额数字调整为胶印对印图案，右侧增加动感光变镂空开窗安全线和竖号码。

2019 年版第五套人民币 50 元纸币背面图案

2019 年 50 元纸币背面取消全息磁性开窗安全线。

2. 20 元纸币

2019 年版第五套人民币 20 元纸币正面图案

2019 年 20 元纸币正面中部面额数字分别调整为光彩光变面额数字"20",取消了全息磁性开窗安全线,调整了左侧胶印对印图案,右侧增加了光变镂空开窗安全线和竖号码。

2019 年版第五套人民币 20 元纸币背面图案

3. 10 元纸币

2019 年版第五套人民币 10 元纸币正面图案

2019 年 10 元纸币正面中部面额数字分别调整为光彩光变面额数字"10",取消了全息磁性开窗安全线,调整了左侧胶印对印图案,右侧增加了光变镂空开窗安全线和竖号码。

2019 年版第五套人民币 10 元纸币背面图案

4. 1元纸币

2019年版第五套人民币1元纸币正面图案

2019年1元纸币正面左侧增加了面额数字白水印，取消了左下角装饰纹样。

2019年版第五套人民币1元纸币背面图案

（二）硬币特征

2019年版第五套人民币1元、5角、1角硬币分别保持1999年版第五套人民币1元、5角硬币和2005年版第五套人民币1角硬币外形、外缘特征、"中国人民银行"行名、汉语拼音面额、人民币单位、花卉图案、汉语拼音行名等要素不变，调整了正面面额数字的造型，背面花卉图案适当收缩。

1. 1元硬币

2019年版第五套人民币1元硬币正面图案

2019年1元硬币直径由25毫米调整为22.25毫米。正面面额数字"1"轮廓线内增加隐形图文"￥"和"1"，边部增加圆点。材质保持不变。

2019年版第五套人民币1元硬币背面图案

2. 5角硬币

2019年版第五套人民币5角硬币正面图案

2019年5角硬币材质由钢芯镀铜合金改为钢芯镀镍，色泽由金黄色改为镍白色。正背面内周缘由圆形调整为多边形。直径保持不变。

2019年版第五套人民币5角硬币背面图案

3. 1角硬币

2019年版第五套人民币1角硬币正面图案

2019年1角硬币正面边部增加圆点。直径和材质保持不变。

2019年版第五套人民币1角硬币背面图案

六、常见假钞的特点与类型

单位出纳人员必须具备基本的人民币真伪鉴别知识。

目前在流通中常见的假币主要有两种：一种是伪造币；一种是变造币。

1. 伪造币

伪造币是模仿真票币非法制作、印刷的票币，欺骗性强，极易以假乱真，稍不注意，就会上当受骗。一旦伪造币投入流通，其带来的恶劣影响显而易见，它不仅扰乱了金融市场的秩序，而且损害了企事业单位和个人的利益，危害极大。

2. 变造币

变造币是将真币拼凑、涂改面额等手段制作的货币。主要类型有三：第一种，涂改变造币，即使用消字、消色等方法，将小面额票币的金额消去，涂改成大面额的票币。这种变造币，钞票金额数字部位有涂改或用力刮过的痕迹，花纹、图案、颜色、尺寸都与真钞不符。第二种，拼凑变造币，即用剪贴的方法，将多张钞票进行剪剪拼拼，从而多拼出钞票的张数。这种变造币，纸幅比真钞短一截，花纹不衔接，钞票背面有纸条或叠压粘贴痕迹。第三种，揭张变造币，是将真钞正、背两面揭开，再贴上其他纸张而成。这种变造币，与真钞相比纸质薄，挺度差，易辨别。

七、假钞鉴别的常用技巧

1. 纸张识别

人民币纸张采用专用钞纸，主要成分为棉短绒和高质量木浆，具有耐磨、有韧度、挺括、不易折断，抖动时声音脆响等特点；而假币纸张绵软、韧性差、易断裂，抖动时声音沉闷。

2. 水印识别

人民币水印是在造纸中采用特殊工艺使纸纤维堆积而形成的暗记。分满版和固定水印两种。如现行人民币 1 元、2 元、5 元券为满版水印暗记；10 元、50 元、100 元券为固定人头像水印暗记。其特点是层次分明、立体感强、透光观察清晰。而假币特点是水印模糊，无立体感，变形较大，用浅色油墨加印在纸张正、背面，不需迎光透视就能看到。

3. 凹印技术识别

真币的技术特点是图像层次清晰，色泽鲜艳浓郁，立体感强，触摸有凹凸感，如 1 元、2 元、5 元、10 元券人民币在人物、字体、国徽、盲文点处都采用了这一技术。而假币图案平淡，手感光滑，花纹图案较模糊，并由网点组成。

4. 荧光识别

1999 年版 50 元、100 元券人民币分别在正面主景图两侧印有在紫外光下显示纸币面额阿拉伯数字"100"或"50"和汉语拼音"YIBAI"或"WUSHI"的金黄色荧光反应，但整版纸张无任何反应，而假币一般没有荧光暗记，个别的虽有荧光暗记但与真币比较，颜色有较大差异，并且纸张会有较明亮的蓝白荧光屏反应。

5. 安全线识别

真币的安全线是立体实物与钞纸融为一体，有凸起的手感。假币一般是印上或画上的颜色，如加入立体实物，会出现与票面皱褶分离的现象。此外，还可借助仪器进行检测，可用紫外光、放大镜、磁性等简便仪器对可疑票券进行多种检测。

八、发现假钞的处理

出纳人员收付现金如怀疑为假币，应立即送交附近银行鉴别，如是假币由银行开具没收凭证，予以没收处理，如有追查线索的应及时报告就近公安部门，协助侦破；出纳人员发现可疑币不能断定真假时，不得随意加盖假币戳记和没收，应向持币人说明情况，开具临时收据，连同可疑币及时送当地中国人民银行鉴定。经中国人民银行鉴定，确属假币时，应按发现假币后的办法处理，如确定不是假币时，应及时将钞票退还持币人。

假币没收权属于银行、公安和司法部门。其他单位和个人如发现假币按上述办法处理或按当地反假币法规所规定的办法办理。

第四节　手工点钞技能

掌握正确的点钞技巧是出纳人员必备的素质,出纳人员要通过刻苦锻炼,掌握一种或几种手工点钞方法,做到点钞快而准。

一、点钞的基本程序

出纳员在办理现金收付业务时,一般应按下列程序办理。

(1)应审查现金收、付款凭证及其所附原始凭证的内容,看其是否填写齐全、清楚,两者内容是否一致。

(2)依据现金收、付款凭证的金额,先点整数(即大数),再点零数(即小数),具体说就是先点大额票面金额,再点小额票面金额,结合先点成捆的(暂不拆捆)、成把、卷(指铸币)的(暂不拆把、卷),再点零数。在点数过程中,一般应边点数,边在算盘或计算器上加计金额,点数完毕,算盘或计算器上的数字和现金收、付款凭证上的金额应相同。

(3)从整数至零数,逐捆、逐把、逐卷地拆捆点数,在拆捆、拆把、拆卷时应暂时保存原有的封签、封条和封纸,点数无误后才可扔掉。

(4)点数无误后,即可办理具体的现金收付业务。

二、点钞的常用方法

点钞可分为手工点钞和机具点钞,机具点钞易学易懂,本章第五节将专门介绍点钞机的使用。目前,虽然许多单位配备了点钞机,但由于种种原因,机器点完后,出纳人员往往还要用手工再行点验。这就要求出纳人员必须熟练掌握几种手工点钞的方法,刻苦训练,以达到能够既快又准的点验钞票的目的。手工点钞的方法很多,但常用的主要有如下几种。

(1)手持式点钞技术。它又分为单指单张点钞法、单指多张点钞法、四指拨动等几种。其中最常用的是单指单张点钞法。单指操作要领为:左手中指和无名指夹住钞票的一端,食指伸直托住钞票背面,大拇指轻按在钞票正面,将钞票呈半扇面形,大拇指尖压在钞票侧面某一适当位置。右手大拇指在票上(相对于面部位置而言),食指、中指在票下,用右手大拇指指尖向下捻动钞票,每捻出一张,就用右手无名指将其弹拨下来,这样连续动作,并同时采用1、2、3、4、5、6、7、8、9、1,1、2、3、4、5、6、7、8、9,2,1、2、3、4、5、6、7、8、9、3……自然记数法。使用此种点钞法,可看到钞票的大部分,易于识别假币和挑出残票,优点很多。其缺点是一次记一个数,比较费力。在单指单张点钞法的基础上,可相应发展为单指多张的点钞技术。

(2)扇面式点钞法。把钞票捻成扇面形状进行清点的方法就叫扇面式点钞法。其操作要领为:左手持票,把钞票打成一个扇面,每张钞票间隔要均匀,右手中指、无名指托住钞票背面,用右手大拇指一次按下某一固定张数作为组,然后用右手食指压住,随后大拇指继续向前按第二次,如此反复,直至完成,并同时采用分组记数法。这种点钞法速度快,是手工点钞中效率最高的一种方法。但它只能确认张数,不能看清票面,而且也不利于清点新、旧、破混合钞票,一般适合于真钞数量的清点。

(3) 整点硬币的方法。在实际工作中整点硬币一般有两种方法:手工整点硬币和工具整点硬币。在这里主要讲一下手工整点硬币。

手工整点硬币一般常用在收款、收点硬币尾数零款,以 100 枚为一卷,一次可清点 5 枚、12 枚、14 枚或 16 枚,最多的可一次清点 18 枚,主要是依个人技术熟练程度而定。其操作方法如下:

拆卷。右手持硬币卷的 1/3 部位,放在待清点包装纸的中间,左手撕开硬币包装纸的一头,然后右手大拇指向下从左到右端开包装纸,把纸从卷上面压开后,左手食指平压硬币,右手抽出已压开的包装纸,这样即可准备清点。

点数。按币值由大到小的顺序进行清点,用左手持币,右手拇指食指分组清点。为保证准确,用右手中指从一组中间分开查看,如 1 次点 18 枚为一组,即从中间分开一边 9 枚;如 1 次点 10 枚为一组,一边为 5 枚。记数方法,分组计数,一组为 1 次,如点 10 枚即 10 次(如点 18 枚为 5 次加 10 枚,其他以此类推)为一卷叠放在包装纸上。

包装。硬币清点完毕后,用双手的无名指分别顶住硬币的两头,用拇指、食指、中指捏住硬币的两端,将硬币取出放入已准备好的包装纸 1/2 处,再用双手拇指把里半部的包装纸向外掀起掖在硬币底部,再用右手掌心用力向外推卷,然后用双手的中指、食指、拇指分别将两头包装纸压下均贴至硬币,这样使硬币两头压三折,包装完毕。

第五节 常用出纳机具的使用技能

出纳机具是出纳人员必须掌握和运用的工具,特别是作为现代的会计工作者,必须充分了解有关先进电子工具的使用,这将对其所从事的工作起到非常重要的帮助。下面重点介绍多功能防伪点钞机、保险柜、电子支付密码器的使用。

一、多功能防伪点钞机的使用

(一)多功能防伪点钞机外部介绍

下面是一款多功能防伪点钞机的外形结构,如图 2-12 所示。

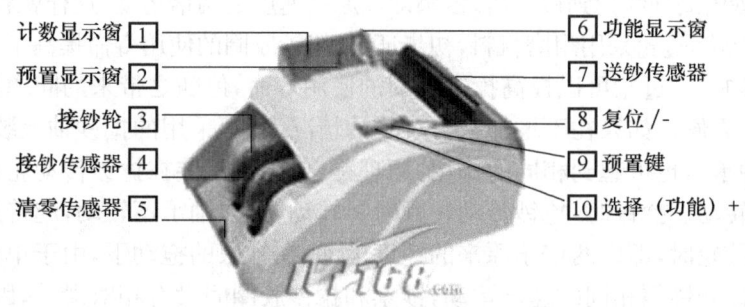

图 2-12 多功能防伪点钞机的外形结构

（二）多功能防伪点钞机的辨伪原理

我国现金流通规模庞大，银行出纳柜台现金处理工作繁重，点钞机已成为不可缺少的设备。点钞机集计数和辨伪于一身，随着印刷技术、复印技术和电子扫描技术的发展，伪钞制造水平越来越高，必须不断提高点钞机的辨伪性能。按照钞票运动轨迹的不同，点钞机分为卧式和立式点钞机。卧式点钞机采用面出钞连续分张的，以每秒15张以上的速度对钞票进行清点、辨伪，通常还具有自动开停机、预置数、防双张、防粘张和防夹心等辅助功能。辨伪手段通常有荧光识别、磁性分析、红外穿透三种方式。

下面重点介绍多功能防伪点钞机的结构原理。

多功能防伪点钞机由捻钞、出钞、接钞、传动、机架和电子电路、辨伪等七部分组成。

1. 捻钞部分

主要由滑钞板、送钞舌、阻力橡皮、落钞板、调节螺丝、捻钞胶圈等组成。将要清点的钞票逐张捻出是保证计数准确的前提。该机采用面出钞连续分级的：捻钞胶圈捻走处于表面的一张钞票，下面的钞票被阻力橡皮粘住，使表面的钞票与下面的钞票分开，实现分张。这个过程不断重复进行，直到捻完最后一张钞票。

由于更换麻烦，捻钞胶圈和阻力橡皮的磨损一直是困扰人们的两大难题，要解决这个问题，不外是：① 提高使用寿命；② 更换方便。对捻钞胶圈，可以采用加大外径，在外圆中间开一圈凹槽，来提高捻钞胶圈的耐磨性，并将胶圈轴向截面改为锯齿形，使胶圈齿面相对钞票的接触面加大，提高胶圈齿面对钞票的附着力。对阻力橡皮，比较简单方法是采用阻力橡皮快换结构，用手压下滑钞板的后端，可很容易取出阻力橡皮进行更换。

2. 出钞部分

主要由出钞胶轮、出钞对转轮组成。其作用是出钞胶圈以捻钞胶圈两倍的线速度把连续送过来先到的钞票与后面的钞票有效地分开，送往计数器与检测传感器进行计数和辨伪。钞票离开捻钞胶圈进入出钞胶圈。TD系列点钞机由于捻钞轴与出钞轴之间的距离（60 mm）小于被清点钞票的宽度（最大77 mm），钞票的剩余宽度会导致捻钞胶圈与钞票间的相对摩擦，降低捻钞胶圈的使用寿命。出纳工作中广泛使用3EC系列点钞机采用加宽出钞与捻钞轴之间距离的方式（出钞轴与捻钞轴之间距离为80 mm）来避免这一系摩擦现象的发生。由于捻钞轴与出钞轴之间的距离加宽，为了确保钞票从捻钞轮顺利运动到出钞轮，增加了一对过轮，过轮外缘的线速度等于捻钞胶圈外缘的线速度，出钞胶圈外缘的线速度是捻钞胶圈外缘线速度的两倍。当出钞胶圈外缘捻到钞票后，钞票即以原来速度的两倍运动，这样就将捻钞胶圈的磨损转移到过轮上，而过轮采用耐磨材料，初步证明，捻钞胶圈的使用寿命提高了几倍。

虽然增加一对过轮可以提高捻钞胶圈的使用寿命，但随之带来的问题是成本增加，结构复杂，维修不方便。如果在不增加一对过轮的情况下，而采用的捻钞轴上装一个超越离合器（俗称单向轴承），也可起到相同的作用，原理是：单向轴承装在捻钞传动轮内，可以相对于捻钞轴逆时针转动。捻钞时，捻钞传动轮顺时针转动，单向轴承不转动，起传递动力的作用，当钞票到出钞胶轮时，即以两倍于原来的速度运动，在钞票的拖动下，由于单向轴承的作用，捻钞胶圈外缘以和钞票相同的速度运动，钞票和捻钞胶圈间没有相对滑动，因而可延长捻钞胶圈的使用寿命。

3. 接钞部分

主要由接钞爪轮、脱钞板、挡钞板等组成。点验后的钞票一张张分别卡入接钞爪轮的不同爪,由脱钞板将钞票取下并堆放整齐。飞钞现象在点钞机中比较常见,要解决这个问题,须注意三个方面:一是接钞叶轮中心位置;二是叶爪形状;三是叶轮转速。

(1)接钞叶轮中心位置的确定:接钞叶轮中心应尽量靠近出钞轴,当钞票离开出钞胶圈时,必须尽量卡入叶爪的深部,这样就能保证钞票不致因为卡入过浅而飞钞。

(2)叶爪的形状:曲线应使钞票插入后有一个弯曲变形,钞票变形越大则越不易脱出。

(3)叶轮转速:叶轮转速越快则越易飞钞,但太慢钞票会撞击叶爪底部。叶轮转速与点钞速度和叶爪数量有关。

4.传动部分

传动部分可采用单电机或双电机驱动,由电动机通过传动带、传动轮,将动力输送给各传动轴。采用双电机驱动易于实现预置数功能。电机可采用交流或直流电机,由于电机和变压器的重量较大,如采用直流电机配合开关电源,可大大减轻整机重量。

5.机架组件

实践证明采用冲压力边板效果较好。采用这种设计的好处是机架的左、右边板中相对应精度较高的部分可以采用同一模具一次加工完成,提高了机架的装配精度,降低了成本,也为运动中的钞票得到有效识别提供了所需的定位精度。

6.电子电路部分

由主控部分、传感器部件、驱灯组件、电源板等组成一个单片机控制的系统,通过多个接口把紫光、磁性、红外穿透、计数信号引入主控器。把正常钞票在正常清点中在各传感器接收到的信号进行统计取样、识别,并寄存起来,作为检测的依据。当清点纸币时,把在各通道接口接收到的信号参数与原寄存起来的信号参数进行比较、判断,若有明显差异时就立即送出报警信号并截停电机,同时送出对应的信号提示。

7.辨伪

辨伪是通过检测人民币的固有特性来分辨真假。点钞机是机电一体化产品,涉及机械、电、光、磁等多个领域的知识,需要各方面互相配合。

(1)荧光检测。荧光检测的工作原理是针对人民币的纸质进行检测。人民币采用专用纸张制造(含85%以上的优质棉花),假钞通常采用经漂白处理后的普通纸进行制造,经漂白处理后的纸张在紫外线(波长为365 nm的蓝光)的照射下会出现荧光反应(在紫外线的激发下衍射出波长为420~460 nm的蓝光),人民币则没有荧光反应。所以,用紫外光源对运动钞票进行照射并同时用硅光电池检测钞票的荧光反映,可判别钞票真假。为排除环境光对辨伪的干扰,必须在硅光电池的表面安装一套透过波长与假钞荧光反应波长一致的滤色片。

在荧光检测中,需要注意两个问题:① 检测空间的遮光。外界光线进入检测空间会造成误报。② 紫外光源和光电池的防尘。在点钞过程中有大量粉尘,这些粉尘黏附在光源表面会削弱检测信号,造成漏报。

对第五版人民币,可同时检测荧光字(无色荧光油墨印刷,用另一硅光电池检测,滤色片的透过波长和真钞荧光反应波长一致)以提高辨伪效果。

(2)磁性检测。磁性检测的工作原理是利用大面额真钞(20元、50元、100元)的某些部位是用磁性油墨印刷,通过一组磁头对运动钞票的磁性进行检测,通过电路对磁性进行分析,可辨别钞票的真假。

在磁性检测中,要求磁头与钞票摩擦良好。磁头过高则冲击信号大,造成误报;磁头过低则信号弱,造成漏报。通过控制磁头的高度(由加工和装配保证)和在磁头上方装压钞胶轮可满足检测需要。

人民币的磁性检测方法可分为四种:

第一种是检测有无磁性。市场上的点钞机多采用此种方法,由于制造容易,故此种方法伪钞辨出率低。

第二种是按磁性分布检测磁性。采用两组或三组磁头分路检测磁性,辨伪水平可提高一个档次,市场上部分点钞机采用此种方法。

第三种是检测第五版人民币金属丝磁性。目前水平停留在检测有无磁性。根据在示波器的观测,金属丝的磁性是很有规律的矩形波,且量值也很准确,由于很难仿制,在磁性检测中如能利用这个特性,将大大提高辨伪水平。

第四种是检测第五版人民币横号码磁性。目前水平停留在检测有无磁性。由于横号码是一组带有一定磁性的数字,如对横号码的磁性数量和大小进行检测,辨伪水平可大大提高。

(3)红外穿透检测。红外穿透的工作原理是利用人民币的纸张比较坚固、密度较高以及用凹印技术印刷的油墨厚度较高,因而对红外信号的吸收能力较强来辨别钞票的真假。人民币的纸质特征与假钞的纸质特征有一定的差异,用红外信号对钞票进行穿透检测时,它们对红外信号的吸收能力将会不同,利用这一原理,可以实现辨伪。需要注意的是,油墨的颜色与厚度同样会造成红外穿透能力的差异。因此,必须对红外穿透检测的信号进行数学运算和比较分析。

(4)激光检测。用一定波长的红外激光照射第五版人民币上的荧光字,会使荧光字产生一定波长的激光,通过对此激光的检测可辨别钞票的真假。由于仿制困难,故用于辨伪很准确。

(5)防夹心检测。所谓防夹心检测就是在一沓钞票里剔出不同面额的钞票。根据不同面额的钞票具有不同的特征,如纸质、磁性、幅面大小等,可进行防夹心检测。目前的点钞机只检测钞票的纸质、磁性的宽度尺寸,因此对于纸质、磁性和宽度相同或相近的钞票如第四版的1元和2元、5元和10元,第五版的10元和20元很难区分,如果增加一组红外管,同时检测钞票的长度,这个问题可以得到有效的解决。

(三)多功能防伪点钞机十二条专业术语

(1)安全线磁编码。安全线磁编码是灌充在第五套人民币安全线中的特殊信号,每种券别(10元、20元、50元、100元)所灌充的信号都不尽相同,由若干个"单信号"构成一"组",再由若干"组"结成"链",这种信号必须由特殊的专用设备灌充,灌充之后难以抹掉,伪钞很难做到这一点。而真钞灌入了这种编码信号后,就如同人有了"指纹"一样,不但可以利用这些"钞票指纹"来分辨真伪,而且可以准确无误地分辨"夹张"与"分版"。

(2)磁性鉴伪。磁性鉴伪能检测出微弱磁性油墨,鉴别出伪币。

(3)记忆功能。点钞机每次点数都保持在预置窗口记忆显示,以便于数量上的核实。

(4)累加点钞。点钞机将显示出各次点钞的累加数。

(5)三线防伪。第五套人民币有三个层次的防伪特征,简称为"三线防伪"。第一线防伪特征:即对外张贴公布的十个防伪特征,供全民大众识别真伪时使用。第二线防伪特征:供银行内部专业人员识别真伪时使用,使用一些仪器(如静态鉴伪仪等),或辨伪点钞机来识别真伪。第三线防伪特征:即最隐蔽、最稳定及最难以仿造的防伪特征。这些特征是在一线、二线防伪特征都无法分辨钞票真伪时才用来供鉴别使用的,以最后确定需鉴别钞票的真伪,如安全线中的磁编码、含特殊元素的无色荧光油墨俗称"光斑"记印等。

（6）吸尘功能。配有吸尘器的点钞机有此功能,能自动吸走清点过程中的灰尘。

（7）预置点钞。设置好预置数（例如 100 张）,点钞机将自动清点到预置数停机,拿出接钞架上纸币,点钞机又将自动点钞,上述步骤重复进行。

（8）智能故障报警。在点钞过程中,对于重张、连张、叠张,点钞机将自动报警;对于自身各部件的故障,点钞机将自动检测、报警,提示排除。

（9）紫外光鉴伪。紫外光鉴伪利用紫外光检查纸的质量,配上模糊技术电路进行监控,只要有细微的变化,也能鉴别出伪币。此种方式通常备有几档识伪灵敏度可选择。

（10）自动点钞。把纸币放入进钞台,显示器自动清零,并开始快速点钞。

（11）自动分拣残币。对于半张纸币、残币将自动区分拣出。

（12）自动面额识别。点钞过程中如发现不同面值的纸币,点钞机将自动停机报警。

（四）多功能防伪点钞机的使用

无论使用任何设备,首先是要仔细阅读该产品的使用说明书,点钞机也是如此。在说明书中,会有该类型点钞机的使用环境介绍、基本操作方法和日常维护等必要信息,要仔细阅读它。其次是要检查机器的外观。要检查一下机器是否存在物理损伤,尤其是电源线、电源开关等处要着重检查一下是否有破皮的情况,了解了这些信息后才能将机器放置在桌面上进行下一步的工作。接下来就是将电源线插在机器上,然后将插头插在该产品说明书允许的电源插座上,要注意的是这个插座的供电标准必须严格遵守说明书上允许的范围,例如说明书注明了AC220V±10％、50Hz±5％的就要将插头插在俗称为"市电"的插座上,千万不要插在 UPS 电源上,否则可能会导致机器性能的不稳定。然后,就可以打开开关进行操作使用了。

正式操作的第一步是观察机器开机后的信息,看这些信息是否有故障提示在内;第二步是参照说明书,进行功能的设置。如果是智能型的机器,那么此步骤就可以省略了;第三步是下钞使用,下钞的时候,建议将成摞的钞票按照机器下钞部分的外形捻成一个微小的斜面,这样可以使机器橡胶件的使用寿命延长一些。键盘是对点钞机进行功能设置和实现基本操作的部分,现在机器的键盘设置一般都设有"启动键"、"清零键"和其他功能设置键。其中启动键是当机器遇到伪钞报警停机后,用来启动机器继续工作的;清零键是用来清除屏幕显示的,其他键则是设置相应功能或机器相应工作状态的按键,一般有设置磁检功能的"磁检键",设置光检功能的"光检键",设置预置数功能的"预置键"等。总之,如果操作者能够认真按照说明书的要求执行,就可以比较好地使用点钞机。

（五）多功能防伪点钞机的保养及故障排除

"工欲善其事,必先利其器",仅仅能使用好点钞机还是不够的,还应注意对点钞机进行日常的保养和维护。保养点钞机最重要的一点就是除尘。在潮湿地区,如果灰尘积留得比较多,会对机器的强电部分产生很大影响。在干燥地区,灰尘中带有大量自由电荷,而点钞机在清点的过程中也会产生一部分自由电荷,这样就会造成自由电荷在钞票上积累,最终产生尖端放电,这也就是我们常说的"静电"。静电产生放电现象就会对机器产生影响,轻则影响鉴伪,重则对机器的集成电路造成无法补救的损害。抛开这些对机器的不利影响不说,灰尘多了对人体也是有害的。所以保养机器的最重要任务就是除尘。在机器内灰尘积累较多的地方是紫外灯管。紫外灯管是点钞机利用光学技术进行鉴伪的光源,当它被遮挡时,光源的强度就要下降,这样鉴伪的灵敏度也要随之下降。在多数情况下,光学传感器距离光源很近,如果灯管的积灰多,也会将传感器遮盖住,这样鉴伪的灵敏度就更低了。这里的灰尘可以用毛刷或者抹布进行清理,不过一定要记住必须先将机器的电源线拔下来,以免触电!清除了灯管上的灰尘后就要对机器的积尘盒进行清理了。带有吸尘装置的点钞机,其吸尘装置吸取的灰尘都装在积尘盒里,可以将它拆下来进行清理。点钞机的结构是很复杂的,用毛刷或者抹布不能碰到的地方就不要非得去碰,否则容易损坏机器。

接下来的工作就是更换易损件。点钞机的易损件主要包括橡胶器件和紫光灯管。点钞机是模仿人类点钞的机器,它主要模仿的是摩擦作用,因此使用了部分橡胶器件。橡胶器件使用一段时间后会由于磨损而导致摩擦力下降,从而导致机器的性能也随之下降,在这种情况下就需要更换相应的橡胶器件了。另外,紫外灯管工作一段时间后紫外光的发射能力也要下降,从而导致机器鉴伪能力下降,这样也需要更换紫外灯管。更换它们的方法一般是很容易的,只要按使用说明书要求的方法拆下相应的部分,然后再将新的器件安装上就可以了。

最后一项保养工作是调节点钞的间隙。点钞机有一个调节摩擦力的机构,大多数点钞机的这个机构都设在机器的后部,其外形类似于圆形的钮,可称它为"旋钮"。旋钮的调整一般符合这样的规律——"顺时针调整,摩擦力增加;逆时针调整,摩擦力减小",知道这个规律后调整起来就方便多了,一般调节两圈就可以了。

定期的保养,可以使点钞机处在很好的工作状态下,工作效率也会得到大大地提高。

二、保险柜的使用

防盗保险柜采用先进技术制造而成,生产材料选用优质冷轧钢板和经国家质量部门认证的密码锁、防钻锁等重要元件,生产流程在专家指导监督下,由技术人员严格按照标准进行生产。产品经公安部鉴定检验合格,外形美观,坚固耐用,具有防盗、防火、防撬、保险性能可靠等特点,适合存放机密文件、重要票证、金银首饰和现金等。

目前市面上使用的保险柜有机械式保险柜和电子式保险柜两种。下面分别介绍。

(一)机械式保险柜的外形结果及使用方法

下面是一款机械式保险柜的外形结构,如图 2-13 所示。

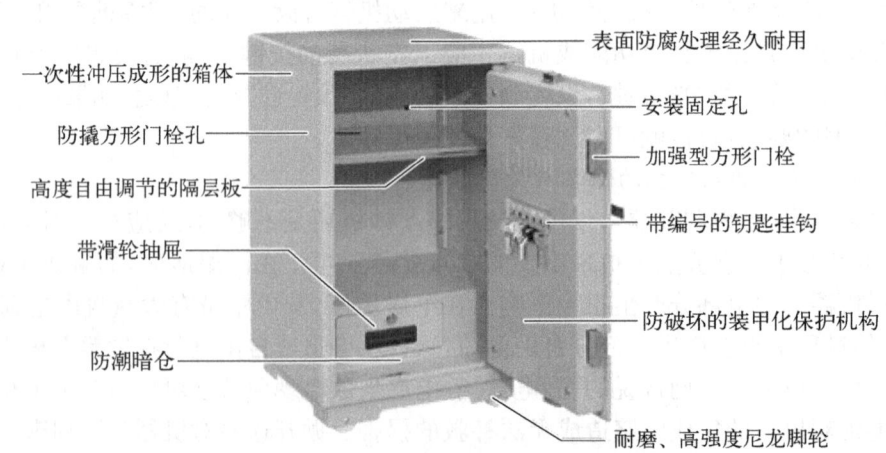

图 2-13　机械式保险柜的外形结构

下面介绍上面这款机械式保险柜的使用方法。

1. 开启方法

（1）防钻锁开启：依照标记插钥匙向右转 90 度，锁即开启。

（2）密码锁开启：转动密码盘使其相应刻度对准底盘基准点。① 先顺时针转，对三次相应刻度；② 反时针转，对二次相应刻度；③ 顺时针转，对一次相应刻度。

（3）手柄开启：转动手柄并外拉，门即开。

2. 关闭方法

（1）闭合门板，转动手柄至关闭状态。

（2）任意转动密码盘。

（3）转动防钻锁钥匙至锁闭状态，拔出钥匙即可。

3. 报警器使用方法

保险柜装备的报警器一般为吸粘式，报警器使用方式按报警器使用说明操作。

4. 更换密码方法

（1）打开柜门，拆下门后板。

（2）卸掉防拉螺母，拿下齿轮变号盘。

（3）打开齿轮变号盘，任意调动齿轮位置。

（4）重新安装齿轮号盘，上好防拉螺母。

（5）按开启方法转动密码盘，使各齿轮变号盘上的缺口对准刻度板再按密码盘刻度，确认各新密码。

（6）用新密码进行开启试验，以便确定新密码是否正确开启试验时，绝对不准关闭柜门。

（7）新密码确定后再将门板重新安装。

5. 常见故障及排除方法

机械式保险柜常见简单故障及排除方法如表 2-13 所示。

表 2-13

机械式保险柜常见简单故障及排除方法

序号	问题	可能原因及解决方法
1	密码锁转不准确	（1）未按密码锁开启步骤进行，按说明操作 （2）密码丢失或更换过密码而未记准新密码 （3）密码盘转过了基准线，必经从第一组密码重新对号
2	密码锁转不动	（1）门把手柄处于开启或半开启状态，将门手柄回位至关闭状 （2）密码转盘与密码底盘间有杂物，需清理
3	钥匙无法插入锁孔	（1）钥匙插入锁孔具有方向性，调整至指定的标记方向 （2）若为双门保险柜，上下门钥匙可能换错 （3）观察锁孔内是否有杂物
4	钥匙开启不灵活	（1）钥匙插入锁孔太深或没到位，反复插入锁孔不同的深度试着转动 （2）往锁孔内滴入少许润滑油
5	密码锁转不动	（1）门把手柄处于开启或半开启状态，将门手柄回位至关闭状 （2）密码转盘与密码底盘间有杂物，需清理

（续表）

6	钥匙无法插入锁孔	（1）钥匙插入锁孔具有方向性，调整至指定的标记方向
		（2）若为双门保险柜，上下门钥匙可能换错
		（3）观察锁孔内是否有杂物
7	钥匙开启不灵活	（1）钥匙插入锁孔太深或没到位，反复插入锁孔不同的深度试着转动
		（2）往锁孔内滴入少许润滑油

6. 注意事项

（1）保险柜放置干燥处，经常上蜡保持清洁。

（2）若需固定安装，先开启柜门，从保险柜背部预留的固定装置孔用膨胀螺丝固定在混凝土结构的墙面上。

（3）保险柜使用前，必须熟记密码数字。在未熟记密码数字前，切勿将说明书放入保险柜内。保险柜使用期间，钥匙及说明书切勿丢失。

（4）转动密码锁时，需静心顺势缓转，记清方向及次数，如不慎转动超过了标记线不能回转，必须重新开始转动。

（5）保险柜应轻开轻关，以免磕破漆膜，影响外观。

（6）保险柜出厂档案编号，记录在随产品附件资料上并印在保险柜背部或侧面处。

（二）电子式保险柜的基本结构及使用方法

1. 电子式保险柜的基本结构图

下面以先导保险柜（FDG-A1/D-70）为例介绍电子式保险柜的基本结构，如图 2-14 所示。

图 2-14　先导保险柜（FDG-A1/D-70）

2. 电子式保险柜的使用方法

（1）出厂的统一密码为个人码"1234"，管理码"123456"。

（2）操作键板上"♯"键为启动键，上电后密码锁自动扫描，扫描后屏显"already"并进入睡眠状态，按"♯"键可开启液晶屏及线路板进入工作状态。

（3）操作键板上"＊"键为清除键，用于输入错误数字的清除，每按一次"＊"清除一位数，长按 2 秒钟所有数字消除。

（4）每按一次数字键蜂鸣器滴一声，液晶屏显示该数字，表示数字已输入。任何键按下 10 秒左右，无后续操作，电脑板自动进入睡眠"sleep"状态。一旦进入"sleep"状态则所有操作终止，须按下"♯"唤醒重新进入功能操作。

（5）个人密码的设置与更改：按"♯"键启动，输入正确的个人码后，按"♯"键确认，蜂鸣器"嘀"三声，屏显"open"表示密码正确，电磁铁吸合 10 秒，在 10 秒内按下"＊"键会进入初级密码的修改状态同时显示"——"，表示可设置初级密码，任意输入 1～8 位的密码后，按"♯"键确认，屏显示"into"，表示初级密码输入成功。如果已设置了密码，则再进行的密码设置将只是对原有密码的更改。

（6）管理码的设置与更改：按"♯"键启动电脑板，输入正确的管理码后，按"♯"键确认，蜂鸣器"滴"三声，屏显"open"表示密码正确，电磁铁吸合 10 秒，在 10 秒内按下"＊"键会进入管理密码的修改状态同时显示"——",表示可设置管理密码,任意输入 1~8 位的密码后按"♯"键确认,同时显示"into",表示管理密码输入成功。如果已设置了密码,则再进行密码设置将只是对原有密码的更改。

(7) 开门:先按"♯"键启动,输入正确的个人码或管理码后,蜂鸣器"嘀"三声,屏显"open"表示密码正确,电磁铁吸合 10 秒,10 秒内可进行开门、锁门动作。如密码输入不正确,则屏显"error",并重新切换到待输入状态,若三次输入错误,报警两分钟。输入正确密码可解除报警。

(8) 隐码功能:按"♯"键启动,输入密码前按"＊"键一次,则所输入的密码不显示数字。开门后自动恢复不隐数。

(9) 先导保险柜(FDG -A1/D -70)使用中的注意事项如表 2-14 所示。

表 2-14

先导保险柜(FDG-A1/D-70)使用中的注意事项

项　目	内　容
更换电池	电脑板使用四节 1.5 V 碱性电池,当电池电压低于 5.0±0.2 V 时会导致开门时屏显"LO - BATTE",表示欠压,提醒您更换电池
工作电压	电池电压不足,可使用外接电源操作。工作电压:4.6~6.5 V
振动报警的设置与解除	睡眠状态下按"＊"键一次,屏显"BELON"并进入警戒状态,保险箱受到振动就会报警。报警后,输入正确密码,屏显"OPEN",警戒状态自动解除。如输入不正确密码一分钟后自动停止报警,但警戒不解除
密码恢复	如果用户将所设置的密码通通忘掉:请用应急钥匙配合主钥匙打开柜门,将护罩左侧的绿色按钮按一下,听到"嘀"的一声后,密码将恢复到出厂设置

三、电子支付密码器的使用

随着银行电子化的发展,传统的银行票据验证方式由于效率低、安全性差,已成为制约银行业务发展的障碍。在当今的信息时代,企业资金流通的安全性、便捷性对提高企业经济效益至关重要。因此,企业对银行的要求越来越高,如何实现银行的通收通付、实时清算,满足企业的需求,一直是银行致力解决的问题。

电子支付密码系统是近年来在金融领域广泛使用的高科技实用技术,它的核心技术由中国人民银行和国家密码管理委员会联合管理。它为银行和企事业单位加快资金的周转、有效防范金融风险提供了有力的技术手段。

(一) 电子支付密码简介

电子支付密码又称电子印鉴,是一种先进的防伪及身份识别技术,目前已被广泛应用于银行支票防伪、同城实时清算等系统中。

电子支付密码器外形如电子计算器,是一种小巧、便于携带的小型设备。当用户要开具票据时,只要在电子支付密码器上输入票据的号码、日期、金额等要素,电子支付密码器就会计算出一串数字并且显示出来,用户将这串数字抄写在票据上交给银行,银行将票据上的同样的要素输入计算机,并且根据用户账号找到相对应的用户预留密钥,然后执行与电子支付密码器相同的加密计算,将计算出的结果与票据上的数字串进行比较就可知票据的真伪。

（二）电子支付密码系统实现的基本原理

电子支付密码系统实现的基本原理是：用户在银行开设账户的同时，配备一个电子支付密码器，银行在电子支付密码器中设置了与银行校验机数据库中一致的加密算法和密钥。用户在日常开具兑付票据时，将票据上的票据种类、票据号码、账号、签发日期、金额诸要素输入到电子支付密码器中计算出一组数字密码即支付密码，并抄录或打印在票据上表明签发人的身份。票据受理银行收到票据时，把票据的诸要素和支付密码输入到计算机中，并迅速传送到该用户的开户银行的校验计算机中进行正确性和合法性校验，将校验结果送回受理银行，若结果正确则立即进行自动转账或兑付。为了便于管理，银行将设立专人和使用专用管理软件对电子支付密码器的发放、回收、挂失、解挂、冻结、解冻及用户的预留密码进行有序管理。完整的支付密码系统由电子支付密码器、银行校验卡、银行校验辅助软件、银行管理软件等部分组成。

（三）电子支付密码系统的业务流程

电子支付密码系统的业务流程主要有如下三步。

1. 客户申请使用电子支付密码器

根据客户的申请，经开户行审核后，对发放给客户的电子支付密码器进行初始化，由开户行支付密码校验机的校验卡将加密算法参数、密码器程序解密密钥、密码器浮动调用参数等公有参数和开户账号设置在密码器内并产生银行账户密钥注入电子支付密码器，客户在电子支付密码器中预留密钥并上送支付密码校验机的校验卡。

2. 客户签发结算票据

客户签发结算票据时，将票据的诸要素输入电子支付密码器，由电子支付密码器计算出该票据的支付密码，将支付密码填写在结算票据的特定位置。

3. 支付密码的认证

受理行受理该结算票据后，将票据的诸要素及支付密码输入计算机，计算机将所有输入要素送交该结算票据的开户行票据校验机，进行票据的真伪核验，并返回票据的核验结果。

（四）电子支付密码系统的模式

在使用电子支付密码系统方面，各银行针对自身的实际情况，建立了不同的应用模式。主要有下列几种。

1. 密码签模式

由银行按照支票号码、用户账号等参数进行一次加密计算得到一组支付密码，并将其打印出来交给用户。在使用时，用户将这些支付密码抄写到支票上即可。其优点是简单，成本低；缺点是防伪能力差。

2. 单一的电子支付密码器

这种模式已经具备了典型的电子支付密码器应用的各种要素。用户使用电子支付密码器，输入支票号码、金额、日期等要素，将电子支付密码器计算出的结果抄写到支票上，然后由银行执行同样的运算以验证真伪。

在这种模式中，用户的预留密钥以及加密算法均存放于电子支付密码器中。由于成本和工艺技术的限制，电子支付密码器本身的安全防卫能力有限，这些核心机密能够被掌握一定技术的人获得。如果用户密钥甚至银行的加密算法失密,其后果不堪设想。

这种使用单一的电子支付密码器模式应用比较广泛,但随着技术的不断发展,并且由于其自身潜在的不安全性,必然会被一种更安全、更方便的应用模式替代。

3. 使用 IC 卡的电子支付密码器

IC 卡也称智能卡,是 20 世纪 70 年代末开始兴起的一种先进的存储技术。在一张名片大小的卡片内安装了一小片集成电路,这片电路能够存储数据,进行复杂的数学计算,其功能相当于一台超小型的计算机。具备运算能力的 IC 卡也称为 CPU 卡。

在使用 IC 卡的电子支付密码器模式中,采用了双重加密手段。由于 IC 卡具有强大的加密计算能力和堡垒式的防止非授权访问能力,使用 IC 卡的加密运算功能对由电子支付密码器计算出的结果进行第二次加密计算。可以看出,即使电子支付密码器的用户密钥以及银行加密算法被攻破,犯罪分子仍然无法获得所有的核心机密数据,也无法达到伪造支票数据的目的。而想要攻破 IC 卡的安全防卫体系,从现有的技术能力来看,需要付出的代价是非常高的。

随着现代电子技术的不断进步,IC 卡的成本也迅速下降,高成本已经不再是 IC 卡电子支付密码器推广使用的主要障碍。IC 卡电子支付密码器代表了电子支付密码系统的发展方向。

（五）电子支付密码器的结构图

中国工商银行现在常用的一种支付密码器,如图 2-15 所示。

图 2-15　中国工商银行现在常用的一种支付密码器的结构

（六）电子支付密码器的主要功能

中国工商银行这款常用支付密码器的主要功能如图 2-16 所示。

（1）出纳:主要完成计算支付密码、所签票据的查询及出纳密码的修改功能。

（2）主管:主要完成支付密码器上签发票据信息的查询、核对及审计工作,它主要有票据查询、修改主管密码以及限额的设置功能。

（3）出纳和主管的密码口令为 6 位定长。

（4）进入编制密码功能需要输入出纳口令,当口令输入连续出错 5 次后,出纳功能会自动锁死,必须到支付密码机具的开户银行去进行解锁操作,此方式主要是防止有人无意或恶意的尝试口令,主管也有此保护功能,其口令尝试连续 5 次错误后,就会锁死,同样必须到支付密码机具的发行银行进行解锁操作。

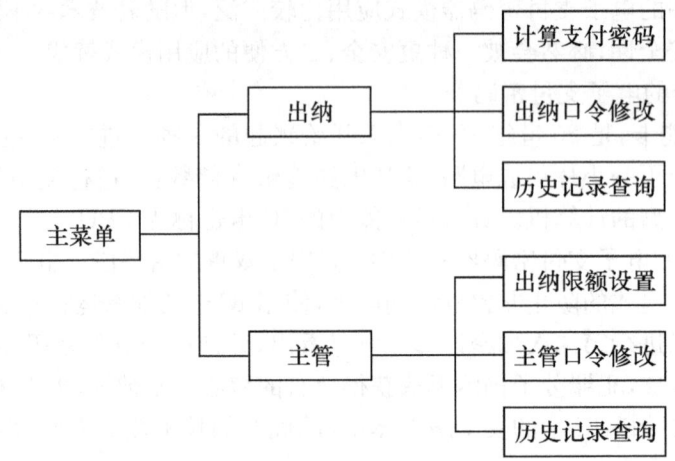

图 2-16　支付密码器的主要功能

(七)电子支付密码器的出纳功能操作方法

1. 进入出纳功能菜单前的操作步骤

(1)出纳员从会计处拿到支付密码器后,按"开/关"键打开电源。

(2)按任意键,屏幕显示:(▲代表当前运行状态及位置)

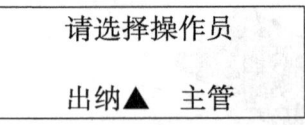

请选择操作员

出纳▲　主管

(3)按"出纳"确认键后,屏幕显示:

请输入出纳口令

_____▲

按提示输入出纳密码,密码正确后,进入出纳功能菜单,否则会提示"口令不正确"。

2. 进入出纳功能菜单后的操作步骤

例如:

1)签发一张支票。

(1)进入出纳功能,选择计算支付密码,屏幕显示:

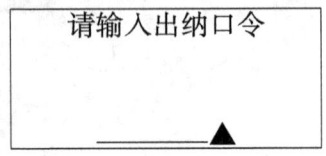

请选择出纳功能
计算支付密码▲
出纳口令修改
历史记录查询

(2)确认后,用"↑↓"键选择要签发支付密码的账号。

```
签发人账号      01
610154100101614501▲
610154100101614502
610154100101614503
```

（3）账号选定后，使用"↑↓"键选择要签票据的类型（标准类型：支票、银行汇票申请书、银行本票申请书、汇兑凭证、其他）。

```
业务种类      1
      支票 ▲
银行汇票申请书
银行本票申请书
```

（4）按"确认"键，屏幕显示：

```
签发日期 20030228 ▲
凭证号码 8541255
金额      （不定额）
    计算支付密码
```

显示最近一次签发日期，可用退格键"←"删除无效的日期，再输入新日期，日期相符后按"确认"键；若输入日期不合法，则按"确认"键无效。

（5）屏幕显示：

```
签发日期 20030228
凭证号码 8541255 ▲
金额      （不定额）
    计算支付密码
```

显示最近一次签发凭证号码，可用退格键"←"删除无效的号码，再输入新号码。输入凭证号码后按"确认"键。

（6）屏幕显示：

```
签发日期 20030228
凭证号码 8541255
金额      （不定额）▲
    计算支付密码
```

此时，直接按"确认"键时，按不定额处理产生支付密码，此支付密码对支票上的任意金额均有效。若输入票据金额，金额不正确时，支付密码验证不能通过。注意：当票据种类非支票时，屏幕显示：

```
签发日期 20030228
凭证号码 8541255
金额          ▲
    计算支付密码
```

不定额只对支票类型的票据有效。

（7）确认后，屏幕显示：

```
签发日期 20030228
凭证号码 8541255
金额      (不定额)
    计算支付密码 ▲
```

这时按"确认"键,将生成 16 位的支付密码,也可以用"↑↓"键浏览,修改票据要素。

(8) 确认后,当签发不定额票据(金额为:不定额)或超过主管设定的限额时,屏幕显示:

```
    请输入主管口令
_____▲
    (按返回键查询)
```

需要将支付密码机具给主管,主管可以按返回键进入浏览状态,浏览整个票据参数,确认无误后,输入主管口令。

(9) 确认后,屏幕显示:

```
支付密码
    5268,5706
    4070,9912
            请抄录
```

把生成的支付密码写在票面指定位置,即完成了一次签发,支付密码将以上的内容存入历史记录中。

2) 出纳口令修改。

(1) 选择出纳口令修改,屏幕显示:

```
    请选择出纳功能
    计算支付密码
    出纳口令修改▲
    历史记录查询
```

(2) 按确认键后屏幕显示:

```
    请输入出纳口令
_____▲
    (按返回键查询)
```

(3) 输入新设置口令,又提示输入新设置口令,两次口令相同时,即完成修改,屏幕显示:

```
    口令已修改
```

出纳口令已修改成新的口令。下次再进入时需要使用新的口令,才能进入出纳功能。

3) 历史查询。

以出纳为例,进入出纳功能,选择"历史记录查询",使用"确认"键,选择下一笔数据,使用"↑↓"键浏览每笔票据信息,最新签发的票据在最前面,即第 001 笔。

```
请选择出纳功能
计算支付密码
出纳口令修改
历史记录查询▲
```

（八）使用电子支付密码器应注意的事项

中国工商银行这款常用支付密码器使用中应注意的事项如表 2-15 所示。

表 2-15

使用电子支付密码器应注意的事项

项　　目	注 意 事 项
账号及密码	支付密码器最多可以容纳不同银行的 20 个账号,所以在同城范围内客户可以共用一个支付密码
出厂编号	每一个支付密码器有唯一的出厂编号,打开支付密码器电源后按"·"键,能显示它的编号
银行管理功能	开机后按"0"键进入银行管理功能,银行可以对支付密码器进行发行管理功能
联机签发功能	开机后按"通讯"键可以进入支付密码联机签发功能

（九）电子支付密码器的异常情况处理

（1）若在使用中发生故障,请尽快送银行更换或维修,切勿自行拆卸。

（2）屏幕显示"请更换电池"时,请更换电池后再使用。电力不足时,容易引起其他问题。

（3）屏幕出现乱码时,请重新开机或更换电池。

（4）不能将电池正负极置反。

（十）电子支付密码器的作用

1. 有效防范了金融风险

由于每个企业的电子支付密码器的设备序列号在全国范围内都是唯一的,用户密钥与电子支付密码器设备序列号之间有着严格的对应关系。所以,只有在本单位使用的电子支付密码器上开具的票据才能够在银行合法地使用。在填写好支付密码以后,任何人对票面的任何要素的更改都无法在银行验证通过,包括票据在传递过程中发生了丢失,因为拾到票据的人不知道随票密码也无法在银行验证通过,从而保障了企业资金的安全。

2. 加强了企业的内部财务监督

在每台电子支付密码器上可以容纳 15 个账户,企业的法人可以对不同的账户授权给不同的人员进行管理,各个财务管理人员的授权金额还可以不同;同时可以利用电子支付密码器建立财务的共签机制,为法人对财务的管理监督提供了有力的技术手段。

3. 加快了资金的周转速度

在银行的配合下,企业用电子支付密码器签发出来的票据提交银行后在验证票据合法、资金充裕的情况下可以当场抵用。无需见票付款,票据可以作为事后监督使用,解决了原来支票提交后等待资金到账的现象,提高了资金的使用效率。

实　训

实训一　加减珠算

【资料】　账表算纸(附答案)(每人 2 份),老师可以去当地珠算协会购买。

【要求】　反复练习。

实训二　数码字书写

【资料】　全国标准会计数字书写纸(每人 1 份),老师可以去当地人民银行购买。

【要求】　反复练习。

实训三　金额的书写

【资料】

23 500.40	36 004.36	1 580.23
20 350.04	5 540.00	3 005.79
4 580.93	504.60	7 500.03
8 623.07	98 256.12	543.29
694 306.00	8 009.46	3 281 432.56
53 300.85	903 058.04	8 000 200.01
20 005.70	150 435.26	20 324 305.00
608 504.54	23.40	8 400 765.98

【要求】　用正确的方法大写上述小写金额数字。

实训四　防伪点钞机的使用

【资料】　50 元、100 元的钞票各一沓(内夹几张假钞,其中的假钞老师可以去当地人民银行借)。

【要求】　请在防伪点钞机上检验 50 元、100 元的钞票各一沓,说出其操作方法和防伪的主要标志。

实训五　手工点钞

【资料】　老师从当地商业银行代换,每人 2 把,每把 100 张 1 元新钞,顺便请银行给些腰条,每人至少 5 条。

【要求】　每天练习,坚持 10 周。(达标标准如表 2-16 所示)

表 2-16

手工点钞技能量化标准参考

点钞方法	等级	三分钟张数（张）	百张所用时间
单指单张	1	700～	22 秒以下
	2	600～699	24 秒以下
	3	500～599	26 秒以下
扇面	1	1 000～	16 秒以下
	2	800～999	20 秒以下
	3	700～799	22 秒以下
多指多张	1	1 000～	17 秒以下
	2	800～999	20 秒以下
	3	700～799	22 秒以下

第 三 章

人民币银行结算账户管理

第一节　人民币银行结算账户管理概述

一、人民币银行结算账户的含义

人民币银行结算账户是指银行为存款人开立的办理资金收付结算的人民币活期存款账户。在我国，存款人可以是单位或者个人。其中，"银行"是指在中国境内经中国人民银行批准经营支付结算业务的政策性银行、商业银行（含外资独资银行、中外合资银行、外国银行分行）、城市信用合作社、农村信用合作社。存款人，是指在中国境内开立人民币银行结算账户的机关、团体、部队、企业、事业单位、其他组织（以下统称单位）、个体工商户和自然人。

二、人民币银行结算账户的分类

按照存款人不同，人民币银行结算账户分为单位人民币银行结算账户和个人人民币银行结算账户。

（1）单位人民币银行结算账户。以单位名称开立的人民币银行结算账户为单位人民币银行结算账户。个体工商户凭营业执照以字号或经营者姓名开立的人民币银行结算账户纳入单位人民币银行结算账户管理。

单位人民币银行结算账户按用途分为基本存款账户、一般存款账户、专用存款账户和临时存款账户。单位人民币银行结算账户按用途分类如表 3-1 所示。

表 3-1

单位人民币银行结算账户的分类

账户的类型	相关含义
基本存款账户	存款人因办理日常转账结算和现金收付需要开立的人民币银行结算账户。
一般存款账户	存款人因借款或其他结算需要，在基本存款账户开户银行以外的银行营业机构开立的人民币银行结算账户。
专用存款账户	存款人按照法律、行政法规和规章，对其特定用途资金进行专项管理和使用而开立的人民币银行结算账户。
临时存款账户	存款人因临时需要并在规定期限内使用而开立的人民币银行结算账户。

（2）个人人民币银行结算账户。凭个人身份证件以自然人名称开立的人民币银行结算账户为个人人民币银行结算账户。邮政储蓄机构办理银行卡业务开立的账户纳入个人人民币银行结算账户管理。

本章只介绍与出纳工作相关的单位人民币银行结算账户的相关知识。

第二节　单位人民币银行结算账户的开立、使用、变更和撤销

一、单位人民币银行结算账户的开立

存款人应在注册地或住所地开立人民币银行结算账户。符合《人民币银行结算账户管理办法》（以下简称《办法》）规定可以在异地（跨省、市、县）开立人民币银行结算账户的，也可以在异地开立人民币银行结算账户。中国人民银行开立基本存款账户、临时存款账户（因注册验资和增资验资开立的除外）、预算单位专用存款账户和 QFII 专用存款账户时采用核准制。存款人可以自主选择银行开立人民币银行结算账户。除国家法律、行政法规和国务院规定外，任何单位和个人不得强令存款人到指定银行开立人民币银行结算账户。

（一）开立银行存款账户的程序

（1）填制开户申请书并提供相应证明材料。存款人开立人民币银行结算账户时，应填写"开立单位人民币银行结算账户申请书"，并加盖单位公章。单位开立人民币银行结算账户的名称应与其提供申请开户的证明文件的名称全称一致。有字号的个体工商户开立人民币银行结算账户的名称应与其营业执照的字号相一致；无字号的个体工商户开立人民币银行结算账户的名称，由"个体户"字样和营业执照所记载的经营者姓名组成。自然人开立人民币银行结算账户的名称，应与其提供的有效证件中的名称全称一致。

（2）银行对开立结算账户的审查和备案。银行应对存款人的开户申请书填写的事项和证明文件的真实性、完整性、合规性进行认真审查。开户申请书填写的事项齐全，符合开立基本存款账户、临时存款账户和预算单位专用存款账户条件的，银行应将存款人的开户申请书、相关的证明文件和银行审核意见等开户资料报送中国人民银行当地分支行，经其核准后办理开户手续；符合开立一般存款账户、其他专用存款账户和个人人民币银行结算账户条件的，银行应办理开户手续，并于开户之日起 5 个工作日内向中国人民银行当地分支行备案。

中国人民银行应于 2 个工作日内对银行报送的基本存款账户、临时存款账户和预算单位专用存款账户的开户资料的合规性予以审核，符合开户条件的，予以核准；不符合开户条件的，应在开户申请书上签署意见，连同有关证明文件一并退回报送银行。

（3）签订银行账户管理协议。银行对开立账户许可证及其相关证明材料审查后，符合开立账户条件的，应办理开户手续，并与存款人签订人民币银行结算账户管理协议，明确双方的权利和义务。

（4）建立存款人预留签章卡片。银行应建立存款人预留签章卡片，并将签章式样和有关证明文件的原件和复印件留存归档。

存款人开立单位银行存款结算账户，自正式开立之日 3 个工作日后，方可使用该账户办理付款业务。

（二）单位人民币银行结算账户的设置与开户条件

1. 基本存款账户的设置与开户条件

基本存款账户是指存款人办理日常转账结算和现金收付的账户。存款人的工资、奖金等现金支取，只能通过本账户办理。

企业法人、机关、事业单位、社会团体、军队、武警部队、民办非企业组织（如不以营利为目的的民办学校、福利院、医院）、非法人企业（如具有营业执照的企业集团下属的分公司）、外国驻华机构、单位设立的独立核算的附属机构（如单位附属独立核算的食堂、招待所、幼儿园）存款人申请开立基本存款账户的，应填制开户申请书，提供规定的证件，送交盖有存款人印章的印鉴卡片，经银行审核同意，并凭中国人民银行当地分支机构核发的开户许可证，即可开立该账户。

2. 一般存款账户的设置与开户条件

一般存款账户是指存款人因借款或其他结算需要，在基本存款账户开户银行以外的银行营业机构开立的银行结算账户，但需在基本存款账户开户登记证上登记。

存款人只有在基本存款账户以外的银行取得借款，或与基本存款账户的存款人不在同一地点的附属非独立核算单位，方可申请开立一般存款账户存款人申请开立一般存款账户的，应填制开户申请书，提供相应的证明文件，送交盖有存款人印章的印鉴卡片，经银行审核同意，即可开立该账户。

3. 临时存款账户的设置与开户条件

临时存款账户是指存款人因临时需要并在规定期限内使用而开立的银行结算账户。存款人可通过该账户办理转账结算和根据国家现金管理规定办理现金收付。

有下列情况的，存款人可以申请开立临时存款账户：

（1）设立临时机构。

（2）异地临时经营活动。

（3）注册验资。

存款人申请开立临时存款账户的，应填制开户申请书，提供相应的证明文件，送交盖有存款人印章的印鉴卡片，经银行审核同意，即可开立该账户。

4. 专用存款账户的设置与开户条件

存款人具有特定用途需专项管理的资金而开设的账户。

存款人对特定用途需专项管理的资金，由存款人向开户银行出具相应证明即可开立该账户。特定用途的资金范围包括：基本建设的资金、更新改造的资金、特定用途需要专户管理的资金。存款人申请开立专用存款账户的，应填制开户申请书，提供相应的证明文件，送交盖有存款人印章的印鉴卡片，经银行审核同意，即可开立该账户。

（三）以基本存款账户为例介绍单位银行结算账户的开立程序

（1）存款人填制开户申请书（格式见表 3-2），向开户银行提供相关材料及开户登记证工本费人民币 300 元，在开户银行预留印鉴卡（开户企业名称、账号、存款人财务专用章、企业法人或财务负责人私章等），申请开立基本存款账户。

（2）开户银行对存款人所填写的开户申请书事项、证明文件的真实性、完整性、合规性进行审查。对开户申请书填写事项齐全，符合开立基本存款账户条件的存款人，开户银行允许开户，给予账号；并将存款人的开户申请书、相关的证明文件和开户银行审核意见等开户资料报送中国人民银行当地分支行机构审核。

（3）人民银行对开户银行报送的基本存款账户开户资料的合规性进行审核，符合条件的，核准开户，制作开户许可证（开户许可证上登记的基本内容包括：账户名称、账号、账户性质、开户银行、开户日期、签章）；不符合开户条件的，出具退单申请书，连同有关证明文件、材料一并退回开户银行。退单申请书格式如表3-3所示。

表 3-2

单位人民币银行结算账户开户申请书

存款人名称			电话	
地址			邮编	
存款人类别		组织机构代码		
法定代表人（　）	姓　　名			
	证件种类			
单位负责人（　）	证件号码			
行业分类	A（　）B（　）C（　）D（　）E（　）F（　）G（　）H（　）I（　）J（　） K（　）L（　）M（　）N（　）O（　）P（　）Q（　）R（　）S（　）T（　）			
注册资金		地区代码		
经营范围				
证明文件种类			证明文件编号	
国税登记证号			地税登记证号	
关联企业				
账户性质	基本存款账户（　）　　一般存款账户（　） 专用存款账户（　）　　临时存款账户（　）			
资金性质		有效日期至　　　年　　月　　日		
以下为存款人上级法人单位或主管单位信息				
上级法人单位或主管单位名称				
基本存款账户开户登记许可证核准号		组织机构代码		
法定代表人（　）	姓　　名			
	证件种类			
单位负责人（　）	证件号码			
以下由开户银行审核后填写				
开户银行名称				
开户银行代码		账号名称及账号		
基本存款账户开户登记许可证核准号		开户日期		

（续表）

本存款人申请开立银行存款结算账户,并承诺所提供的开户资料真实、有效,如有伪造、欺诈,承担法律责任。 存款人签章: 　年　月　日	开户银行审核意见: 开户银行签章: 　年　月　日

填表说明:

① 申请开立临时存款账户,必须填列有效日期;申请开立专用存款账户,必须填列资金性质。

② 该行业标准由银行在营业场所公告。"行业分类"中各字母代表的行业种类如下:A:农、林、牧、渔业;B:采矿业;C:制造业;D:电力、燃气及水的生产供应业;E:建筑业;F:交通运输、仓储和邮政业;G:信息传输、计算机服务及软件业;H:批发和零售业;I:住宿和餐饮业;J:金融业;K:房地产业;L:租赁和商务服务业;M:科学研究、技术服务和地质勘查业;N:水利、环境和公共设施管理业;O:居民服务和其他服务业;P:教育业;Q:卫生、社会保障和社会福利业;R:文化、教育和娱乐业;S:公共管理和社会组织业;T:其他行业。

③ 带括号的选项填"√"。

④ 开立基本存款户、临时存款户以及预算单位专用账户,填写本表一式三份,其中:一份开户单位留存,一份开户银行留存,一份由开户银行报送中国人民银行当地分支行。开立一般存款账户、专用存款账户,填写本表一式二份,其中:一份开户单位留存,一份开户银行留存。

表 3-3

退 单 申 请 书

1. 已开立基本存款账户

2. 证明文件不符

3. 原账户管理卡或遗失证明未附

4. 身份证件及授权书未附

5. 税务登记证未附

6. 法人组织机构代码证未附

7. 开户申请书填写事项不全

8. 开户申请书填写事项与证明文件不附

9. 开户申请书填写事项修改未加盖经办人章

10. 存款人签章不附

11. 复印件未加盖银行业务章

12. 其他

注:

经办人:

（4）开户银行通知开户单位。

单位基本存款账户的开户流程如图 3-1 所示。

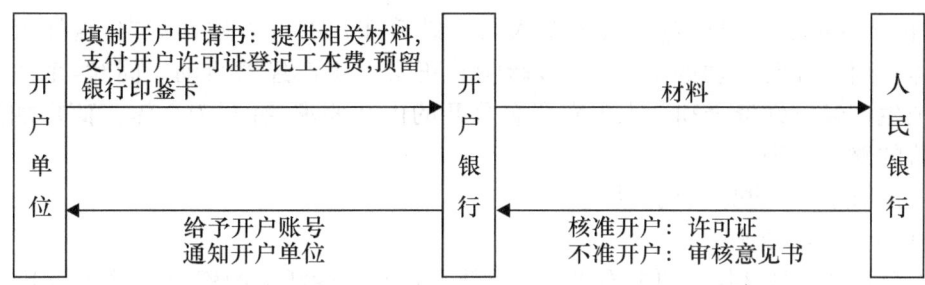

图 3-1　开立基本存款账户流程

二、单位人民币银行结算账户的使用

《办法》规定,单位人民币银行结算账户按用途分为基本存款账户、一般存款账户、专用存款账户、临时存款账户。银行结算账户之所以按照四种账户类型进行分类,一是为了适应存款人规范财务管理的需要。随着经济发展和市场环境的变化,企业经营行为日趋多样化,为了更好地管理具有不同来源和用途的资金,存款人需要开立不同类别的银行结算账户。二是为了适应企业单位经济活动的需要。由于一些企业单位经营方式的变化和管理制度的改革,需要开立相适应的银行结算账户。三是为了有效监督和控制国家法律、行政法规和规章规定要专户存储的专项资金的使用。由于政府对一些专项资金的使用规定了不同的管理要求,存款人必须按照规定开立和使用相应的账户种类,才能有效控制和监督各类专项资金的使用。因此,《办法》根据存款人的需要、资金性质和管理的需要,又有利于加强对单位银行结算账户管理的原则,将单位银行结算账户进行了科学、合理的分类。

从《办法》的具体规定来看,四类单位银行结算账户既相互独立,又相互联系,存款人只能在银行开立一个基本存款账户,已开立基本存款账户的存款人,开立、变更或撤销其他三类账户,必须凭基本存款账户开户登记证办理相关的手续,并在基本存款账户开户登记证上进行相应登记,便于全面反映和控制存款人的各类银行结算账户开、销户情况,加强银行结算账户的管理。由此,体现了基本存款账户在四类单位银行结算账户中处于统驭地位,它是单位开立其他银行结算账户的前提,其他三类单位银行结算账户则作为其功能和作用的有益补充。同时由于当前大多数个体工商户未以字号在工商行政管理部门注册,多以自然人身份开立储蓄账户并用于办理经营性资金的支付结算,导致个体工商户经营性资金和消费性资金无法区分,既不方便其办理结算,也不利于加强银行结算账户的管理。为解决上述矛盾,《办法》明确规定,个体工商户凭营业执照以字号或者经营者姓名开立的银行结算账户纳入单位银行结算账户的管理。此规定具有积极的现实意义:一是有利于提高个体工商户的经济地位,促进个体经济健康发展。个体工商户作为非公有制经济的重要组成部分,应同其他经济组织享有平等的生产经营权利,其身份应受到重视,贡献应得到认可,权利应得到保障。《办法》将其纳入单位银行结算账户管理,表明个体工商户开立的银行结算账户将享有同单位银行结算账户相同的银行结算服务。二是有利于满足个体工商户的支付结算的需要,规范其财务管理。个体工商户从事经营活动存在各种结算需要,《办法》将个体工商户银行结算账户纳入单位银行结算账户管理,有利于银行为其提供各种支付结算服务。如果将其纳入个人银行结算账户使用和管理,由于《办法》对单位资金转入个人银行结算账户有许多硬性规定,这样就可能不便于个体工商户经营活动的款项结算,影响其正常的生产经营活动。同时,个体工商户也具有把生产经营性资金和个人消费资金分开的内在要求,有利于个体工商户加强对其生产经营的财务管理。

下面分别介绍这些账户的使用。

(一)基本存款账户

基本存款账户是存款人的主要账户。存款人日常经营活动的资金收付及其工资、奖金和现金的支取,应通过该账户办理。

(二)一般存款账户

一般存款账户用于办理存款人借款转存、借款归还和其他结算的资金收付,该账户可以办理现金缴存,但不得办理现金支取。

(三)专用存款账户

专用存款账户用于办理各项专用资金(财政预算外资金、证券交易结算资金、期货交易保证金和信托基金、基本建设资金、更新改造资金、政策性房地产开发资金、金融机构存放同业资金、粮棉油收购资金、社会保障基金、住房基金和党、团、工会经费、收入汇缴等资金)的收付。具体规定有:

(1)财政预算外资金、证券交易结算资金、期货交易保证金和信托基金专用存款账户不得支取现金。

(2)基本建设资金、更新改造资金、政策性房地产开发资金、金融机构存放同业资金账户需要支取现金的,应在开户时报中国人民银行当地分支行批准,中国人民银行当地分支行应根据国家现金管理的规定审查批准。

(3)粮棉油收购资金、社会保障基金、住房基金和党、团、工会经费等专用存款账户支取现金应按照国家现金管理的规定办理。

(4)收入汇缴账户除向其基本存款账户或预算外资金财政专用存款账户划缴款项外,只收不付,不得支取现金。业务支出账户除从其基本存款账户拨入款项外,只付不收,其现金支取必须按照国家现金管理的规定办理。

银行应按照《办法》的各项规定和国家对粮棉油收购资金使用管理规定加强监督,对不符合规定的资金收付和现金支取,不得办理。但对其他专用资金的使用不负监督责任。

(四)临时存款账户

临时存款账户用于办理临时机构以及存款人临时经营活动发生的资金收付。临时存款应根据有关开户证明文件确定的期限或存款人的需要确定其有效期限。存款人在账户的使用中需要延长期限的,应在有效期限内向开户银行提出申请,并由开户银行报中国人民银行当地分支行核准后办理延期,临时存款账户的有效期最长不得超过 2 年。临时存款账户支取现金,应按照国家现金管理规定办理。

三、单位人民币银行结算账户的变更和撤销

(一)单位人民币银行结算账户的变更

人民币银行结算账户的变更是指存款人的账户信息资料发生了变化或者改变,根据账户管理的要求,存款人下列账户资料变更后,应及时向开户银行办理变更手续:

（1）人民币银行结算账户的存款人名称。

（2）人民币银行结算账户的法定代表人或单位负责人。

（3）住址以及其他开户资料（如注册资金等）发生变更时。

存款人更改名称，但不改变开户银行及账号的，应于5个工作日内向开户银行提出人民币银行结算账户的变更申请，并出具有关部门的证明文件。

单位的法定代表人或主要负责人、住址以及其他开户资料发生变更时，应于5个工作日内书面通知开户银行并提供有关证明。

银行接到存款人的变更通知后，应及时办理变更手续，并于2个工作日内向中国人民银行报告。

单位变更人民币银行结算账户流程如图3-2所示。

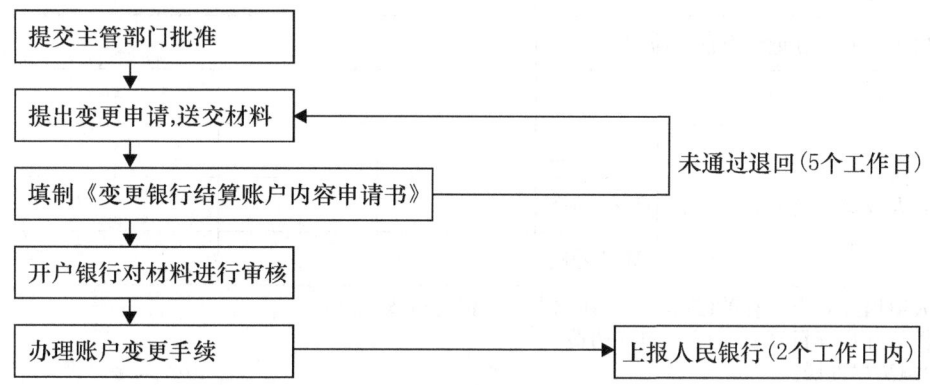

图 3-2　变更人民币银行结算账户流程

单位变更人民币银行结算账户内容申请书如表3-4所示。

表 3-4

变更人民币银行结算账户内容申请书

存款人名称		
开户银行名称及代码		
账户性质	基本（　　）　专用（　　） 一般（　　）　临时（　　）	账号
基本存款账户开户许可证核准号		
变更事项及变更后内容如下：		
存款人名称		
地　址		
邮政编码		
电　话		
注册资金金额		
证明文件种类		

（续表）

证明文件编号		
经营范围		
关联企业		
法定代表人或单位负责人	姓　名	
	证件种类	
	证件号码	

以下为存款人上级法人或主管单位变更事项及内容：

上级法人单位或主管单位名称			
基本存款账户开户登记许可证核准号			
组织机构代码			
法定代表人或单位负责人	姓　名		
	证件种类		
	证件号码		

本存款人申请开立银行存款结算账户，并承诺所提供的开户资料真实、有效，如有伪造、欺诈，承担法律责任。 存款人签章： 　年　月　日	开户银行审核意见： 开户银行签章： 　年　月　日

（二）单位人民币银行结算账户的撤销

人民币银行结算账户的撤销是指存款人因开户资格或其他原因终止人民币银行结算账户使用的行为。

有下列情形之一的，存款人应向开户银行提出撤销人民币银行结算账户的申请：

（1）被撤并、解散、宣告破产或关闭的。

（2）注销、被吊销营业执照的。

（3）因迁址需要变更开户银行的。

（4）其他原因需要撤销人民币银行结算账户的。

存款人有以上第（1）、第（2）项情形的，应于5个工作日内向开户银行提出撤销人民币银行结算账户的申请。存款人因第（1）、第（2）项原因撤销基本存款账户的，存款人基本存款账户的开户银行应自撤销人民币银行结算账户之日起2个工作日内将撤销该基本存款账户的情况书面通知该存款人其他人民币银行结算账户的开户银行；存款人其他人民币银行结算账户的开户银行，应自收到通知之日起2个工作日内通知存款人撤销有关人民币银行结算账户；存款人应自收到通知之日起3个工作日内办理其他人民币银行结算账户的撤销。存款人尚未清偿其开户银行债务的，不得申请撤销该账户。

　　银行得知存款人有第(1)、第(2)项情况,存款人超过规定期限未主动办理撤销人民币银行结算账户手续的,银行有权停止其人民币银行结算账户的对外支付。

　　单位人民币银行结算账户撤销流程如图 3-3 所示。

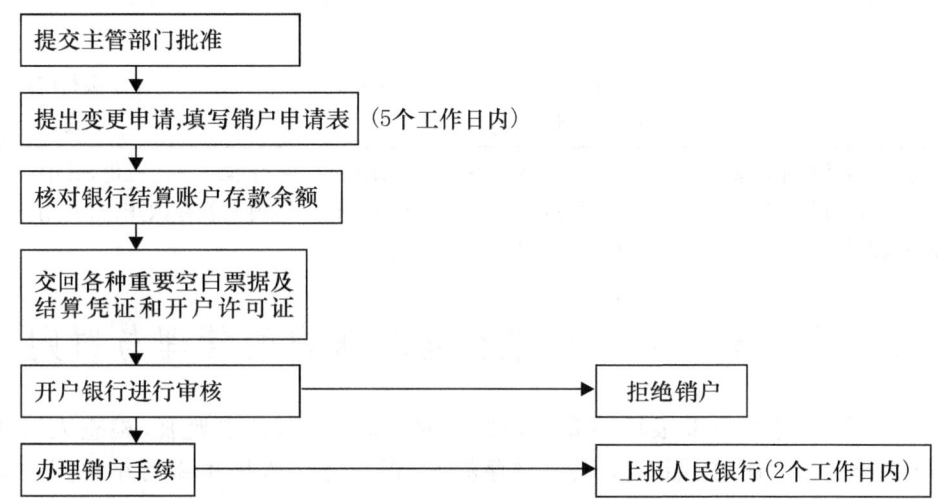

图 3-3　人民币银行结算账户撤销流程

　　单位撤销人民币银行结算账户申请书如表 3-5 所示。

表 3-5

撤销人民币银行结算账户申请书

存款人名称			
开户银行名称			
开户银行代码		账号	
账户性质	基本(　　) 一般(　　) 专用(　　) 临时(　　)		
开户许可证核准号			
销户原因			

	凭 证 名 称	张　　数	起 讫 号 码
交回空白票据和凭证			

（续表）

开户银行： 　　本存款人申请撤销上述人民币银行结算账户。 　　　　　　　存款人签章： 　　　　　　　　　年　月　日	开户银行审核意见： 经办人（签章）：　　　　开户银行（签章）： 　　　　　　　　　　　　　　年　月　日

填表说明：撤销基本存款户、临时存款户以及预算单位专用账户，填写本表一式三份，其中：一份存款人留存，一份开户银行留存，一份由开户银行报送人民银行上海分行。撤销一般存款账户、专用存款账户，填写本表一式两份，其中：一份存款人留存，一份开户银行留存。

第三节　单位人民币银行结算账户的管理与罚则

中国人民银行是人民币银行结算账户的监督管理部门，负责监督、检查人民币银行结算账户的开立和使用，按照有关规定对存款人、银行违反人民币银行结算账户管理规定的行为予以处罚；负责对人民币银行结算账户的开立和使用实施监控和管理；负责基本存款账户、临时存款账户和预算单位专用存款账户开户登记证的管理。任何单位及个人不得伪造、变造及私自印制开户登记证。

银行应明确专人负责人民币银行结算账户的开立、使用和撤销的审查和管理，负责对存款人开户申请资料的审查，并按照《办法》的规定及时报送存款人开、销户信息资料，建立健全开、销户登记制度，建立人民币银行结算账户管理档案，按会计档案进行管理。人民币银行结算账户管理档案的保管期限为人民币银行结算账户撤销后10年。

银行应对已开立的单位人民币银行结算账户实行年检制度，检查开立的人民币银行结算账户的合规性，核实开户资料的真实性；对不符合《办法》规定开立的单位人民币银行结算账户，应予以撤销。对经核实的各类人民币银行结算账户的资料变动情况，应及时报告中国人民银行当地分支行。

银行应对存款人使用人民币银行结算账户的情况进行监督，对存款人的可疑支付应按照中国人民银行规定的程序及时报告。

存款人应加强对预留银行签章的管理。单位遗失预留公章或财务专用章的，应向开户银行出具书面申请、开户登记证、营业执照等相关证明文件；更换预留公章或财务专用章时，应向开户银行出具书面申请、原预留公章的式样等相关证明文件。个人遗失或更换预留个人印章或更换签字人时，应向开户银行出具经签名确认的书面申请，以及原预留印章或签字人的个人身份证件。银行应留存相应的复印件，并凭以办理预留银行印章的变更。

人民币银行结算账户的存款人在收到对账单或对账信息后，应及时核对账务并在规定期限内向银行发出对账回单或确认信息。

存款人不得违反规定开立人民币银行结算账户，不得伪造、变造证明文件欺骗银行开立人民币银行结算账户，不得违反规定不及时撤销人民币银行结算账户。

存款人使用人民币银行结算账户，不得违反规定将单位款项转入个人人民币银行结算账户，不得利用开立人民币银行结算账户逃废银行债务，不得出租、出借人民币银行结算账户,不得从基本存款账户之外的人民币银行结算账户转账转入、将销货收入或现金收入存入单位信用卡账户。

单位法定代表人或主要负责人、存款人地址或其他开户资料的变更事项应在规定期限内通知银行。

综上所述,单位人民币银行结算账户的管理与罚则如表 3-6 所示。

表 3-6

单位人民币银行结算账户的管理与罚则

人民银行的管理	负责协调、仲裁银行账户开立和使用方面的争议,监督、稽核开户银行的账户设置和开立,纠正和处罚违反账户管理办法的行为
	核发开立基本存款账户的开户许可证
	受理开户银行对存款人开立和撤销账户的申报
开户银行的管理	依照规定对开立、撤销账户严格审查,对不符合开户条件的,坚决予以不予以开户
	正确办理开户的销户,建立、健全开销户登记制度
	建立账户管理档案
	定期与存款对账
	及时向中国人民银行申报存款人开立和撤销账户的情况
违反银行账户管理的处罚	• 存款人违反银行账户管理的处罚规定为:存款人出租和转让账户的,除责令其纠正外,按规定对该行为发生金额处以 5% 但不低于 1 000 元的罚款,并没收出租账户的非法所得 • 存款人违反规定开立基本存款账户的,责令其限期撤销账户,并处以 5 000 元至 10 000 元罚款

实　　训

【目的】　训练银行账户的开立、变更和撤销。

【资料】

企业名称:湖南金鹰人力资源有限公司

注册资本:200 万元

性质:有限责任公司

法人代表:盛军,身份证号码:432902197404210322

财务主管:朱柱

会计:张林

出纳:曾娟

主要缴纳税种:增值税

统一社会信用代码:91430111666633338F

公司地址:长沙市芙蓉路侯家塘佳天国际南栋 11 楼 E

电话号码:0731-82953110

公司传真:0731-82953209

基本开户银行：中国工商银行长沙市侯家塘支行(简称侯支)

账号：9870461472243115839，行号：1235

企业组织机械代码证书号码：56585452123

国税局税务登记类型：一般纳税人企业

税务登记号：630181010263034

邮政编码：410004

经营期限：20 年

公司业务简介：从事劳务派遣，兼营服装的代销，2008 年 1 月 1 日注册成立

【要求】

1. 填写开立单位基本存款账户的申请书。

2. 杨玲芝(身份证号为 43290219641226032)于 2019 年 6 月 1 日当了法人代表，请填写变更单位基本存款结算账户申请书。

3. 2028 年 1 月 1 日，公司经营期满，请填写撤销单位基本银行结算账户申请书。

第 四 章

出纳凭证、出纳账簿和出纳报告单

第一节　出　纳　凭　证

一、出纳凭证的分类

会计凭证有多种多样,可以按照不同的标志进行分类,按用途和填制程序可分为原始凭证和记账凭证。

原始凭证又称原始单据,是在经济业务发生或完成时取得或填制的,用以记录、证明经济业务已经发生或完成的原始证据,是进行会计核算的原始资料。原始凭证记载着大量的经济信息,又是证明经济业务发生的原始文件,与记账凭证相比较,具有较强的法律效力,所以它是一种很重要的凭证。

记账凭证是指会计人员根据审核无误的原始凭证或账簿记录,按照会计制度规定的核算内容,对经济业务进行分类编制会计分录的书面凭证。编制记账凭证,就是将复杂繁多的原始凭证转化成分类有序的会计分录的过程,将变通的资金收付资料转化为能为经营决策者所需要的会计信息的过程。作为一名出纳人员,应当掌握一定的会计理论知识,能够独立编制有关的收、付款记账凭证。

作为出纳的凭证,有原始凭证和记账凭证,其中的记账凭证是涉及收、付款业务的记账凭证。

二、原始凭证

(一)原始凭证的分类

原始凭证按照其来源可分为外来原始凭证和自制原始凭证。

外来原始凭证是指同外部单位发生经济往来关系时从外部单位取得的原始凭证,如飞机票、付款时所取得的收据等。

自制原始凭证是指由本单位内部经办经济业务的部门或人员,在办理经济业务时所填制的凭证,如商品入库时,由仓库保管人员填制的入库单;商品销售时,由业务部门开出的提货单等。

企业自制原始凭证按其内容可分为一次性凭证和累计凭证。

(1)一次性凭证。在自制的原始凭证中,大部分凭证的填制手续是一次完成的,已填列的凭证不能再重复使用,这类自制原始凭证称为一次性凭证。

(2)累计凭证。在一些特定单位,为了连续反映某一时期内不断重复发生而分次进行的特定业务,需要在一张凭证中连续、累计填列该项特定业务的具体情况,这种凭证称为累计凭证,如限额领料单。限额领料单中标明了某种材料在规定期限内的领用额度,用料单位每次领料及退料,都要由经办人员在限额领料单上逐笔记录、签章,并结出限额结余,使用这种凭证,既可以做到对领用材料的事前控制,又可减少凭证填制的手续。但因这种凭证要反复使用,必须严格凭证的保管制度和材料收发手续。

（二）原始凭证的基本要素

原始凭证的基本要素如表 4-1 所示。

表 4-1

原始凭证的基本要素

项　　目	内　　容
原始凭证的名称	标明原始凭证所记录业务内容的种类,反映原始凭证的用途。如借据、收据、增值税专用发票等
原始凭证填制日期	即经济业务发生日期或完成日期。如果在业务发生或完成时,因各种原因未能及时填制原始凭证的,应以实际填制日期为准。销售产品时未能及时开出发货票的,补开发货票的日期应为实际填制时的日期
填制凭证单位的名称及公章或专用章	这是填制原始凭证的一项基本要求
经办人或责任人的签名或盖章	经办人或责任人的签名或盖章是为了通过该项内容明确经济责任
接受凭证单位的名称	将接受凭证单位与填制单位或填制人相联系,标明经济业务的来龙去脉
经济业务的内容	经济业务的内容主要是表明经济业务的项目、名称及有关的附注说明
经济业务的数量、计量单位、单价和金额	主要表明经济业务的计量。这是原始凭证的核心

具体实例如表 4-2 所示。

表 4-2

上海增值税专用发票

No.04875402

3100102140

发　票　联

开票日期:2019 年 06 月 15 日

税总函[2019] 649 号　上海印刷厂

购买方	名　　　称:	芜湖华宇仪器设备有限公司	密码区	*0＜2209＞＜60145*978＞/－+37*3605＞2/395＞/＜5058 50＜63133220＜＞*46+8155－66/＞203＞+*7/46/＜3/46	加密版本 01 310010290 04875402
	纳税人识别号:	340221697352800TM			
	地址、电话:	芜湖县六合镇高新工业园区 0553-8521038			
	开户行及账号:	芜湖县农行六合分理处 12634201040002311			

第二联: 发票联 购买方记账凭证

货物或应税劳务名称	规格型号	单位	数量	单价	金　额	税率	税　额
体育用品		批	1	88 495.58	88 495.58	13%	11 504.42
合　计					￥85 470.09		￥11 504.42

价税合计(大写)	⊗玖万玖仟壹佰肆拾伍元叁角整	(小写) ￥99 145.30

销售方	名　　　称:	上海天成国际贸易有限公司	备注
	纳税人识别号:	31011576301509166T0	
	地址、电话:	上海市崇明县城桥镇西门路	
	开户行及账号:	农行上海市崇明支行 210401040003853	

收款人:　　　复核:　　　开票人:陈伟国　　　销售方:(章)

三、记账凭证

（一）记账凭证的概念

记账凭证是指会计人员根据审核无误的原始凭证或账簿记录，按照会计制度规定的核算内容，对经济业务进行分类编制会计分录的书面凭证。编制记账凭证，就是将复杂繁多的原始凭证转化成分类有序的会计分录的过程，将变通的资金收、付资料转化为经营决策者所需要的会计信息的过程。作为一名出纳人员，应当掌握一定的会计理论知识，能够独立编制有关的收、付款记账凭证。

（二）记账凭证的分类

记账凭证的格式具有通用性，实际工作中在单位的货币资金收、付业务量较大的情况下，也会就货币资金的收、付业务设计专业的记账凭证。专业的记账凭证主要分为收款凭证、付款凭证和转账凭证。

收款凭证是用以反映现金和银行存款收入业务的记账凭证，根据货币资金收入的原始凭证填制而成。

付款凭证是用以反映现金和银行存款支出业务的记账凭证，根据货币资金支出原始凭证填制而成。

转账凭证是用以反映与货币资金收、付无关的转账业务的凭证，根据有关转账业务的原始凭证或记账编制凭证填制而成。

各单位是由出纳填制记账凭证，还是由记账会计填制记账凭证，根据自己单位的人员设置和内部管理的要求自行决定。从实际操作情况看，收、付款记账凭证由出纳填制，其他记账凭证由记账会计填制比较方便。

一般的记账凭证格式如表 4-3 所示。

表 4-3

记 账 凭 证

年　　月　　日　　　　　　　　　　　字第　　号

摘　要	会 计 科 目		借方金额	贷方金额	记账（签章）	附件张
	总账科目	明细科目				
合　　计						

会计主管　　　　　　　　出纳　　　　　　　　审核　　　　　　　　制单

收款凭证的一般格式如表 4-4 所示。

表 4-4

收 款 凭 证

借方科目：　　　　　　　　　　年　　月　　日　　　　　　　　收字第＿＿号

摘　要	贷 方 科 目		金　额										记账（签章）
	总账科目	明细科目	千	百	十	万	千	百	十	元	角	分	
合　　　计													

会计主管　　　　　　　出纳　　　　　　　　审核　　　　　　　制单

附件　　张

付款凭证的一般格式如表 4-5 所示。

表 4-5

付 款 凭 证

贷方科目：　　　　　　　　　　年　　月　　日　　　　　　　付字第＿＿号

摘　要	贷 方 科 目		金　额										记账（签章）
	总账科目	明细科目	千	百	十	万	千	百	十	元	角	分	
合　　　计													

会计主管　　　　　　　出纳　　　　　　　　审核　　　　　　　制单

附件　　张

转账凭证的一般格式如表 4-6 所示。

表 4-6

转 账 凭 证

年　　月　　日　　　　　　　　　　　　　　　转字第＿＿号

摘　要	总账科目	明细科目	借方金额	贷方金额	记账（签章）
合　　　计					

会计主管　　　　　　　记账　　　　　　　　审核　　　　　　　制单

附件　　张

（三）记账凭证的基本要素

记账凭证的基本要素如表 4-7 所示。

表 4-7

记账凭证的基本要素

项　　目	内　　容
记账凭证的名称	如"收款凭证"、"付款凭证"、"转账凭证"或"通用凭证"等
记账凭证的日期	一般应为编制记账凭证的当天日期
记账凭证的编号	各单位应按月编制记账凭证的统一编号；如果本单位采用分类账凭证时，可将记账凭证分为"现收字第×号"、"现付字第×号"、"银收字第×号"、"银付字第×号"、"转字第×号"五种进行流水顺序编号。但出纳人员所涉及的凭证不包括转字。如果本单位采用通用记账凭证，则可以将所有的记账凭证统一编号，注明"总字第×号"
经济内容摘要	凭证的"摘要"栏应简明扼要地说明经济业务内容，要突出说明经济事项的内容，对方单位的名称、货物名称、数量和经办员等
会计分录内容	即按照借贷记账法的原则编制的会计账户对应关系，分为会计科目名称（包括总账科目和明细科目）、金额和记账的借贷方向，会计分录内容是记账凭证的最基本要素
所附原始凭证张数	按所附原始凭证的数量来填写
有关人员的签章	填制凭证人员、稽核人员、记账人员、会计机构负责人、会计主管人员签名或者盖章。收款和付款记账凭证还应当由出纳人员签名或者盖章。以自制的原始凭证或者原始凭证汇总表代替记账凭证的，也必须具备记账凭证应有的项目
记账符号	在记账凭证记账后，在凭证的"记账符号"栏内打"√"，表明该凭证已登记入账，以防止重复登记

（四）记账凭证的填制

真实、完整、准确的记账凭证是保证会计信息质量的本质要求，因此记账凭证的填制除了严格遵守填制原始单证的基本要求外，还应注意以下几点：

（1）凭证应按顺序编号。记账凭证必须按月分类连续编号，以便分清会计事项处理的先后顺序和日后与账簿记录核对，确保记账凭证完整无缺。单位应根据单位规模、业务量大小对记账凭证进行具体分类，无论哪一类编号，都必须做到按月、分类、依序。即每月第一天从第一号编起，顺序编到每月最后一天，不允许漏号、重号和错号。为防止记账凭证丢失，应在填制凭证当天及时编号。采用复式记账的记账凭证一般是一张凭证编一个号，如果发生复杂的经济业务，需要连续编制两张或两张以上的记账凭证时，应加编分号，例如 10 号会计分录有两张记账凭证，分别编为 $10\frac{1}{2}$ 号、$10\frac{2}{2}$ 号。

（2）凭证的摘要应当明确。摘要应当简洁明了，不能有重大遗漏或故意隐瞒，不得含糊其辞、似是而非，不得有误导性陈述，尽量避免繁琐。

（3）应填列会计科目名称，或者科目名称和编号，不能只填科目编号不写科目名称。需要登记明细账的还应注明二级科目和明细科目的名称，据以登账。出纳人员一般只涉及收付款凭证，不涉及转账凭证。对于收款凭证，其借方科目为"库存现金"或"银行存款"，其贷方科目则应根据经济业务的内容和本行业会计制度的规定具体确定,如提供劳务取得现金收入,在服务行业贷方科目应为"主营业务收入"。对于付款凭证,贷方科目为"库存现金"或"银行存款",其借方科目则应根据经济业务的内容和行业会计制度的规定而具体确定,如工业企业用银行存款采购原材料,则其借方科目应为"原材料"。

(4)凭证的金额必须准确。记账凭证金额填完后应加计金额合计数。记账凭证不论是一个会计科目或若干个会计科目,或一个会计科目下若干个明细科目,都应将一方的金额加计合计数填写在相应的"合计"栏内。合计金额前应加注币值符号,如人民币符号"￥"。

(5)附件原始凭证应当同类。出纳人员可以根据每一张原始凭证单独填制记账凭证,也可以每天根据若干张同类的原始凭证汇总填制一张记账凭证,或者先将同类的原始凭证编制一张汇总表,再根据该汇总表编制记账凭证。

(6)所附原始凭证的张数。记账凭证所记录的经济业务必须以能证明该项经济业务的原始凭证作为附件。凡是能证明经济业务内容的各种原始凭证,不论张数多少,都应按规定粘贴在该记账凭证后面。

除结账和更正错误的记账凭证可以不附原始凭证外,其他记账凭证必须附有原始凭证。如果一张原始凭证涉及几张记账凭证,可以把原始凭证附在一张主要的记账凭证后面,并在其他记账凭证上注明附有该原始凭证的记账凭证的编号或者附有原始凭证复制件。

(7)错误凭证的更正。如果在填制记账凭证时发生错误,应当重新填制。如果是已经登记入账的记账凭证在当年内发现错误的,可以用"补充更正法"、"红字更正法"和"划线更正法"等方法更正;如果发现以前年度记账凭证有错误的,应当填制一张更正的记账凭证。

(8)凭证的签章。记账凭证填制完毕后,应由相关部门和人员签名并盖章,如单位核算已实行电算化处理的,也应在已打印好的记账凭证上补齐有关签章。出纳在办理完款项收付后,除了签章明确经济责任外,还应立即加盖"收讫"或"付讫"戳记。

(五)记账凭证的审核

记账凭证是登记账簿、科目汇总的直接依据,出纳人员应对记账凭证进行认真的审核。由于记账凭证是根据审核后的有效原始凭证编制的,因而,记账凭证的审核,应在对原始凭证进行复审的基础上注意账务处理的正确性。审核的主要内容有:

(1)记账凭证各项目填制是否齐全、字迹是否清楚规范、手续是否齐备、有关人员是否皆已签字盖章等。

(2)记账凭证是否附有真实、合法、有效的原始凭证。记账凭证所填列的附件张数与实际所附的原始凭证张数是否相符。记账凭证所反映的经济业务内容和原始凭证所反映的内容是否一致、金额是否相等。在有些情况下,记账凭证与原始凭证所反映的金额是不相等的,如有些费用只能按规定标准报销,在原始凭证金额超过报销标准情况下,记账凭证只能按批准的报销金额填列,出纳人员也只能按经批准的报销金额办理款项收付和登记出纳账簿。如出现原始单证的金额与报销金额不一致时,必须在原始单据上由经办人注明"实际报销××元"字样,以明确经济责任。

(3)会计分录中会计科目(包括总账科目、明细科目)和记账方向是否正确,对应关系是否合理,双方金额是否相等。

第二节　出　纳　账　簿

所谓账簿，就是以会计凭证为依据，延续地、系统地、全面地、综合地记录和反映各项经济业务的内容，并以相互联系的专门格式和账页所组成的簿籍。设置和登记账簿是会计核算的一种专门方法，也是会计核算的主要环节。要了解出纳账簿，先了解账簿的相关知识。

一、账簿的分类

（一）按性质和用途分类

账簿按其性质和用途可分为日记账、分类账和备查账。

日记账也称序时账簿，是按经济业务发生时间的先后顺序记录经济业务的账簿，该种账簿按照所记录的经济业务范围的不同，又分为普通日记账和特种日记账。普通日记账用来序时记录所有经济业务。特种日记账用来序时记录某种经济业务。例如，库存现金日记账、银行存款日记账等都是特种日记账。

分类账是按照账户分类记录各项经济业务的账簿。该账户按照分类明细程度的不同，分为总分类账簿和明细分类账簿。总分类账簿，简称总账，是根据一级会计科目设立的总分类账户，按照总括分类记录全部经济业务的账簿。它可以提供各种资产、负债、费用、成本、收入等总括核算资料。明细分类账簿，简称明细账，是按照二级或明细会计科目设立的分类账户。

备查账又称辅助账，是对日记账和分类账簿中不能记载或记载不全的经济业务进行补充登记的账簿。如租入、租出固定资产登记簿、代销商品登记簿等。

（二）按外在形式分类

账簿按照外在形式可分为订本账、活页账、卡片账。

订本账是将账页固定装订成册的账簿。这种账簿可避免账页散失，防止抽损账页，易于归档保管。因此，一般规定总分类账簿和库存现金日记账、银行存款日记账等采用订本账。

活页账是将账页装订在账夹中的账簿。此种账簿可根据需要增加账页，便于记账工作的分工，但容易散失或被抽损。这种账簿在使用前要连续编号，登记使用完后装订成册。明细分类账多为活页账。

卡片账是由具有专门格式的、分散的卡片作为账页组成的账簿。它是将账卡装在卡箱中的活页账。特点是比较灵活，不需每年更换，可以跨年度使用。

虽然账簿的形式多种多样，不同形式账簿的具体内容也不尽相同，但是，各类账簿都应具备以下基本内容。

（1）封面：主要标明账簿的名称，如总分类账、制造费用明细账、材料明细账等，还应标明记账单位名称。

（2）扉页：主要标明账簿名称、编号、页数、启用日期、经管人姓名及交接日期，以及账户目录并经主管会计人员签字盖章。

（3）账页：账页是账簿的主要内容，它除了要标明账户名称、总页数和分页数外，主要记录经济业务的内容，设置有登账日期栏、凭证种类和号数栏、摘要栏、金额栏。

二、出纳日记账的概念

出纳日记账是出纳人员用以记录和反映货币资金增减变动情况和结存情况的账簿,包括库存现金日记账和银行存款日记账。

库存现金日记账是按照现金收、付业务发生或完成时间的先后顺序,逐笔登记,用来反映现金的增减变动与结存情况的账簿。

银行存款日记账是记录和反映本单位在经济业务中由于使用银行转账结算而使银行存款发生增减变动及其结存情况的账簿。

国家财政部制定的《会计基础工作规范》规定,库存现金日记账和银行存款日记账必须采用订本式账簿。不得用银行对账单或者其他方法代替日记账。

库存现金日记账和银行存款日记账的格式一般为三栏式,即在同一张账页上设置"借方""贷方""余额"三栏,分别反映库存现金或银行存款的收入、付出和结存情况。此外,还在摘要栏后设置"对方科目"栏,以具体登记对方科目名称。为了反映银行存款收、付所采用的具体结算方式,在银行存款日记账中还专设"结算凭证种类和号数"栏。

在有些单位中,为了在库存现金日记账和银行存款日记账中更清楚地反映货币资金(库存现金和银行存款)收入的来源和支出的用途,往往采用多栏式的库存现金日记账和银行存款日记账,即收入栏(借方栏)和支出栏(贷方栏)按库存现金与银行存款的对应科目设置专栏。

如果收、付款凭证较多,而库存现金和银行存款的对应科目较多,为避免日记账的账页太宽,可以分别设置"库存现金收入日记账""库存现金支出日记账""银行存款收入日记账"和"银行存款支出日记账"。

三、出纳日记账的设置

出纳主要设置订本式的"库存现金日记账""银行存款日记账"和有关有价证券方面的一些明细分类账。有价证券明细账主要核算股票、债券等有价证券的增减变动及结存情况,出纳人员对由自己保管的各种有价证券要分设明细账进行核算,如设"长期股权投资(××股票)"明细科目核算本单位对××股票的购进、售出以及结存情况。

日记账可以先用"三栏式"账簿,也可以根据经济业务的特点和经营管理的需要选用"多栏式"账簿。明细账一般选用"三栏式"账簿。

四、出纳日记账的启用

账簿是重要的会计档案和历史资料。启用会计账簿时,应当在账簿封面上写明单位名称和账簿名称。在账簿扉页上应当附启用表,内容包括启用日期、账簿页数、记账人员和会计机构负责人、会计主管人员姓名,并加盖名章和单位公章。记账人员或者会计机构负责人、会计主管人员调动时,应当注明交接日期、接办人员或者监交人员姓名,并由交接双方人员签名或者盖章。启用订本式账簿,应当从第一页到最后一页顺序编写页数,不得跳页、缺号。使用活页式账页,应当按账户顺序编号,并须定期装订。装订后再按实际使用的账页顺序编定页码。在总分类账和明细分类账第一页的前面,分别另加目录,记明每个账户的名称和页次,以便检查、登记和防止账页散失。

账簿启用表一般格式如表 4-8 所示。

表 4-8

账 簿 启 用 表

单 位 名 称								单 位 公 章	
账簿名称									
账簿编号									
账簿页数									
启用日期									
经管人员		接 管			移 交		会计负责人	印花税票粘贴处	
姓 名	盖 章	年	月	日	年	月	日	姓 名	盖 章	

五、库存现金日记账的设置和启用

库存现金日记账是由出纳人员按照经济业务发生的时间先后顺序,根据有关现金收款凭证和现金付款凭证,逐日逐笔进行登记的账簿。利用库存现金日记账可以把专门记载现金收、付业务的大量分散的业务资料,根据一定的要求进行登记整理,并按照一定程序和方法,记录到具有专门格式的账簿中去,从而形成全面、完整、系统的出纳核算资料,为现金的管理、监督和现金收、支情况提供可靠的信息资料。因此,库存现金日记账的账务处理,是出纳部门必须高度重视的一环,也是出纳人员必须认真做好的一项重要工作。

(一) 库存现金日记账的设置

单位只要有现金收、付业务发生,就必须设置库存现金日记账。各单位应做到:有钱就有账,以账管钱,收、付有记录,清查有手续,保证现金的合理使用和安全完整。

库存现金日记账的设置,必须遵循一定的原则。总的要求是:必须符合《会计基础工作规范》和国家统一会计制度的要求,力求以简明的格式,及时、准确、全面地反映现金收、付及其结存情况。库存现金日记账是一种特殊的明细账,为了加强现金管理,采用手工记账的单位,库存现金日记账必须采用订本式账簿。各单位应根据本单位业务量和出纳人员的情况设置日记账,现金和银行存款种类较多并由多名出纳人员分管的,或者实行定额备用金制度和管理要求较高的,设置库存现金日记账的明细户数可以多一些,格式也可以细一些。总之,视记账、对账和结账的具体情况,在不影响核算质量和保证现金安全、完整的前提下,力求简捷实用。

库存现金日记账的账页格式,有“三栏式”和“收支分页式”。

“三栏式”库存现金日记账的格式如表 4-9 所示。它的基本结构为“收入”“支出”和“结存”三栏。出纳人员在每日业务终了时,应将现金收、支业务逐笔登记,并结出余额,同实存现金相核对,借以检查每天现金的收、支、存情况及库存现金限额的执行情况。

表4-9

库存现金日记账(三栏式)

年		凭证字号	摘　要	对方科目	借　方							贷　方							余　额						
月	日				万	千	百	十	元	角	分	万	千	百	十	元	角	分	万	千	百	十	元	角	分

"收付分页式"库存现金日记账,即将现金收入和现金支出分记在不同的账页上,分设"库存现金收入日记账"和"库存现金支出日记账"。"库存现金收入日记账"(如表4-10所示)"库存现金支出日记账"(如表4-11所示)一般采用"多栏式"账页。其结构要点是:现金收入要按对应科目,将金额记入有关的"贷方科目"栏内,同时加计收入合计栏;现金支出要按对应科目,将金额记入有关的"借方科目"栏内,同时加计支出合计栏;每日业务终了要将

表4-10

库存现金收入日记账

第　页

年		收款凭证		摘要	贷　方　科　目					收入合计	支出合计	余额
月	日	字	号		主营业务收入	其他应付款	营业外收入	银行存款	……			

表 4-11

库存现金支出日记账

第 页

年		收款凭证		摘 要	结算凭证		借 方 科 目					支出合计
							银行存款	其他应收款	营业外支出	应付工资	……	
月	日	字	号		字	号						

"库存现金支出日记账"的支出合计数登入"库存现金收入日记账"的"支出合计"栏,并结出余额,填入余额栏,然后再核对库存。收、付分页的好处是账户的对应关系明确,通过账面记录既能知道现金收、支的金额,又能看出收入的来源或支出的去向。但是,很明显,这样做很麻烦。所以在实际工作中采用这种账页记账的单位比较少,多采用"三栏式"。

(二)库存现金日记账的启用

库存现金日记账是各单位重要的经济档案之一,为保证账簿的合理性,明确经济责任,防止舞弊行为,保证账簿资料的完整和便于查找,在启用新账簿时,填写账簿启用表。

六、银行存款日记账

银行存款日记账通常也是由出纳人员根据审核后的有关银行存款收、付款凭证按照经济业务发生的时间顺序,逐日逐笔地记录和反映银行存款的增减变化及其结果的账簿。

下面主要介绍银行存款日记账的设置和启用。

(一)银行存款日记账的设置

银行存款日记账由出纳人员根据银行存款收款凭证、付款凭证和原始凭证以及有关的现金付款凭证进行登记,并在每日终了结算出银行存款收支发生额和结存额,以便及时、详细地反映银行存款的收入、付出和结余情况,为合理调度资金,组织收支平衡提供信息资料。单位应按开户银行和其他金融机构、存款种类等,分别设置"银行存款日记账",即:有几个银行存款账户,就设置几个"银行存款日记账",以便于与银行核对账目。

只要有结算业务的单位,就应设置银行存款日记账。银行存款日记账与库存现金日记账一样,都要采用订本式账簿。银行存款日记账的设置,与库存现金日记账基本相同,不同之处是在摘要栏前增设"结算方式"和"对方科目"两栏,以便与银行对账单核对。账簿格式一般采用"多栏式",也可分别设置"多栏式"的"银行存款收入日记账"和"银行存款支出日记账"。订本式"多栏式"银行存款日记账的格式如表 4-12 所示。另外,银行存款日记账应按存款种类分别设置"结算户存款""信用证存款"等账簿。对外币存款,应按不同币种和开户银行分别设置日记账。外币存款日记账的格式如表 4-13 所示。

表 4-12

银行存款日记账

第　页

年		凭证字号	摘　要	借　方								贷　方								余　额							
月	日			万	千	百	十	元	角	分	万	千	百	十	元	角	分	万	千	百	十	元	角	分			

表 4-13

银行存款(美元户)日记账

第　页

年		凭证号数	摘　要	借　方			贷　方			余　额		
月	日			原币	汇率	人民币	原币	汇率	人民币	原币	汇率	人民币

（二）银行存款日记账的启用

银行存款日记账是各单位重要的经济档案之一,在启用账簿时,应严格按照有关规定和要求填写账簿启用表。

第三节　出纳报告单

一、出纳报告单的基本格式

出纳人员记账后,应根据库存现金日记账、银行存款日记账、有价证券明细账、银行对账单等核算资料,定期编制出纳报告单和银行存款余额调节表,报告本单位一定时期现金、银行存款、有价证券的收、支、存情况,并与总账会计核对期末余额。出纳报告单的格式如表4-14所示。

表 4-14

出 纳 报 告 单

单位名称：　　　　　　年　　月　　日至　　年　　月　　日　　　　　　编号：

项　　目	库存现金	银行存款	有价证券	备注
上期结存				
本期收入				
合　　计				
本期支出				
本期结存				

主管：　　　　记账：　　　　　出纳：　　　　　复核：　　　　　制单：

二、出纳报告单的编制

1. 编制时间

出纳报告单的报告期可与本单位总账会计汇总记账的周期一致，如果本单位总账 10 天汇总一次，则出纳报告单 10 天编制一次。

2. 项目填写

上期结存栏：即指报告期前一期的期末结存数，也就是本报告期前一天的账面结存金额。此栏数字，可以直接从上一期出纳报告单的"本期结存"栏抄录过来。

本期收入栏：应按对应账簿的本期借方合计数填列。

合计栏：即将第一列的"上期结存"和第二行的"本期收入"的数字加总的结果。

本期支出栏：应按对应账簿的本期贷方合计数填列。

本期结存栏：即指本期期末账面结存数字，它等于"合计"数字减去"本期支出"数字。"本期结存"数应与账面实际结存数保持一致。

其他常规项目如单位名称、有关签章等与会计凭证的填制要求一样，故不再重复。

第四节　出纳档案的保管

一、会计档案的内容

会计档案是指会计凭证、会计账簿、财务会计报告以及其他会计资料等会计核算的专业资料。它是记录和反映经济业务事项的重要历史资料和证据，是国家经济档案的重要组成部分，也是各单位的重要档案之一。各单位必须加强对会计档案资料的管理工作，建立会计档案的立卷、归档、保管、查阅和销毁等管理制度，保证会计档案的妥善保管、有序存放、方便查阅，严防毁损、散失和泄密。会计档案的分类如表 4-15 所示。

出纳会计档案资料是指出纳凭证、出纳账簿和出纳报告等核算资料，主要包括：出纳记账所依据的各种原始凭证和记账凭证;库存现金日记账、银行存款日记账、有价证券明细分类账;经费开支计划与决算表,出纳报告,银行存款对账单,资金分析报告单,作为收付款依据的各种经济合同和文件,以及其他财务管理方面的重要凭据(如:支票申请单、支票领用登记簿等)。

表 4-15

会计档案的分类

项　　目	分　　类
会计凭证类	包括原始凭证、记账凭证、汇总凭证等
会计账簿类	包括总账、日记账、明细账、辅助账等
财务会计报表类	包括月度、季度、半年度、年度会计报表及相关文字分析材料
其他类	如作为收付依据的合同、协议和其他文件;按规定应单独存放保管的重要票证单据,如作废的支票、发票存根及作废发票、收据存根及作废收据;出纳盘点表和出纳考核报告等
档案管理类	包括会计移交清册、会计档案保管清册、会计档案销毁清册等

出纳凭证是指出纳记账所编制和使用的各种收款凭证、付款凭证及其所附的原始凭证。这些凭证通常在出纳登记完库存现金日记账和银行存款日记账后,要传递给记账会计据以记账,在年终归档前由记账会计进行整理和保存。出纳人员主要是做好原始凭证的整理及全部出纳凭证在出纳业务处理阶段的保管工作。

出纳账簿是指库存现金日记账、银行存款日记账、有价证券明细分类账。一般情况下每年更换一次。更换新账时应对旧账进行整理:对编号、扉页内容、目录等项目如有填写不全的,应按有关要求填写齐全;使用活页账(如用计算机记账的单位,账簿资料输出裁剪后类似活页账)和卡片账的单位,在归档前必须加以装订,编好页码,并加上扉页,注明单位名称、所属时间、起止页码、记账人员和会计主管签章等,并加盖单位财务公章。更换新账后,应将整理完整的旧账归入会计档案。

除了出纳凭证和出纳账簿以外的其他出纳归档资料(内容前述),平时应分类整理并妥善保管,年末集中归入会计档案。

二、出纳档案管理的意义

出纳会计档案是会计活动的产物,又是会计活动的客观表现。出纳会计档案管理工作具有十分重要的意义,具体表现在以下几方面:

(1)为检查、监督经济活动提供原始依据。由于会计信息直接反映财会工作活动过程,一方面可以利用出纳会计档案检查企业、行政事业单位的经济活动和财务收支情况;另一方面可以根据出纳会计档案的原始性和真实性的特点,了解出纳会计凭证、会计账簿和会计报告中所记录、反映的经济业务的有关情况。

（2）维护社会主义市场经济正常秩序的有力工具。出纳会计档案是经济活动用会计核算工具表现的产物，具有史料作用和查证作用，并具有法律效力，是打击经济领域犯罪、清理债权、债务、解决经济纠纷以及处理会计事务的重要依据，是维护社会主义市场经济正常秩序的有力工具。

（3）出纳会计档案有利于促进单位提高管理水平。出纳会计档案是对单位经济活动和财务收支进行价值量的记录和描述，反映了经济活动和财务收支的质的变化，可据以开展预测、决策经济活动，编制财务收支计划，开展会计分析等工作，提高管理水平。

（4）在经济科学的研究中，出纳会计档案具有重要的史料价值，为经济科学研究提供历史的原始资料。

三、出纳会计档案归档的时间

《会计档案管理办法》规定：各单位每年形成的会计档案，应当由会计机构按照归档要求，负责整理立卷，装订成册，编制会计档案保管清册。当年形成的会计档案，在会计年度终了后，可暂由本单位财会部门保管 1 年，期满后，原则上应由财务会计部门编造清册移交本单位的档案管理部门保管；未设立档案机构的，应当在会计机构内部指定专人保管，但是，出纳人员不得兼管会计档案。移交本单位档案管理部门保管的会计档案，原则上应当保持原卷册的封装。个别需要拆封重新整理的，档案机构应当会同财会部门和经办人员共同拆封整理，以分清责任。因此，对当年形成的出纳归档资料的保管一般由出纳部门负责。

各单位保存的会计档案一般不得借出，如有特殊需要，经本单位负责人批准，可以提供查阅或复制，并办理登记手续。查阅或复制会计档案人员，严禁在会计档案上涂画、拆封，更不能抽换单据。因此，各单位应建立健全会计档案查阅和复制的登记制度。

各种会计档案的保管期限，根据其特点，分为永久、定期两类。定期保管期限分为 5 年、10 年和 30 年 3 种。会计档案的保管期限，从会计年度终了后的第一天算起。以企业会计为例，各种会计档案的保管期限如表 4-16 所示。

表 4-16

会计档案保管期限一览表

保管期限	适用会计档案
5 年	固定资产卡片（固定资产报废后保管 5 年）
10 年	银行对账单、银行存款余额调节表
	纳税申报表
	月报、季报、半年报
30 年	原始凭证、记账凭证
	日记账、明细账、其他辅助账、总账
	会计档案移交清册
永久	年报
	会计档案报管清册、会计档案销毁清册、会计档案鉴定意见书

四、会计凭证的装订保管

会计凭证是重要的经济档案和历史资料,会计人员应及时对会计凭证进行整理装订,然后移交档案部门保管。

（一）凭证装订前的整理

会计凭证装订前的整理,是指对会计凭证进行排序、粘贴和折叠。因为原始凭证的纸张面积与记账凭证的纸张面积不可能全部一样,有时前者大于后者,有时前者小于后者,这就需要会计人员在制作会计凭证时对原始凭证加以适当整理,以便下一步装订成册。

对于纸张面积大于记账凭证的原始凭证,可按记账本凭证的面积尺寸,先自右向后,再自下向后两次折叠。注意应把凭证的左上角或左侧面让出来,以便装订后,还可以展开查阅。

对于纸张面积过小的原始凭证,一般不能直接装订,可先按一定顺序和类别排列,再粘在一张同记账凭证大小相同的白纸上,粘贴时宜用胶水。小票应分张排列,同类、同金额的单据尽量粘在一起;同时,在一旁注明张数和合计金额。如果是板状票证,可以将票面票底轻轻撕开,厚纸板弃之不用。

对于纸张面积略小于记账凭证的原始凭证,可先用回形针或大头针别在记账凭证后面,待装订时再抽去回形针或大头针。

记账凭证按照凭证编号顺序叠放,若记账凭证是按现收、现付、银收、银付、转账分别编号的,应按照现金凭证、银行存款凭证、转账凭证的顺序依次叠放。记账凭证放在上面,所附原始凭证放在各自记账凭证后面。原始凭证的顺序应与记账凭证所记载的内容顺序一致,不应按原始凭证面积大小来排序。

（二）会计凭证的装订

会计凭证的装订程序和方法如下:

（1）将科目汇总表放在最前面,并放上封面和封底。封面和封底的内容与格式如表4-17、表4-18所示。

表 4-17

凭 证 封 面

编号

年　　月份

单 位 名 称	
凭 证 名 称	
册　　　　数	第　　　　　　册共　　　　　　册
起 讫 编 号	自第　　　　　号至第　　　　　号
起 讫 日 期	自　　年　月　日至　　月　　日

装订　　　　　　　　　主管

表 4-18

抽出单据记录

抽出日期			抽出单据名称	张数	抽出单据理由	抽取人签章	财会主管签章	附记
年	月	日						

（2）在码放整齐的会计凭证正面左上角放一张约 8 cm×8 cm 大小的包角纸，包角纸的左边和上边分别与会计凭证的左边和上边对齐。

（3）在包角纸的左上角画一边长为 5 cm 的等腰三角形，用夹子夹住整理好的会计凭证，用装订机在三角形底边上分布均匀地打两个眼儿。

（4）线绳穿过两个眼儿，并沿虚线方向扎紧，在凭证背面打结。如图 4-1 所示。

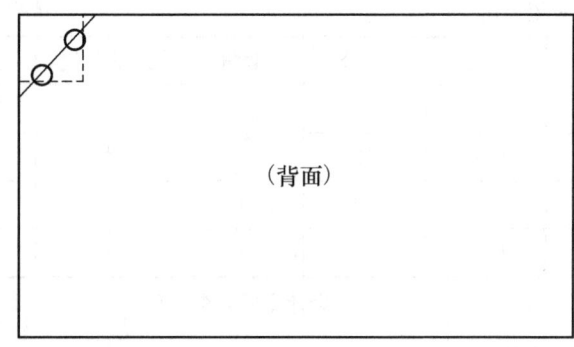

图 4-1 凭证背面

（5）从正面沿三角形的底边折叠包角纸，粘贴如图 4-2 所示形状，并将图示中阴影部分剪掉。

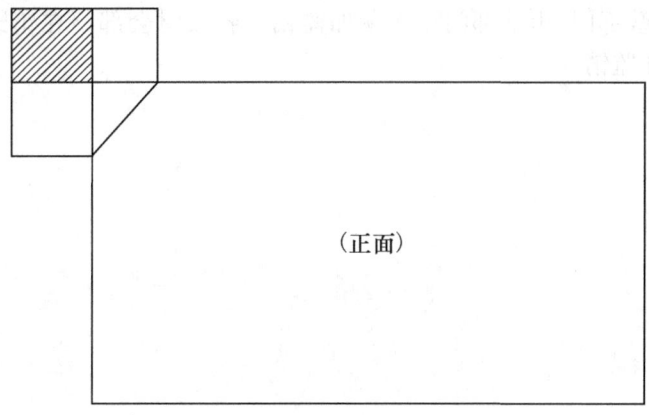

图 4-2 凭证正面

（6）将包角纸向后折叠，并将侧面和背面的线绳扣粘死。

五、出纳会计档案的鉴定与销毁

（一）出纳会计档案的鉴定

出纳会计档案的保管期满，需要销毁时，由本单位档案管理部门提出销毁意见，会同财务会计部门共同鉴定，严格审查，编制会计档案销毁清册（如表 4-19 所示），列明销毁会计档案的名称、卷号、册数、起止年度、档案编号、应保管期限、已保管期限、销毁时间等内容，单位负责人在会计档案销毁清册上签署意见。机关、团体和事业单位报本单位领导批准后销毁，国有企业经企业领导审查，报经上级主管部门批准后销毁，对于其中未了结的债权、债务的原始凭证，应单独抽出，另行立卷，由档案管理部门保管到结清债权、债务时为止。单独抽出立卷的出纳会计档案，应在会计档案销毁清册和会计档案保管清册中列明。正在项目建设期间的建设单位，其保管期满的会计档案不得销毁。

表 4-19

会计账册、凭证及报表销毁清册

单位名称：星城希望公司　　　　　　　　　　　　　填表日期：2018 年 12 月 31 日

名　称	年度	月份	数量	计量单位	已保管年限	备注
收款凭证	1988	12	10	本	30	已审核
付款凭证	1988	12	5	本	30	已审核
现金日记账	1988	12	1	本	30	已审核
银行存款日记账	1988	12	1	本	30	已审核

财务负责人：刘　力　　　　　　会计主管：李　欣　　　　　　档案保管人：张　华

（二）会计档案的销毁

各单位按规定销毁会计档案时，应由档案部门和财务会计部门共同派人监督销毁，监销人在销毁会计档案前，应按销毁清册所列内容清点核对所要销毁的会计档案；销毁后，应在会计档案销毁清册上签章，并将监销情况报告本单位负责人。各级主管部门销毁会计档案时，还应有同级财政部门、审计部门派人参加监销。各级财会部门在销毁会计档案时，应由同级审计机关参加监销。

第 五 章

出纳对现金的管理

第一节 现金管理概述

一、现金及现金管理原则

(一)现金的概念

会计范畴的现金又称库存现金,是指存放在企业并由出纳人员保管的现钞,包括库存的人民币和各种外币。现金是流动性最大的一种货币资金,它可以随时用以购买所需物资,支付日常零星开支、偿还债务等。

现金从理论上讲,有广义与狭义之分,广义的现金是指随时可作为流通与支付手段的票证,不论是法定货币或信用票据,只要具有购买或支付能力,均可视为现金,包括库存现款和视同现金的各种银行存款、流通证券等。狭义的现金是指由企业出纳人员保管作为零星业务开支之用的库存现款,包括企业所拥有的硬币、纸币,即由企业出纳人员保管作为零星业务开支之用的库存现款。

本章所指现金均指狭义的现金。

(二)现金管理的原则

根据我国《现金管理暂行条例》规定,现金管理应遵循以下四大原则。

1. 收付合法原则

收付合法原则,是指各单位在收付现金时必须符合国家的有关方针、政策和规章制度。这里所说的合法有以下两层含义:其一是现金的来源和使用必须合法;其二是现金收付必须在合法的范围内进行。

2. 钱账分管原则

钱账分管原则,即管钱的不管账,管账的不管钱。为保护现金的安全,会计工作岗位要有明确的分工,在财会部门内部建立相互制约和监督的机制。企业应配备专职的出纳人员负责办理现金收付业务和现金保管业务,任何非出纳人员均不得经管现金,这样便于相互核对账面,防止贪污盗窃和错账差款的发生。

经管现金的出纳人员不得兼管收入、支出、债权债务账簿的登记工作、稽核工作和会计档案的保管工作。

经营收入、支出、债权债务登记工作的会计人员,不得兼管出纳账簿登记工作、现金的收付工作和现金的保管工作。

3. 收付两清原则

为了避免在现金收付过程上发生差错,防止收付发生长、短款,现金收付时要做到复核。

不论工作是否繁忙、金额大小或对象熟生,出纳人员对收付的现金都要进行复核或由另外一名会计人员复核,切实做到现金收付不出差错。要做到收付款当面点清,对来财会部门取交现金的人员,要督促他们当面点清,如有差错当面解决,以保证收付两清。

4. 日清日结原则

所谓日清日结,就是指出纳人员必须对每天发生的现金收付业务进行清理,全部记入现金日记账,结出每天的库存现金账面余额,并与库存现金的实有数额相核对,保证账实相符。现金日记账每月至少结一次账,业务多的可几天或半月定期结一次账,并与其他有关账面核对,看账账是否相符。

二、现金管理的要求

(一) 现金管理八不准

按照《现金管理暂行条例》及实施细则的规定,开户单位对现金管理必须遵守"八不准"。

(1) 不准用不符合财务制度的凭证顶替库存现金。

(2) 不准谎报用途套取现金。

(3) 不准单位间相互借用现金,扰乱市场经济秩序。

(4) 不准利用银行账户代其他单位和个人存入或支取现金,逃避国家金融监管。

(5) 不准将单位收入的现金以个人储蓄名义存入银行。

(6) 不准保留账外公款(即小金库)。

(7) 不准发行变相货币,不准以任何内部票据代替人民币在社会上流通。

(8) 不准未经批准坐支或者未按开户银行核定的坐支范围和限额坐支现金。

开户单位如有违反现金管理"八不准"的情况之一的,开户银行按照《现金管理暂行条例》的规定,有权责令其停止违法活动,并根据情节轻重给予警告或罚款。

(二) 现金支付范围

按照《现金管理暂行条例》的规定,企业可以在下列范围内支付现金。

(1) 职工工资、各种工资性津贴。

(2) 支付给个人的各种奖励。

(3) 各种劳保、福利费用以及国家规定的对个人的其他现金支出。

(4) 个人劳务报酬。

(5) 单位出差人员必须随身携带的差旅费。

(6) 收购单位向个人收购农副产品和其他物资的价款。

(7) 结算起点以下的零星支出。

(8) 中国人民银行确定的需要现金支付的其他支出,如因采购地点不确定、交通不便、抢险救灾以及其他特殊情况,办理转账结算不够方便,必须使用现金的支出。

(9) 除上述第(5)、第(6)项之外,各单位支付给个人的款项每人每次不得超过本单位的限额。超过限额部分,可根据提款人的要求在指定的银行转为个人储蓄存款或以支票、银行本票支付。确需全额支付现金的,应经开户银行审查批准后予以支付。

(10) 在银行开户的个体工商户、农村承包经营户异地采购的货款应通过银行以转账方式进行结算。如遇前述第(8)项特殊情况需使用现金应由开户人向开户银行提出申请,开户行根据需要支付现金。

（11）机关、团体、部队、全民所有制和集体所有制企业、事业单位购置国家规定的专项控制商品，必须采取转账结算方式，不得使用现金结算。

企业与其他单位的经济业务，除了上述规定的范围可进行现金结算外，都要通过银行进行转账结算。企业与其他单位在使用现金时还要注意以下几点。

第一，现金支出必须有合法的凭证。现金支出要有凭有据，手续完备，借款必须持有效的借据，不能以"白条"代替借据。

第二，在规定限额内支付个人现金。各单位必须严格按照国家规定的开支范围使用现金，开户单位除向个人收购农副产品和其他物资以及出差人员随身携带的差旅费支付现金外，其他对个人支付现金的限额为 1 000 元，超过限额部分可以用支票、银行本票支付，确需全额支付现金的，经开户银行审核后，予以支付现金。

第三，购买国家规定的专控商品不得使用现金。单位在购买专控商品时，一律采用转账方式支付，不得以现金支付。国家专控商品销售单位不得收取现金。

第四，单位之间不得互相借用现金。

三、库存现金限额管理

库存现金限额，是指为保证各单位日常零星支付按规定允许留存现金的最高数额。库存现金的限额，由开户银行根据开户单位的实际需要和距离银行远近等情况核定。其限额一般按照企业 3～5 天日常零星开支所需现金确定。远离银行机构或交通不便的单位可依据实际情况按规定及时送存银行。

按照规定，库存现金限额每年核定一次。其核定程序为：

1）由开户单位与开户银行协商核定库存现金限额。核定公式为：

$$库存现金限额＝每日零星支出×核定天数$$
$$每日零星支出＝月（或季）平均现金支出总额（不包括定期性的大额现金支出和$$
$$不定期的大额现金支出）÷月（或季）平均天数$$

2）开户单位根据银行核定的库存现金限额填报"库存现金限额申请批准书"。其格式有 A、B 两种。

（1）A 式"库存现金限额申请批准书"见［例 5-1］。

【例 5-1】　向阳公司（开户银行：工行永安市建设路分理处，账号：3256700129）向银行申请库存现金限额。其每年预计现金支付工资 72 000 元，预计零星采购现金支出 18 000 元，其他现金支出 36 000 元，核定保留天数为 5 天。为此填写 A 式"库存现金限额申请批准书"，A 式"库存现金限额申请批准书"如表 5-1 所示。

表 5-1

库存现金限额申请批准书（A 式）

申请单位：向阳公司　　　　　　　　　　　　　　　　　　单位：元
开户银行：工行永安市建设路分理处　　　　　　　　　　　账号：3256700129

每日必须保留现金支付项目	保留现金支出理由	申请金额	批准金额
工资	每年预计现金支付工资 72 000 元	1 000	1 000
材料采购	每年预计零星采购现金支出 18 000 元	250	200

（续表）

每日必须保留 现金支付项目	保留现金支出理由	申请金额	批准金额
其他	每年预计其他现金支出 36 000 元	500	250
合　计	与银行商定现金保留天数为 5 天	1 750	1 450
申请单位： 　　　　盖章 　　年　月　日	申请单位： 　　　　　　　　　　盖章 　　　　　年　月　日	主管部门意见： 　　　　　　　　盖章 　　　　年　月　日	

库存现金限额计算方法：

$$工资需要的现金＝72\ 000÷360×5＝1\ 000（元）$$
$$零星材料需要的现金＝18\ 000÷360×5＝250（元）$$
$$其他支出需要现金＝36\ 000÷360×5＝500（元）$$
$$合计＝1\ 000＋250＋500＝1\ 750（元）$$

（2）B式"库存现金限额申请批准书"如表 5-2 所示。

表 5-2

库存现金限额申请批准书（B 式）

申请单位：向阳公司　　　　　　　　　　　　　　　　　　　　单位：元

开户银行：工行永安市建设路分理处　　　　　　　　　　　　账号：3256700129

项　目	申请数	批准数	申　请　坐　支
（A）库存限额	1 450		
其中：分限额			
（1）出纳	750		
（2）总务	200		
（3）采购	300		
（4）食堂	150		
（5）工会	50		
（B）生产部备用金	500		
合　计	1 950		
申请单位： 　　　　盖章 　　年　月　日	申请单位： 　　　　　　盖章 　　　年　月　日	主管部门意见： 　　　　　　　　盖章 　　　　年　月　日	

（3）开户单位将申请批准书报送单位主管部门。单位主管部门签署意见后，再报开户银行审查批准，开户银行经过审查、核定和综合平衡后，在申请批准书上填写批准限额数。开户单位以开户银行批准的限额数作为库存现金限额。经核定的库存现金限额，单位必须严格遵守。需要增加或减少库存现金限额时，应向开户银行提出申请，由开户银行核定。

一般而言，每日现金的结余数不得超过核定的限额，所有超过限额的现金必须于当天送存银行。但库存现金用完后或留存的库存现金低于库存限额，除可以用非业务性的零星收入（如退回差旅费、出售废品收入等现金收入）来补充（允许坐支的单位可以从业务收入中补充)外,均应向银行领取现金补足限额。单位向开户银行领取部分,不能超过补充限额不足部分。还有,单位向开户行领取零星现金时,在现金支票用途栏应注明"备用金"字样,不属于备用金范围需要的现金,应另开现金支票领取。

对没有在银行单独开户的附属单位需要保留现金,也要核定限额,其限额应包括在开户单位的库存现金限额之内。

第二节　现金支付业务的处理

一、主动支付现金业务的处理

主动支付,是指出纳部门主动将现金付给收款单位和个人,如发放工资、奖金、津贴以及福利支出。

主动支付现金的业务处理程序如下:

(1) 根据有关的资料编制付款单,并计算出付款金额。

(2) 根据付款金额清点现金(不足部分应从银行提取),按单位或个人分别装袋。

(3) 现金发放时,如果是直接发给收款人,要当面清点并由收款人签收(签字或盖章);如果是他人代为收款的,由代收人签收。

(4) 根据付款单等资料编制记账凭证。

(5) 根据记账凭证登记现金日记账。

【例 5-2】　向阳公司发放 6 月份办公室员工工资。制单会计刘华把编好的薪资表交给出纳人员;出纳人员王华据实发工资提现后,清点现金,按个人分别装袋;发放时,让领工资者当面清点现金,并在领取签收处,签上自己的名字。工资发放表如表 5-3 所示。

表 5-3

工　资　表

科室:　　　　　　　　　　　　　　　　2019 年 6 月　　　　　　　　　　　　　　单位:元

编号	姓名	应付职工薪酬			扣除款项				实发工资	签收
		标准工资	各项津贴	合计	事假	病假	房租	水电费		
1	王　伟	500	80	580					580	王伟
2	冷　华	900	80	980					980	冷华
3	张　丽	800	80	880					880	张丽
4	刘　三	600	50	650					650	刘三
5	陈　伟	700	80	780					780	陈伟
合　计		3 500	370	3 870	0	0	0	0	3 870	

工资发放完毕后,制单会计刘华据此编制记账凭证,如表 5-4 所示。

表 5-4

记 账 凭 证

2019 年 6 月 30 日　　　　　　　　　　　　　记字第 09 号

摘　　要	会计科目	借方金额	贷方金额
支付 1 月份工资	应付职工薪酬——工资	3 870	
	库存现金		3 870
合　　计		￥3 870	￥3 870

附件 1 张

会计主管：　　　　　出纳：王华　　　　　审核：张华美　　　　　制单：刘华

出纳人员王华根据记账凭证登记库存现金日记账，如表 5-5 所示。

表 5-5

库存现金日记账

2019 年		凭证		摘　要	对方科目	借方	贷方	借或贷	余额
月	日	字	号						
6	5			承前页				借	1 100
6	8	记	08	提取现金	银行存款	4 500		借	5 600
6	30	记	09	发放工资	应付职工薪酬		3 870	借	1 730

二、被动支付现金的业务处理

（一）被动支付现金的业务处理程序

被动支付，是收款单位或个人持有关凭据到出纳部门领报现金。其程序如下。

（1）受理原始凭证，如报销单据、借据、其他单位和个人的收款收据等。

（2）审核原始凭证。

（3）在审核无误的付款凭证上加盖"现金付讫"印章。

（4）支付现金并进行复点，并要求收款人当面点清。

（5）根据原始凭证编制记账凭证。

（6）根据记账凭证登记库存现金日记账。

（二）现金支付的方式

在出纳工作中现金支付有两种基本的方式：直接支付现金和支付现金支票。

（1）直接支付现金的方式。直接支付现金的方式，是指出纳人员根据有关支出凭证直接支付现金，减少库存现金的数量，有主动和被动支付两种。

使用这种方式支付现金，出纳部门或人员要事先做好现金储备，在不超过库存现金限额的情况下，保障现金的支付。

（2）支付现金支票的方式。支付现金支票的方式，是指出纳人员根据审核无误的有关凭证，将填写的现金支票交给收款人，由收款人直接到开户银行提取现金的支付方式。这种支付方式与直接支付现金方式作用相同，主要适用于大宗的现金付款业务。

（三）主要业务

1. 备用金支付业务的处理

备用金是指付给单位内部各部门或工作人员用作零星开支、零星采购、售货找零或差旅费等用途的款项。

（1）备用金的领用。单位内部各部门或工作人员因零星开支、零星采购等需要领用备用金，一般应由经办人填写借款凭证。借款凭证一式三联，第一联为付款凭证，财务部门作为记账凭据；第二联为结算凭证，借款期间由出纳人员留存，报销时作为核对依据，报销后随同报销单据作为记账凭证的附件；第三联交借款人保存，报销时由出纳人员签字，作为借款结算及交回借款的收据。经办人在填写借款凭证时，应当如实认真地填写借款事由、金额和借款日期并签名，经有关领导审批后根据借款凭证编制现金记账凭证。

【例 5-3】　向阳公司销售科李军领用备用金 400 元，作零星采购和开支使用，经办人为李芳。李芳在领用备用金时，应按规定填制借款凭证，有关人员编制现金付款凭证，出纳人员根据现金付款凭证支付现金（或现金支票），其会计分录为：

借：其他应收款——李军　　　　　　　　　　　　　　　　　　　　400
　　贷：库存现金　　　　　　　　　　　　　　　　　　　　　　　　　　400

（2）备用金的报销。定额备用金是指单位对经常使用备用金的内部各部门或工作人员根据其零星开支、零星采购等实际需要而核定的数额，并保证其经常保持核定的数额。使用定额备用金的部门或工作人员应按照核定的定额填写借款凭证，一次性领出全部定额现金，用后凭发票等有关凭证报销，出纳人员将报销金额补充原定额，从而保证该部门或工作人员经常保持核定的现金定额。

有关部门或工作人员报销时，应编制现金付款记账凭证，其贷方科目自然为"库存现金"，借方为相应科目。出纳人员应将报销的金额用现金补给报销的部门或工作人员。

【例 5-4】　向阳公司供应科使用定额备用金，定额为 1 200 元。5 月 15 日用现金购买商品 800 元，其备用金只剩下 400 元，次日到财务科报销，出纳人员补给现金 800 元，这样供应科的备用金又达到了 1 200 元。

不同的单位，其内部各部门或工作人员使用备用金的业务性质不同，会计制度的规定也不同，因而在报销备用金时，其编制的现金付款凭证的借方科目有很大的差别。

2. 差旅费的预借与报销

（1）差旅费的预借。单位工作人员因出差需借支差旅费时，应当首先到财会部门领取并填写借款单，按照借款单所列内容填写完整，然后送所在部门的领导和有关人员审查签字。各单位可以根据需要使用统一的"差旅费借款结算单"，也可以使用普通的借款借据或者借款凭证。财务部门根据借款单编制现金付款凭证，其会计分录为：

借：其他应收款——李丽
　　贷：库存现金

（2）差旅费的报销。出差人员回到单位后报销差旅费，应当填写报销单，经所在部门和财务部门领导签字，由财务部门有关人员对差旅费进行结算，编制会计凭证后交出纳人员具体办理现金收付。

在具体结算报销过程中，对于实行定额备用金的部门和有关人员按其实际报销金额，编制现金付款凭证，其会计分录为：

借：有关科目
　　贷：库存现金

3. 预付现金

预付现金指各单位因业务需要用现金而向有关单位预付有关款项，包括按供货合同规定预付的货款、预付的书报费等。财务部门应根据对方单位提供或由本单位编制的收据、发票等，编制现金付款凭证，其借方科目则应根据情况而定。因购买货物、接受劳务而预付的货款，其借方科目为"预付账款"（不设"预付账款"科目时可记入"应付账款"科目借方），其会计分录为：

借：预付账款——向阳公司
　　贷：库存现金

出纳人员对原始凭证和记账凭证进行审核，审核无误后付款，并在凭证上加盖"现金付讫"戳记。

4. 向有关人员支付劳务费

各单位因接受其他单位或个人劳务、服务，经常需用现金支付有关劳务费、服务费。一般来说，支付有关单位的劳务费、服务费，应由对方单位开具发票、统一收据等原始凭证，付款单位凭原始凭证编制记账凭证，并付款。而支付给个人的劳务费、服务费，许多需要由本单位编制有关凭证，由提供劳务的个人签字后，据以编制付款凭证，并付款。财务部门在编制现金付款凭证时，其贷方科目自然为"库存现金"科目，其借方科目则应分别根据接受劳务的部门而定。对于企业来说，接受的劳务、服务的部门不同，有关劳务、服务费用的性质也不同，现金付款凭证的借方科目也不同。比如，接受劳务的是生产车间，则现金付款凭证的借方科目为"制造费用"；如接受劳务的部门是行政部门，则借方科目为"管理费用"等。

5. 向职工发放非工资性资金

向职工发放非工资性资金包括向职工发放非工资性奖金、劳务保护费、计划生育独生子女补贴等。

各单位按国家规定向本单位发放的非工资性奖金，如合理化建议奖、技术改进奖等，各种劳动保护费，计划生育独生子女补贴等，都应由本单位财务部门按照国家规定计算，编制领款收据等原始凭证，经有关领导批准后编制现金付款凭证，其贷方科目自然为"库存现金"，其借方科目则为"管理费用"等有关科目。出纳人员审核原始凭证和记账凭证，审核无误后并在凭证上加盖"现金付讫"戳记。

第三节　现金收、付款凭证的复核

一、现金收款凭证的复核

（一）现金收款凭证复核的内容

现金收款凭证是出纳人员办理现金收入业务的依据，为确保收款款项的合法、真实和准确，出纳人员在办理每笔现金收入前，都必须首先复核收款凭证，要求认真复核以下内容：

（1）填写日期是否正确。

（2）凭证的编号是否正确。

（3）凭证记录的内容是否真实、合法、准确，其摘要栏的内容与原始凭证反映的经济业务内容是否相符。

（4）会计科目是否正确。

（5）凭证的金额与原始凭证的金额是否一致。

（6）复核收款凭证"附单据"栏的张数与所附原始凭证张数是否相符。

（7）收款凭证的出纳、制单、复核、财务主管栏目是否签名或盖章。

（二）现金收入的分类

现金收入按其性质可以分为四类：

（1）业务收入，如企业的营业收入，事业单位的业务收入，机关、团体等的拨款收入等。

（2）非业务收入，如企业单位的投资收入、营业外收入，事业单位的其他收入等。

（3）预收现金款项，如企业事业单位按照合同规定预收的定金等。

（4）其他收入现金款项。

对于以上收入的业务，在收到现金时，都应按规定编制现金收款凭证，其借方科目为"库存现金"等，其贷方科目则应根据收入现金业务的性质和会计制度的规定来确定。

以下是常见的现金收款业务及其账务处理，如表 5-6 所示。

表 5-6

常见的现金收款业务及其账务处理

经 济 业 务	账 务 处 理	
销售商品收到现金5 000元	借：库存现金	4 424.78
	贷：主营业务收入	4 150
	应交税费——应交增值税（销项税额）	575.22
销售产品一件，单价 600 元，增值税 78 元，收到现金 678 元	借：库存现金	678
	贷：主营业务收入	600
	应交税费——应交增值税（销项税额）	78
出租包装物，收到租金 1 000 元现金	借：库存现金	1 000
	贷：其他业务收入	1 000
将一台回收的残值价值 800 元的报废设备出售，收到现金 1 000 元	借：库存现金	1 000
	贷：固定资产清理	800
	营业外收入	200

（续表）

经 济 业 务	账 务 处 理	
12月31日在清查中发现库存现金短缺300元，经查是出纳人员王莉工作失误造成的，按规定由王莉赔偿	发现现金短缺时： 借：其他应收款——王莉 　　贷：库存现金 收到出纳王莉的赔款时： 借：库存现金 　　贷：其他应收款——王莉	300 300 300 300
仓库产品旺旺雪饼发生霉烂变质，造成损失800元，经查明为保管员王威失职造成，按规定应由王威赔偿损失并罚款200元，王威交来1 000元现金	产品发生霉烂时： 借：其他应收款——王威 　　贷：库存商品——旺旺雪饼 收到王威交来的赔款和罚款时： 借：库存现金 　　贷：其他应收款——王威 　　　　营业外收入	800 800 1 000 800 200

二、现金付款凭证的复核

（1）对于涉及现金和银行存款之间的收付款业务，只填制付款凭证，不填制收款凭证。如将当日营业款送存银行，制单人员根据现金解款单（回单）编制现金付款凭证，借方科目为"银行存款"，贷方科目为"库存现金"，不再编制银行存款收款凭证。

（2）发生销货退回时，如数量较少，且退款金额在转账起点以下，需用现金退款时，必须取得对方的收款收据，不得以退货发货票代替收据编制付款凭证。

（3）从外单位取得的原始凭证如遗失，应取得原签发单位盖有单位印章的证明，并注明原始凭证的名称、金额、经济业务内容等，经单位负责人批准，方可代替原始凭证。支现的经济业务内容包括工资、奖金、退休金以及各种福利补贴支现，差旅费支现，医药费支现，部门领取备用金支现，日常零星的其他支现等。

以下是常见的现金付款业务及其账务处理，如表5-7所示。

表5-7

常见的现金付款业务及其账务处理

经 济 业 务	账 务 处 理	
技改中心开办期间支付办公费3 000元（现金），注册登记费1 000元（现金）	借：长期待摊费用——开办费 　　贷：库存现金	4 000 4 000
职工曾明20日出差回来，报销差旅费450元补给50元，结清借款400元，此款已入账	借：管理费用——差旅费 　　贷：其他应收款——曾明 　　　　库存现金	450 400 50

（续表）

经 济 业 务	账 务 处 理
对行政科采用非定额备用金制度,行政科李丽购买办公用品预借备用金 800 元。预借时,会计部门根据借款凭证编制现金付款凭证,行政科购买办公用品 700 元后凭发票和验收入库单到财务部门报销,交回多余现金 100 元	预借时: 借:其他应收款——李丽　　　　　　　　800 　　贷:库存现金　　　　　　　　　　　　800 行政科购买办公用品 700 元后凭发票和验收入库单到财务部门报销,交回多余现金 100 元时: 借:管理费用——办公费　　　　　　　　700 　　库存现金　　　　　　　　　　　　　100 　　贷:其他应收款——李丽　　　　　　　800
行政科如果实际购买办公用品 880 元,行政科李丽垫付了 80 元	借:管理费用——办公费　　　　　　　　800 　　贷:其他应收款——李丽　　　　　　　800 借:管理费用——办公费　　　　　　　　 80 　　贷:库存现金　　　　　　　　　　　　 80
用现金支付本单位李亮医药费 300 元	借:应付职工薪酬——福利费　　　　　　300 　　贷:库存现金　　　　　　　　　　　　300
用现金支付报废固定资产的清理费用 1 000 元	借:固定资产清理　　　　　　　　　　1 000 　　贷:库存现金　　　　　　　　　　　1 000

第四节　现金的提取与送存

一、现金的提取

各单位必须在银行规定的现金使用范围内办理提取现金业务,一般由出纳人员填写现金支票到银行提取现金。现金支票的填写要求是:

（1）必须使用签字笔或钢笔,按支票号码顺序填写,书写要认真,不能潦草,不能用红、蓝色笔填写。

（2）签发日期应填写实际出票日期,不得补填或预填日期。

（3）大小写金额必须按规定书写,如有错误,不得修改,须作废重填。

（4）用途栏应填清真实用途。

（5）签章不能缺漏。

（6）支票背面要由取款单位或取款人背书（即签章）。如果凭印鉴支付,出纳人员核对无误后送交银行结算柜台,然后银行发牌作为取款对号的证明,到出纳柜台对号取款。如果凭支付密码支付,出纳人员持支票直接到出纳柜台取款。

（7）取款时要按支票上填写的金额当面清查现金。

二、现金的送存

（一）现金整理

各单位出纳人员在将现金送存银行之前,应对送存现金进行分类整理,其整理方法为:纸币应按照票面额（即券别）分别整理。纸币可分为主币和辅币,主币包括 100 元、50 元、20 元、10 元、5 元、2 元和 1 元,辅币包括 5 角、2 角和 1 角。出纳人员应将各种纸币打开铺平,然后按币别每 100 张为一把，用纸条或橡皮筋箍好，每 10 把扎成一捆。铸币包括 1 元、5角、1 角、5 分、2 分和 1 分。铸币也应按币别整理，同一币别每 50 枚为一卷，用纸包紧卷好，每 10 卷为一捆。不满 50 枚的硬币，用纸包好另行放好。

残缺破损的纸币和已经穿孔、裂口、破缺、压薄、变形以及正面的国徽、背面的数字模糊不清的铸币，应单独剔出，另行包装，整理方法与前同。

（二）如何填写现金缴款单

现金整理完后，出纳人员应根据整理后的金额填写现金缴款单，现金缴款单一般一式四联，第一联为回单，由银行签章后作为送款单位的记账依据；第二联为银行收入传票，第三联为收账通知，第四联由银行出纳留存作为底联备查。出纳人员在填写现金缴款单时，要按格式规定如实填写有关内容，包括收款单位名称、款项来源、开户银行、送款日期、科目账号、送款金额的大、小写及各券别的数量等。

出纳人员在填写"现金缴款单"时应注意以下几点：

（1）出纳人员必须如实填写现金缴款单的各项内容，特别是其中的款项来源等。

（2）交款日期应当填写送存银行当日的日期。

（3）券别的明细账的张数和金额必须和各券别的实际数一致，1 元、5 角、1 角等既有纸币又有铸币的，应填写纸币、铸币合计的数量和金额。

（4）另外，出纳人员在填写"现金缴款单"时必须采用双面复写纸；字迹必须清楚、规范，不得涂改。

三、现金收、付款手续的执行

为了加强现金收支手续，出纳与会计人员必须分清责任，严格执行账、钱、物分管的原则，实行相互制约。

（1）企业应按规定编制现金收付计划，并按计划组织现金收支活动。收入现金要进行防伪检查，支付现金要当面点清。

（2）企业的会计部门中出纳工作和会计工作必须合理分工，现金的收付保管应由出纳负责办理，非出纳人员不得经管现金。

（3）严格执行现金清查盘点制度，保证现金安全完整。出纳人员每天盘点现金实有数，与库存现金日记账的账面余额核对，保证账实相符。企业会计部门必须定期或不定期进行清查盘点。将清点结果编制"库存现金盘点报告表"，及时发现或防止差错以及挪用、贪污、盗窃等不法行为的发生。如果出现长、短款，必须及时查找原因。"现金盘点报告表"的通用格式如表 5-8 所示。

表 5-8

库存现金盘点报告表

年　月　日

账 面 余 额	实存余额	清 查 结 果		问题简要说明
		盘　盈	盘　亏	
单位负责人处理意见				备　注

（4）一切现金收入都应开具收款收据，即使有些现金收入已有对方付款凭证，出纳人员也应开出收据交付款人，以明确经济职责；收入现金签发收据与经手收款，按要求也应当分开，由两个经办人分工办理，如销货收入应由经销人员负责填制发票单据，出纳人员据以收款，以防差错与作弊。

（5）一切现金收入必须当天入账，当天送存银行，如收进的现金是银行当天停止收款以后发生的，也应当在第二天早上送存银行。当日送存确有困难的，应取得开户银行同意后，按双方协商的时间送存。

（6）不准利用银行存款账户代其他单位或个人存入、支出或汇兑现金。

（7）一切现金支出都要有原始凭证，如发票、入库单等由经办人签名，经主管和有关人员审核后，出纳人员才能据以付款，在付款以后，应加盖"现金付讫"戳记，妥善保管。

【例 5-5】 向阳公司根据发生的有关现金清查业务，作如下账务处理。

（1）20 日进行现金清查，发现长款 200 元，原因待查。

借：库存现金 　　　　　　　　　　　　　　　　　　　　　　　　200
　贷：待处理财产损溢——待处理流动资产损溢 　　　　　　　　　　　　200

（2）经反复核查，仍无法查明长款 200 元的具体原因，经单位领导批准，将其转为企业的营业外收入。

借：待处理财产损溢——待处理流动资产损溢 　　　　　　　　　　　200
　贷：营业外收入 　　　　　　　　　　　　　　　　　　　　　　　　200

（3）25 日在现金清查中发现短款 100 元，原因待查。如无法查明具体原因，经批准将其转入管理费用。如查核上述现金短款系出纳人员张丽责任造成，应由出纳人员张丽赔偿，向出纳人员张丽发出赔偿通知书。收到张丽交来的现金赔款。

借：待处理财产损溢——待处理流动资产损溢 　　　　　　　　　　　100
　贷：库存现金 　　　　　　　　　　　　　　　　　　　　　　　　100

如无法查明具体原因，经批准将其转入管理费用。

借：管理费用——现金短款 　　　　　　　　　　　　　　　　　　　100
　贷：待处理财产损溢——待处理流动资产损溢 　　　　　　　　　　100

如查核上述现金短款系出纳人员张丽责任造成，应由出纳人员张丽赔偿，向出纳人员张丽发出赔偿通知书。

借：其他应收款——张丽 　　　　　　　　　　　　　　　　　　　　100
　贷：待处理财产损溢——待处理流动资产损溢 　　　　　　　　　　100

收到张丽交来的现金赔款。

借：库存现金 　　　　　　　　　　　　　　　　　　　　　　　　　100
　贷：其他应收款——张丽 　　　　　　　　　　　　　　　　　　　100

第五节 现金、有价证券、票据及印章的保管

一、现金、有价证券的保管

(一)现金的保管

现金的保管主要是指对每日收取的现金和库存现金的保管。现金是流动性最强的资产,可直接使用,因而现金是犯罪分子谋取的最直接目标。因此,各单位应建立健全现金保管制度,防止由于制度不严、工作疏忽而给犯罪分子以可乘之机,给国家和单位造成损失。其保管主要注意以下几个方面:

(1)要有专人保管现金。现金保管的责任人是出纳人员及其他所属单位的兼职出纳人员。

(2)送取现金要有安全措施。向银行送存现金或提取现金时,一般应有两人以上,数额较大的,途中最好用专箱装好,专车运送,必要时可进行武装押运。

(3)库存现金,包括纸币和铸币,应实行分类保管。各单位的出纳人员对库存票币分别按照纸币的票面金额和铸币的币面金额,以及整数(即大数)和零数(即小数)分类保管。

(4)库存现金存放的安全措施。现金的保管要有相应的保安措施,保安重点是出纳办公室和保险柜。

(二)有价证券的保管

有价证券是一种具有储蓄性质的、可以最终兑换成人民币的票据,种类较多,目前我国发行的有价证券有国库券、国家重点建设债券、地方债券、金融债券、企业债券和股票等。有价证券是企业资产的一部分,具有与现金相同的性质和价值。有价证券的保管同现金的保管基本一样,同时要对各种有价证券票面额和号码保守秘密。为掌握各种债券到期时间,应建立"有价证券保管登记簿"。

二、票据及印章的保管

(一)空白支票的保管

贯彻票、印分管原则;单位撤销、合并、结清账户时,应将剩余的空白支票,填列一式两联清单,全部交回银行注销。

如果事先不能确定采购物资的单价、金额,经单位领导批准,可将填明收款人名称和签发日期的支票交采购人员,明确用途和款项限额,使用支票人员回单位后必须及时向财务部门结算。

为了保证支票的合法有效使用,各单位要设置"空白支票签发登记簿"。认真填写空白支票的领用日期、领用单位,并由领用人签字。用完后要及时办理归还和注销手续。空白收据不得带出单位使用,不得转借、赠送或买卖。作废的收据应加盖"作废"印鉴,并连同存根一起保管,不得撕毁、丢弃。

(二)空白收据的保管

空白收据即未填制的收据。空白收据一般应由主管会计人员保管。与支票一样,各单位应设置"空白收据登记簿",认真填写空白收据的领用日期、领用单位,并由领用人签字。

用完后要及时办理归还和注销手续。空白收据不得带出单位使用,不得转借、赠送或买卖。作废的收据应加盖"作废"印鉴,并连同存根一起保管,不得撕毁、丢弃。

（三）印章的保管

出纳人员使用的印章必须妥善保管,严格按照规定的用途使用,不得将印章随意存放或带出工作单位。用于签发支票的各种预留银行印鉴应由主管会计人员或其他指定人员管理,不能由出纳人员一人保管。

第 六 章

出纳常用的银行结算形式

第一节　支　票　结　算

一、支票及其分类

（一）支票的概念

支票是由出票人签发的，委托办理支票存款业务的银行或其他金融机构在见票时无条件支付确定的金额给收款人或者持票人的票据。支票实际上是存款人开出的付款通知。在付款期内，支票是见票即付。

在支票结算中的当事人：① 出票人。它是指在经中国人民银行当地分支行批准办理业务的银行机构开立可以使用支票的存款账户的单位和个人。② 持票人。它是指收款单位和个人。③ 付款人。它是指支票上记载的出票开户银行。

（二）支票使用范围及其分类

支票结算仅限于同城或指定票据交换区域内使用，可用于商品交易、劳务供应、清偿债务以及其他款项结算。凡是在银行开立账户的单位或个人经银行同意，均可使用支票结算。

根据使用的要求不同，支票可以分为转账支票和现金支票。按照《银行支付结算办法》规定，支票印有"现金"的为现金支票，现金支票只能用于支取现金。支票上印有"转账"字样的为转账支票，转账支票只能用于转账。支票上未印有"现金"或"转账"字样的为普通支票，普通支票可以用于支取现金，也可以用于转账。在普通支票左上角画两条平行线的，为划线支票，划线支票只能用于转账，不得支取现金。"现金支票"及"转账支票"样式分别如表 6-1、表 6-2 所示。

表 6-1

现 金 支 票

表 6-2

转 账 支 票

中国建设银行 转账支票存根 **10504330** 00783906 附加信息 ———————— ———————— 出票日期　年　月　日 收款人： 金　额： 用　途： 单位主管　　会计	付款期限自出票之日起十天

（右侧正面）

🔶 **中国建设银行　转账支票**　　　　　**10504330**
00783906

出票日期（大写）　　年　月　日　　　　付款行名称：
收款人：　　　　　　　　　　　　　　　出票人账号：

人民币 （大写）	亿	千	百	十	万	千	百	十	元	角	分

用途————　　　　　密码————————
　　　　　　　　　　行号————————
上列款项请从
我账户内支付　　　　复核　　　记账
出票人签章

（三）支票结算的基本规定

（1）支票一律记名。即签发支票必须写明收款单位名称或收款人姓名、开票日期、具体用途、确定的金额。在中国人民银行总行批准的地区转账支票可以背书转让。支票上未记载收款人名称的，经出票人授权，可以补记；出票人可以在支票上记载自己为收款人。支票上的金额可以由出票人授权补记，未补记前的支票不得使用；支票上的大小写金额应一致。

（2）签发支票应使用墨汁、碳素黑色墨水笔或蓝黑墨水笔书写，未按规定填写，被涂改冒领的，由签发人负责。支票上各项内容要填写齐全，内容真实，字迹清晰，数字标准，大小写金额一致。支票大小写金额、签发日期和收款不得更改，其他内容如有更改，必须由签发人加盖预留银行印鉴证明。

（3）支票有效期为 10 天（背书转让地区的转账支票的有效期为 10 天）。有效期自签发的次日算起，到期日遇节假日顺延。过期支票银行不予受理，支票自行作废。

（4）签发人必须在银行账户余额内按照规定向收款人签发支票。企业如果签发空头支票或印章与预留银行印鉴不符的支票，银行除退票外还要按票面金额处以 5‰ 但不低于 1 000 元的罚款，另外 2‰ 的赔偿金给收款人。对屡次签发空头支票的，银行将根据情节给予警告、通报批评，直到停止其向收款人签发支票。

（5）已签发的现金支票遗失，可以向银行申请挂失。挂失前已经支付的，银行不予受理。已签发的转账支票遗失，可以向银行申请挂失止付，也可以直接向人民法院申请公示或提起诉讼。如果在挂失止付前款项已经支付的，银行不再受理。

二、支票结算的程序

（一）现金支票结算程序

开户单位用现金支票提取现金时，由本单位出纳人员签发现金支票并加盖银行预留印鉴后，到开户银行提取现金；开户单位用现金支票向外单位或个人支付现金时，由付款单位出纳人员签发现金支票并加盖银行预留印鉴和注明收款人后交收款人，收款人持现金支票到付款单位开户银行提取现金,并按照银行的要求交验有关证件。现金支票结算程序如图6-1所示。

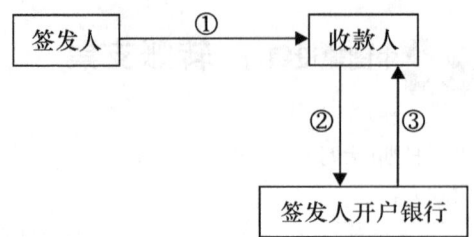

图6-1 现金支票结算程序

说明:① 签发人开出现金支票给收款人。② 收款人持现金支票向签发人开户银行办理取款手续。③ 开户银行按照工作程序对支票进行审核,审核无误后,办理付款。

(二)转账支票结算程序

1. 由签发人交收款人办理结算

付款人按应支付的款项签发转账支票后交收款人,凭支票存根贷记"银行存款"科目,借记对应科目。

收款人或被背书人收到转账支票时,经审核无误后,应作为委托收款背书,在支票背面背书人签章栏签章,填写"委托收款"字样、背书日期,在被背书人栏记载收款人开户银行名称。然后,将该转账支票连同填制的一式两联"进账单",送交其开户银行办理转账。经银行审查无误后,在进账单同单上加盖银行印章,退回收款人,作为收款人入账的凭据,收款人据此借记"银行存款"科目,贷记对应科目。进账单另一联和支票银行留存,作为划转款项和记账凭据。转账支票结算程序如图6-2所示。

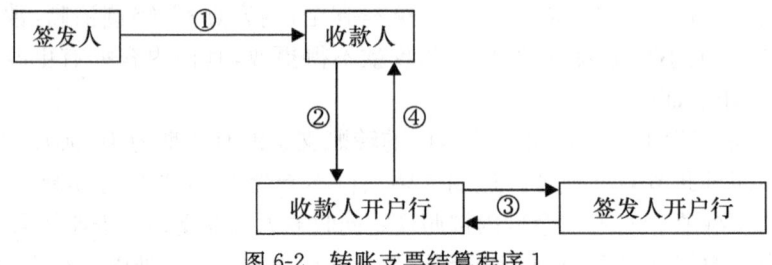

图6-2 转账支票结算程序1

说明:① 签发人签发转账支票,填写支票上的各类项目并加盖预留银行印鉴,交给收款人。② 收款人审核无误后,连同进账单送交其开户银行办理入账。③ 银行间办理划拨。④ 收款人开户银行下收款通知。

2. 由签发人交签发人开户银行办理结算

签发人签发转账支票,填明支票上的各项并加盖预留银行印鉴,并填写一式三联的"进账单"后,直接送交开户银行,要求转账;并根据银行盖章退回的进账单(回单)第一联和有关原始凭证,编制银行存款付款凭证。签发人开户银行受理盖章后,退回受理单,然后将款项划转收款人开户银行。银行之间传递凭证,并办理划转手续。收款人开户银行办妥进账手续后,通知收款人票款收到。

转账支票结算程序如图6-3所示。

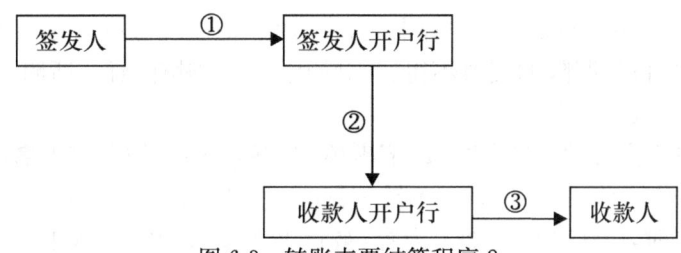

图 6-3　转账支票结算程序 2

说明：① 签发转账支票并填进账单办理转账。② 银行办理划拨。③ 收款人开户银行下收款通知。

三、支票结算的其他问题

(一)领用支票

单位领用支票时,应由出纳人员填制一式三联的"空白重要凭证领用单",在第一联上加盖预留银行印鉴,送交银行办理。经银行核对印鉴相符后,在"重要空白凭证登记簿"上注明领用日期、领用单位、支票起讫号码、密码号码等,出售支票,同时按规定收取一定的工本费和手续费。银行在出售支票的同时,还要打印两张支票密码,一张给领用单位,另一张留存银行备查,以便办理结算时核对。按规定,每个账户一次只准购买一本支票,业务量大的可适当放宽。出售时每张支票上要加盖银行的名称或签发人账号。

撤销、合并或因其他原因结清账户时,应将剩余未用的空白支票交回银行,切角作废。

(二)签发支票

出纳人员签发现金支票,应按照规范认真填写签发日期、收款人、人民币大小写、支票号码、款项用途和支票密码等项目。其中,签发日期应填写实际签发支票的日期,不得漏填或预填日期。"收款人"栏,一定要写明收款单位的附属机构或个人,收款人应在支票存根联签名或盖章。大小写人民币金额必须填写一致、完整,不得涂改,在小写金额前,应填写人民币符号"￥",大小写金额和收款人三个栏目如有填错,应重新签发。其他栏目填错,可由签发人在改正处预留银行印鉴来证明。"用途"栏要实事求是填列,不得巧立名目套取现金。"密码号"栏应按照银行提供的密码单填写。"签发人盖章"处应将预留银行印鉴加盖齐全。

如果单位签发现金支票到银行提取现金以发放工资或补充库存现金,则应在"收款人"栏填写本单位名称,并在支票背面加盖预留银行印鉴或单位公章,然后可到银行取款。财务部门根据现金支票存根编制银行存款付款凭证。

如果单位签发现金支票给其他单位和个人,则应在"收款人"栏填写收款单位或个人的名称,并要求其在现金支票存根联上签字或盖章。收款单位或个人在现金支票背面签章,并持证件到银行取款。

出纳人员签发转账支票,首先应查验本单位银行存款账户是否有足够的存款余额,以免签发空头支票,然后再按规定要求签发转账支票。

(三)支票的背书转让

背书是指汇票持有人将票据权利转让他人的一种票据行为。其中所谓的票据权利是指票据持有人向票据债务人(主要是票据的承兑人,有时也指票据的出票人、保证人和背书人)直接请求支付票据中所规定金额的权利。通过背书转让其权利的人成为背书人,接受经过背书票据的人称为被背书人。由于这种票据权利的转让,一般都是在票据的背面(如果记在正面就容易和承兑、保证等其他票据行为混淆)进行的,所以叫做背书。

（1）支票仅限于票据交换区域内背书转让。用于提取现金的支票，记载"不得转让"字样的支票，以及超过付款期限的支票不得背书转让。背书附有条件，所附条件不得影响票据的效力；背书应当连续。

（2）单位在进行背书时，必须注意以下事项：背书人签章、被背书人名称、背书人、日期。

（3）背书应当依次前后衔接，背书不够记载时，可以粘贴到粘贴处，但应在粘贴处签章。收款人在受理支票时，应注意审查如下内容：被背书人是否确定为本单位或个人；支票是否在付款期限内；背书记载事项是否齐全；签章是否符合规定；背书是否连续；背书使用粘贴的是否按规定在粘贴处签章；背书人为个人的，被背书人应当审查背书人的身份证。

（四）支票的验付及退票

支票为见票即付，提示付款期限自出票日起 10 日，但中国人民银行另有规定的除外。超过提示付款期限提示付款的，持票人开户银行不予受理，付款人不予付款。

银行收到收款人或持票人提交的支票后按照相关规定对支票进行审核，审核的内容如下。

（1）支票和进账单填写的内容是否一致，金额是否相符。

（2）支票上的大小写金额是否一致。

（3）支票上的金额是否超过结存余额。

（4）支票上的背书是否连续。

（5）支票是否在付款期限内。

（6）支票上记载的内容如有更改，有无签发人签字或盖章。

（7）支票上的签名和印鉴是否与其预留银行印鉴相符。

如果发现支票上的各项内容有不符规定之处，银行不予支付支票票款。

所谓支票退票，就是银行认为该支票的款项不能进入收款人账户而将支票退回。支票退票主要有两方面的原因：一个原因是存款不足以支付票款；另一个原因是票据行为不规范。发生退票，银行应出具"退票理由书"，连同支票和进账单一并退给签发人或收款人。

（五）印章挂失和更换预留签章

各单位预留银行印章遗失时，应当向开户行出具公函。遗失单位公章的，应有上级主管单位公函证明，同时填写"更换印章申请书"，由开户银行办理更换印章手续；印章遗失前签发了支票，在支票有效期内仍属有效。如在挂失前，单位的印章被人盗用，签发支票被人冒领的，由单位自行负责。

由于印章磨损、单位名称变更、人员变动需要更换预留签章的，由开户银行发给新印鉴卡。单位应将原印鉴盖在新印鉴卡的反面，将新印章盖在新印鉴卡的正面，并注明启用日期，交开户银行。

（六）支票的止付

支票的止付，是指支票的持票人遗失支票后，以书面的形式通知银行停止支付支票票款。但是，银行在接到支票持有人通知前已经支付票款而造成持有人损失的，由其自行负责。关于支票的止付有如下规定：

（1）已签发的现金支票遗失，可以向银行申请挂失。申请挂失时，签发人应出具公函或有关证明，并加盖预留银行印鉴，同时交付一定的挂失手续费。银行收取挂失手续费，受理单位挂失后，在签发人账户的醒目位置用红笔注明"××××年×月×日第×号支票挂失止付"字样,并将公函或有关证明一并保管。

(2)已签发的转账支票遗失,银行不予挂失,但付款单位可以请求收款单位协助防范。如果印章齐全,填写规范的转账支票遗失,可迅速通知收款人协助防范,防止他人用遗失的转账支票冒购商品。如冒购商品已成事实,可立即向当地公安机关报案,力争尽快追回损失。

第二节 银行本票结算

一、银行本票及其分类

银行本票是银行签发的承诺自己在见票时无条件支付确定金额给收款人或持票人的票据。银行本票结算是指申请人(付款人)将款项交存银行,由银行签发给其银行本票,凭以办理转账结算或支取现金的一种结算方式。银行本票由银行签发的,银行见票即付,信誉高,支付功能强,通常不存在收不回款项的风险。

银行本票是1988年中国人民银行对结算制度改革后推行的一种新的结算工具,1994年起在全国城市推行。目前,银行本票的使用量还不大,但随着经济发展和票据的推广,银行本票的使用量将会得到进一步的发展。

(一)适用范围及分类

银行本票结算方式适用于单位和个人在同城范围内(票据交换区域)的商品交易和劳务供应以及其他款项的结算。银行本票可以按不同的标准进行分类。

按性质可分为:银行本票和商业本票。

按收款人的记载形式不同可分为:记名本票和无记名本票。

按照金额是否预先固定可分为:定额本票和不定额本票。定额本票是指印有固定面额的银行本票;不定额本票是指银行签发的面额不固定的银行本票,不定额本票由经办的各商业银行签发和兑付。银行本票一式两联:第一联卡片,由出票行留存,结清本票时作借方凭证附件;第二联本票,由出票行结清本票时作借方凭证。

定额本票和不定额本票分别如图6-4和表6-3所示。

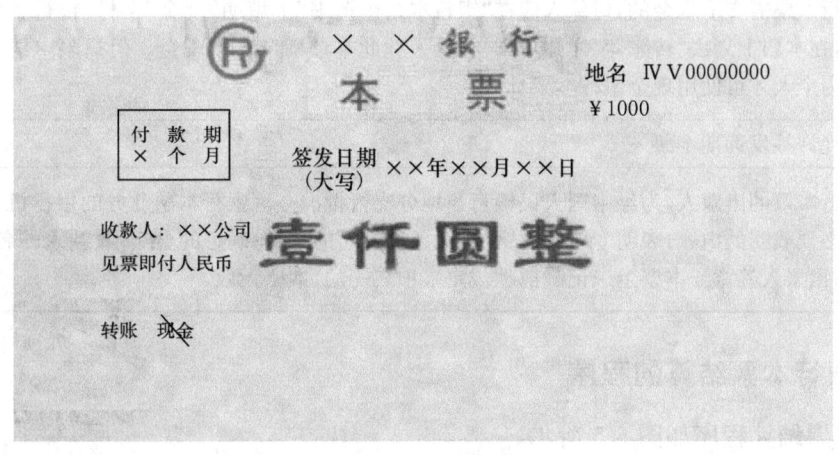

图6-4 定额本票

表 6-3

付款期限 × 个 月		××银行 本　票	地名	本票号码
	出票日期（大写）	贰零　年　月　日		第　号
收款人：				
凭票即付人民币（大写）				
转账现金			科目(借)_____ 对方科目(贷)_____	
备注：			付款日期　年　月　日	
		出票行签章	出纳　复核　经办	

（二）银行本票结算的基本规定

银行本票结算的基本规定如表 6-4 所示。

表 6-4

银行本票结算的基本规定

序号	内　容
1	银行本票一律记名
2	银行本票允许背书转让
3	银行本票的付款期为 2 个月(不分大月、小月,统按次月对日计算,到期日遇节假日顺延)。逾期的银行本票,兑付银行不予受理
4	银行本票见票即付,不予挂失(但遗失的不定额银行本票在付款期满后 1 个月确未冒领,可以办理退款手续)
5	不定额本票的金额起点为 100 元,定额本票的面额为 1 000 元、5 000 元、10 000 元和 50 000 元 4 种
6	银行本票需支取现金的,付款人应在"银行本票申请书"上填明"现金"字样,银行受理签发本票时,在本票上划去"转账"字样并盖章,收款人凭此本票即可支取现金。但只限申请人和收款人均为个人才可使用现金银行本票
7	不允许签发远期本票
8	银行本票的出票人,为经中国人民银行当地分支行批准办理银行本票业务的银行机构。银行本票必须载明的内容:表明"本票"的字样;无条件支付的承诺;确定的金额;收款人的名称;出票日期;出票人签章。本票上未记载前款规定事项之一的,本票无效

二、银行本票结算的程序

银行本票结算程序如图 6-5 所示。

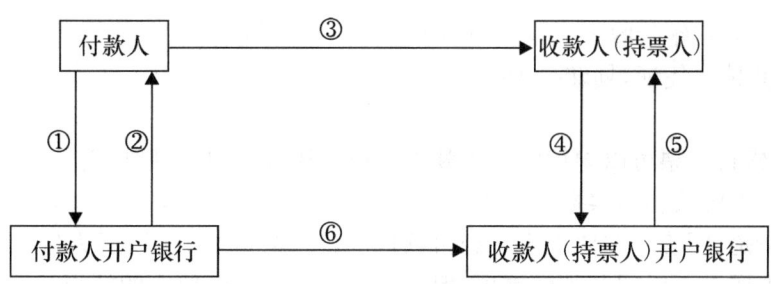

图 6-5　银行本票结算程序

说明：① 付款人向银行申请签发银行本票。② 银行签发本票交与付款人。③ 付款人将银行本票交给收款人办理结算。④ 收款人向其开户银行提示本票。⑤ 银行收妥入账。⑥ 银行之间清算资金。

1．申请代办银行本票

申请代办银行本票的程序如下。

（1）申请人先向银行交存款项，填写"业务委托书的"（其格式见表 6-5），在"业务委托书"的"业务类型"中"本票申请书"前的方框里画钩，申请签发银行本票。

表 6-5

中国工商银行业务委托书

委托日期 Date　　　　　年 Y　　月 M　　日 D　　　　湘 A00667604

银行打印															
客户填写	业务类型	□电汇□信汇□汇票申请书□本票申请书□其他			汇款方式				□普通□加急						
	委托人	全称		收款人	全称										
		账号或地址			账号或地址										
		开户行名称			开户行名称										
		开户银行	省　市		开户银行						省　　市				
	金额(大写)人民币				亿	千	百	十	万	千	百	十	元	角	分
	支付密码			上列款项及相关费用请从我账户内支付											
	加急汇款签字														
	用　途														
	附加信息急用途		委托人签章												

事后监督：　　　　会计主管：　　　　　复核：　　　　　记账：

注："业务委托书"一式三联，第一联记账联，第二联发报或出票依据，第三联回单联。

（2）银行同意申请单位的申请后，即按申请金额签发银行本票。

（3）申请人将银行本票交给收款人办理结算。

（4）收款单位或被背书单位的出纳人员对收取的银行本票应审核后，持本票、进账单到开户银行办理收款。

（5）收款人开户银行收妥入账，并退回进账单回单给收款人。

（6）银行间传递凭证，划转款项。

2. 出票

申请人持银行本票可以向填明的收款单位或个体经营户办理结算。

按照《中华人民共和国票据法》（以下简称《票据法》）规定，本票上记载付款地、出票地等事项的，应当清楚、明确。本票上未记载付款地的，出票人的营业场所为付款地。除了上述规定事项外，本票上可以记载其他事项，但是该事项不具有汇票上的效力。

3. 收款人受理银行本票

收款人收到银行本票后，应审查下列事项。

（1）收款人或被背书人确为本单位或个人。

（2）银行本票是否在付款期限内。

（3）签发的内容是否符合规定。

（4）必须记载的事项是否齐全。

（5）印章是否清晰，不定额银行本票是否有压数机压印的出票金额，并与大写一致。

（6）不得更改事项是否更改（银行本票金额、日期、收款人名称不得更改）。

（7）更改其他记载事项是否由原记载人签章证明。

（8）特别提示：背书是否连续；背书签章是否符合规定；背书使用粘单是否按规定在粘接处签章；背书人为个人的，被背书人应当审查背书人的身份证件。

收款人审核无误后，填写一式两联进账单连同收到的银行本票，交本单位开户银行办理收款手续。收款人为个人的也可以持转账的银行本票经背书向被背书人的单位或个体经营户办理结算，具有"现金"字样的银行本票可以向银行支取现金。

三、银行本票的背书转让和退款

（一）银行本票的背书转让

银行本票持有人转让本票时，应在本票后面"背书"栏内背书，并加盖本单位预留银行印鉴，注明背书日期，在"被背书人"栏填写收款人的名称，之后将银行本票交给被背书人，同时向被背书人交验有关证件，以便被背书人查验。被背书人接受背书的银行本票时，也应对其进行认真检查，检验其内容是否合法、正确、完整。银行本票背书必须连续。若银行本票签发人在本票背面注有"不得转让"字样的，则该本票不得背书转让；背书人也可以在背书时注明"不得转让"字样，禁止该本票以后再转让。

（二）银行本票的退款

申请人因银行本票超过付款期或其他原因未使用而要求退款时，可持银行本票到签发银行办理退款手续。在银行开立存款账户的持票人，还应填写一式两联的进账单，一并交银行，待银行办妥退款手续后，凭银行退回的进账单进行账务处理。未在银行开立账户的持票人，应在未用的银行本票背面签章，并交有关证件，经银行审核没有问题方予以退款。

按照现行规定，只有不定额的本票在符合条件时才能办理退款作为补救。这里的符合条件主要包括：① 该银行本票由签发行签发后未曾经背书转让。② 持票人为本票的收款单位。付款单位根据银行退回的进账单第一联编制银行存款收款凭证。其会计分录为：

借：银行存款

　　贷：其他货币资金——银行本票

对于遗失的不定额本票，在付款期满 1 个月后确未被冒领的，也可以到签发银行办理退款手续。在办理退款手续时，原本票申请人应首先向签发银行说明情况，出具盖有单位公章的遗失本票退款申请书，连同填制好的一式两联进账单一并交给签发银行办理退款。之后，再根据银行退回的进账单第一联编制银行存款的收款凭证，其分录同上。

第三节　银行汇票结算

一、银行汇票及其适用范围

银行汇票是出票银行签发的，由其在见票时按照实际结算金额无条件支付给收款人或持票人的票据。银行汇票结算是指申请人将款项交存当地银行，由银行签发给申请人，申请人持汇票办理转账结算或支取现金的一种结算方式。

（一）银行汇票适用范围

银行汇票是一种传统的票据结算工具，我国曾在 20 世纪 50 年代停止使用，1984 年后，又在全国推广了银行汇票结算。它适用于与异地单位个体经济户和个人之间各种款项的结算，也适用于申请人到外地采购或支付出差人员差旅费等。申请人和收款人是否在银行开立账户均可。银行汇票可以背书转让或汇到其他地点。

银行汇票一式四联（样式如表 6-6 所示）：第一联卡片，由出票行结清汇票时作汇出汇款

表 6-6

银 行 汇 票

借方凭证;第二联汇票;第三联解讫通知,由代理付款行兑付后随报单寄出票行,由出票行作多余款贷方凭证;第四联多余款收账通知,由出票行结清多余款后交申请人。

（二）银行汇票结算中的当事人

（1）出票人。银行汇票结算的出票人是指签发汇票的银行。按照规定,银行汇票的签发和解付,全国范围内仅限于中国人民银行和各商业银行参加"全国联行往来"的银行机构,非银行机构不得签发银行汇票。

（2）收款人。收款人是指从银行提取汇票所汇款项的单位和个人。收款人可以是汇款人本身,也可以是与汇款人有商品交易往来或汇款人要与之办理结算的人。

（3）付款人。付款人是指负责向收款人支付款项的银行,同出票人一样,并不是所有银行机构都可以充当银行汇票的付款人,必须是参加"全国联行往来"的银行机构。如果出票人和付款人属于同一个银行,如都是中国农业银行的分支机构,则出票人和付款人实际上为同一个人。如果出票人和付款人不属于同一个银行,而是两个不同银行的分支机构,则出票人和付款人为两个人。

（三）银行汇票结算的特点

（1）票随人到,用款及时。

（2）付款有保证。银行汇票是以银行信用作保证,结算时,不会出现"空头"和无款支付的情况。

（3）使用灵活。持票人可一笔转账,也可分次付款,还可通过银行办理转汇,也可将银行汇票背书转让。

（4）兑现性强。异地付款需要支付现金时,只要在汇款时向银行说明用途或以现金交汇,由汇出银行在签发银行汇票"汇款金额"栏大写金额前注明"现金"字样,就可以在兑付银行支取现金。

（四）银行汇票结算的基本规定

（1）银行汇票一律记名。

（2）银行汇票的汇款额起点为 500 元。

（3）银行汇票的付款期为 1 个月(不分大月、小月,统按次月对日计算;到期日遇节假日顺延;逾期的汇票,兑付银行不予受理)。

（4）汇款人申请办理银行汇票,应向签发银行填写"业务委托书"(如图 6-9 所示),详细填明兑付地点、收款人名称、用途(军工产品可免填)等项内容。

能确定收款人的,须详细填明单位、个体经济户名或个人姓名。无法确定的,应填写汇款人指定人员的姓名。

（5）汇款人持银行汇票可以向填明的收款单位或个体经济户办理结算。

收款人为个人的也可以持转账的银行汇票经背书向兑付地的单位或个体经济户办理结算。

单位或个体经济户受理银行汇票时应审查下列内容：① 收款人或被背书人确为本收款人,银行汇票和解讫通知是否齐全。② 银行汇票在付款期内,日期、金额等填写正确无误。③ 出票人的签章是否符合规定,印章清晰。有压数机压印的金额,与大写出票金额是否一致。④ 银行汇票和解讫通知齐全、相符。⑤汇款人或背书人的证明或证件无误,背书人证件上的姓名与其背书相符。⑥ 必须记载的事项是否齐全。⑦ 出票日期、出票金额、收款人是否更改(指不准更改部分),其他记载事项更改是否由原记载人签章证明。

(6)在银行开立账户的收款人或被背书人受理银行汇票后,在汇票背面加盖预留银行印章,连同解讫通知、进账单送交开户银行办理转账。

(7)未在银行开立账户的收款人持银行汇票向银行支取款项时,必须交验本人身份证或兑付地有关单位足以证实收款人身份的证明,并在银行汇票背面盖章或签字,注明证件名称、号码及发证机关后,才能办理支取手续。

(8)汇票的签发和解付。全国范围限于中国人民银行和各专业银行参加"全国联行往来"的银行机构办理,跨系统银行签发的转账银行汇票的解付,应通过同城票据交换将银行汇票和解讫通知提交给同城的有关银行审核支付后抵用。在不能签发银行汇票的银行开户的汇款人需要使用银行汇票,应将款项转交附近签发银行汇票的银行办理。

(9)支取现金的规定。收款人如需要在兑付地支取现金的,汇款人在填写"业务委托书"时,须在"汇款金额"大写金额栏先填写"现金"字样,后填写汇款金额。

(10)分次支取的规定。收款人持银行汇票向银行支取款项时,如需分次支取,应以收款人的姓名开立临时存款户办理支付,临时存款户只付不收,付完清户,不计利息。

(11)转汇的规定。银行汇票可以转汇,可委托兑付银行重新签发银行汇票,但转汇的收款人和用途必须是原收款人和用途,兑付银行必须在银行汇票上加盖"转汇"戳记,已转汇的银行汇票,必须全额兑付。

(12)退汇的规定。汇款人因在银行汇票超过付款期或因其他原因要求退款时,可持银行汇票和解讫通知到签发银行办理退汇。

(13)挂失的规定。持票人如果遗失了填明"现金"字样的银行汇票,持票人应当立即向兑付银行或签发银行请求挂失。在银行挂失前(包括对方行收到挂失通知前)被冒领,银行概不负责。如果遗失了填明收款单位或个体经济户名称的汇票,银行不予挂失,可通知收款单位或个体经济户、兑付银行、签发银行请求协助防范。遗失的银行汇票在付款期满后1个月内,确未冒领的,可以办理退汇手续。

二、银行汇票结算的程序

(1)银行汇票的申请。申请需要使用银行汇票时,应向银行填写一式三联的"业务委托书",申请人在填写时,要用双面复写纸,按银行汇票申请书所列项目逐项填明收款人名称、汇票金额、申请人名称、申请日期等事项,并在第二联"申请人盖章"处盖章,签盖为其预留银行的签章。申请人和收款人均为个人,需要使用银行汇票向代理付款人支取现金的,申请人须在业务委托书上填明代理付款人名称,在"汇款金额"栏填写"现金"字样,后填写汇票金额。申请人或者收款人为单位的,不得在银行汇票申请书上填明"现金"字样。申请人填妥后将银行汇票申请书第二、第三联连同所汇款项一并送交银行。

(2)出票。出票银行对银行汇款申请书的内容和印鉴验证无误,收妥款项后签发银行汇票,并用压数机压印出汇票金额。将银行汇票的第二联和第三联(解讫通知)交给汇款人。签发银行即为银行汇票的付款人。

汇款人收到银行签发的银行汇票后,根据"业务委托书"回单联,作会计分录为:

借:其他货币资金——银行汇票存款

　　贷:银行存款

（3）汇款人持银行汇票第二联和第三联向填明的收款人办理结算。

（4）背书。按照现行规定，填明"现金"字样的银行汇票不得背书转让。区域性银行汇票仅限于本区域内背书转让。银行汇票的背书转让以不超过汇款金额为准。未填写实际结算金额或实际结算金额超过汇款金额的银行汇票不得转让。在背书时，背书人必须在银行汇票第二联背面"背书"栏填明其个人身份证件及号码并签章，同时填明被背书人名称，并填明背书日期。被背书人在受理银行汇票时，除按前述收款人要求对汇票进行审查外，还应审查银行汇票是否记载实际结算金额，有无更改，其金额是否超过汇款金额；背书人为个人的，身份证是否真实等。被背书人按规定在汇票有效期内，在被背书人一栏签章并填制一式两联进账单到开户行办理结算，其会计核算与一般银行汇票收款人相同。

（5）兑付。收款人收到银行汇票后，审核无误后，在汇票出票金额内，按实际需要的款项办理结算，将实际结算金额和汇票上多余金额填入"银行汇票"的有关栏内，并在汇票背面"持票人向银行提示付款签章"处加盖印章。

在银行开立存款账户的收款人向开户银行提示付款时，应根据实际结算金额填制"进账单"，将"进账单"、"银行汇票"和"解讫通知"一起交开户银行办理转账。

未在银行开立存款账户的个人持票人（或收款人），可以向选择的任何一家银行机构提示付款。提示付款时，除了在汇票背面"持票人向银行提示付款签章"处签章外，还须填明本人身份证件名称、号码及发证机关，由其本人向银行提交身份证及其复印件。银行审核无误后，将其身份证复印件留存备查，并以持票人的姓名开立应解汇款及临时存款账户，该账户只付不收，付完清户，不计付利息。

关于提示付款的期限，见票即付的汇票，自出票日起1个月内向付款人提示付款；其他汇票自到期日起10天内向承兑人提示付款。

（6）开户银行接到上述凭证审核无误后，将款项划入收款人存款账户。收款人在收到款项后，根据银行的收账通知，由会计人员作出账务处理。借记"银行存款"科目，贷记相应科目。

（7）收款人开户银行按实际结算金额办理入账后，与申请人开户银行办理内部清算，并将银行汇票第三联解讫通知传递到汇票申请人开户银行。

（8）结算与退款。申请人开户银行将余款转入汇款人账户，并将银行汇票第四联多余款收账通知转给汇款人，汇款人据此办理余款入账手续。汇款人收到通知后借记"银行存款"科目，贷记"其他货币资金——银行汇票"科目。

汇款单位因汇票超过了付款期限或其他原因没有使用汇票款项时，可以分别情况向签发银行申请退款：

（1）在银行开立账户的汇款单位要求签发银行退款时，应当出示公函向签发银行说明原因，并将未用的"银行汇票"第二联和第三联与银行留存的银行汇票第一联核对无误后办理退款手续，将汇款金额划入汇款单位账户。

（2）未在银行开立账户的汇款单位要求签发银行退款时，应将未用的银行汇票第二联和第三联交回汇票签发银行，同时向银行交验申请退款的有关证件，经银行审核后办理退款。

（3）汇款单位因缺少银行汇票第三联（解讫通知联）而向签发银行申请退款时，应将银

行汇票第二联退给汇票签发银行,并备函说明短缺的原因,经签发银行审查同意后于银行汇
票提示付款期满 1 个月后办理退款手续。银行汇票结算程序如图 6-6 所示。

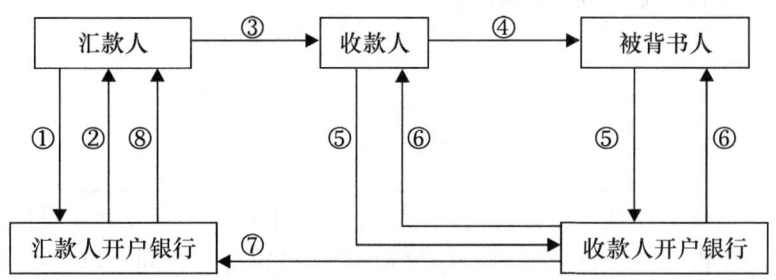

图 6-6　银行汇票结算程序

　　说明:① 汇款人向其开户银行申请签发汇票;② 银行出票并交与汇款人;③ 汇款人将汇票持往异地
办理结算;④ 收款人将汇票背书转让给被背书人;⑤ 收款人或被背书人向其开户银行提示付款;⑥ 代理
付款人付款;⑦ 银行之间清算资金;⑧ 汇款人开户银行向汇款人退回多余资金。

第四节　商业汇票结算

一、商业汇票的适用范围和分类

　　商业汇票是指由出票人签发的,委托付款人在指定日期无条件支付确定金额给收款人
或者持票人的票据。

　　(一)商业汇票的适用范围

　　无论是同城还是异地都可以采用商业汇票结算方式,这种结算方式用于在银行开立账
户的法人之间以及其他组织之间,只有具有真实的交易关系或债权债务关系,才能使用商业
汇票。

　　(二)商业汇票的分类

　　(1)按照其承兑人的不同,商业汇票可分为商业承兑汇票和银行承兑汇票两种,其式样
分别如表 6-7 和表 6-8 所示。

表 6-7

商业承兑汇票

汇票号码

年　月　日　　　　　　　　　　　　　　　　第　　　号

付款人	全　　称			收款人	全　　称											
	账　　号				账　　号											
	开户银行		行号		开户银行		行号									
汇款金额人民币（大写）						千	百	十	万	千	百	十	元	角	分	
汇款到期日		年　月　日		交易合同号码												

（续表）

本汇票已经本单位承兑,到期日无条件支付票据。 　　　　此致 收款人 　　　　付款人盖章 负责　　　　经办　　　　年　月　日	 汇票签发人盖章 负责　　　　经办　　　　年　月　日

商业承兑汇票是由收款人签发,经付款人承兑,或由付款人签发并承兑的票据。银行承兑汇票是由在承兑银行开立存款账户的存款人签发,经银行审查同意承兑的票据。

（2）商业汇票按付款日期不同,分为定日付款、出票后定期付款、见票后定期付款三种。

定日付款的汇票付款期限自出票日起计算,并在汇票上记载具体的到期日;出票后定期付款的汇票付款期限自出票日起按月计算,并在汇票上记载;见票后定期付款的汇票付款期限自承兑或拒绝承兑日起按月计算,并在汇票上记载。

（三）商业汇票结算的基本规定

（1）商业汇票一律记名,允许背书转让。但是如果签发人或者承兑人在汇票注明"不得转让"字样的,该汇票不得背书转让。

（2）在银行开立存款账户的法人以及其他组织之间,必须具有真实的交易关系或债务关系,才能使用商业汇票。

（3）签发商业汇票必须记载下列事项:表明"商业承兑汇票"或"银行承兑汇票"的字样;无条件支付的委托;确定的金额;付款人名称;收款人名称;出票日期;出票人签章。欠缺记载上列事项之一的,商业汇票无效。

（4）商业汇票可以在出票时向付款人提示承兑后使用,也可以在出票后先使用再向付款人提示承兑。定日付款或者出票后定期付款的商业汇票应当在汇票到期日前向付款人提示承兑。见票后定期付款的汇票,持票人应当自出票日起1个月向付款人提示承兑。付款人接到提示承兑的汇票时,应当在自收到提示承兑的汇票之日起3日内承兑或拒绝承兑(拒绝承兑必须出具拒绝承兑的证明)。

（5）商业汇票的付款期限,最长不得超过6个月(按到期月的对日计算,无对日的,月末日为到期日,遇法定休假日顺延)。

（6）商业汇票的提示付款期限,自汇票到期日起10日。

（7）符合条件的商业汇票的持票人可持未到期的商业汇票向银行申请贴现。

（8）无款支付的规定。商业承兑汇票到期,付款人账户存款不足而不能支付票款时,如果属于异地办理委托收款的,由付款人开户银行在委托收款凭证备注栏注明付款人"无款支付"的字样,按委托收款结算无款支付手续处理,将委托收款凭证和商业承兑汇票退回收款人开户银行。如若属于同城进账单划款的,比照空头支票退票处理。同时,银行按照商业承兑汇票的票面金额处以5%但不低于1 000元的罚款,同时处以2%赔偿金给收款人。银行承兑汇票到期,付款人账户无款支付或不足支付时,银行除凭票向收款人无条件支付款项外,将根据承兑协议对付款人执行扣款。对尚未收回的款项转入付款人逾期贷款户,并每日按5‰计收罚息。银行承兑汇票的格式如表6-8所示。

表 6-8

银行承兑汇票

汇票号码

年　月　日

第　　号

收款人	全　称			承兑申请人	全　称			
	账　号				账　号			
	开户银行		行号		开户银行		行号	

汇款金额 人民币（大写）		千	百	十	万	千	百	十	元	角	分

汇款到期日	年　月　日	

本汇票送请你银行承兑,并确认《银行结算办法》和承兑协议的各项规定。 　　此致 承兑银行 　　　　　　承兑申请人盖章 　　　　　　年　月　日	承兑协议编号	交易合同号码
本汇票经本银行承兑,到期日由本行交付。 　　　　　承兑申请人盖章 　　　　　年　月　日	汇票签发人盖章 负责　　经办	科目(付)＿＿＿＿＿＿ 对方科目(收)＿＿＿＿ 转账日期　年　月　日 复核　　　记账

二、商业汇票的结算程序

（一）商业承兑汇票结算程序

商业承兑汇票结算一般可分为三个步骤进行。

1. 签发和承兑商业汇票

商业汇票一式三联,可由收款人签发,也可由付款人签发,汇票签发人留存备查。第一联由付款人(即承兑人)留存,付款人据此借记有关科目,贷记"应付票据"科目。第二联由付款人在承兑栏加盖预留银行印鉴章,并在商业承兑汇票证明签署"承兑"字样,以示承兑后,将商业承兑汇票交给收款人,收款人据此借记"应收票据"科目,贷记有关科目。

2. 收款人收款

收款人或被背书人将要到期的商业汇票送交开户银行办理收款手续,收款一般采取的是委托收款方式。出纳人员办理收款手续时,应填写银行规定的一式五联的"委托收款凭证",在"凭证名称"栏注明"商业承兑汇票"及号码,在商业承兑汇票背后加盖收款单位业务公章后,一并交开户银行,银行审核无误后盖章退回委托收款凭证第一联(回单)给收款人。

3. 到期兑付

付款人收到开户银行转来的委托收款凭证第五联(付款通知)及所附商业承兑汇票,与留底卡片(即商业承兑汇票第一联)核对无误后,应于当日通知银行付款。付款人在接到通知日的次日起 3 日内(遇到法定休假日顺延,下同)未通知银行付款的,视同付款人承诺付款,银行应于付款人接到通知日的次日起第 4 日上午开始营业时,将票款划给持票人。

付款人提前收到其承兑的商业汇票,应通知银行于汇票到期日付款。承兑银行存在合法抗辩事由拒绝支付的,应自接到汇票的次日起 3 日内,作出拒绝付款证明,连同银行承兑汇票邮寄持票人开户银行转交持票人。

银行在办理划款时,付款人存款账户不足支付的,应填制付款人未付款通知书,连同商业承兑汇票邮寄给持票人开户银行转交持票人。

付款人存在合法抗辩事由拒绝支付的,应自接到通知的次日起 3 日内,作成拒绝付款证明(即"拒绝付款理由书")送交开户银行,银行将拒绝付款证明和商业承兑汇票邮寄持票人开户银行转交持票人。商业承兑汇票结算程序如图6-7所示。

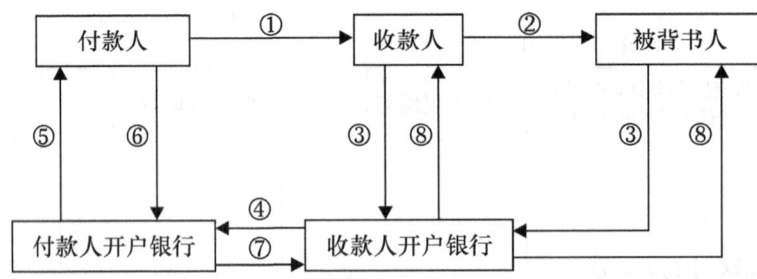

图 6-7　商业承兑汇票结算程序

说明:① 交付已承兑的商业汇票;② 汇票背书;③ 汇票到期委托收款;④ 发出委托通知;⑤ 付出付款通知;⑥ 通知付款;⑦ 划回票款;⑧ 收妥票款。

(二)银行承兑汇票的结算程序

银行承兑汇票的结算程序分三个步骤进行。

1. 银行承兑汇票的签发与承兑

承兑申请人(即付款人)持银行承兑汇票和购销合同,向其开户银行申请承兑。银行按有关规定同意后,与承兑申请人签订承兑协议一式三联,并在银行承兑汇票上注明承兑协议编号,加盖银行印章,用压数机压印汇票金额后,将第二联银行承兑汇票和第三联解讫通知交给承兑申请人。

2. 收款人收款

收款人收到银行承兑汇票后,出纳人员应对汇票中记载的收款单位及金额进行严格审查,审查无误后收存。出纳人员应在银行承兑汇票提示付款期限内(自汇票到期日起 10 日)填写进账单,在"票据种类"栏注明"银行承兑汇票"及号码,并在银行承兑汇票背面加盖预留银行印鉴,然后将汇票连同进账单送交开户银行办理收取票款的手续。

收款人收到开户银行盖有转账收讫的进账单第一联(收账通知)时,据以编制银行存款收款凭证,出纳人员据以登记银行存款日记账。

3. 到期兑付

银行承兑汇票(付款人)应于汇票到期日前将票款足额交存其开户银行。承兑银行应在汇票到期日或到期日后的见票当日付款,承兑银行应在汇票到期日或到期日后的见票当日支付票款,银行承兑汇票有出票人的(付款人)于汇票到期日未能足额交存票款的,承兑银行除凭票向持票人无条件支付票款外,对出票人尚不支付的汇票金额按每天 5‰计收利息。

承兑银行存在合法抗辩事由拒绝支付的,应自接到汇票的次日起 3 日内,作出拒绝付款证明,连同银行承兑汇票邮寄持票人开户银行转交持票人。银行承兑汇票的结算程序如图6-8 所示。

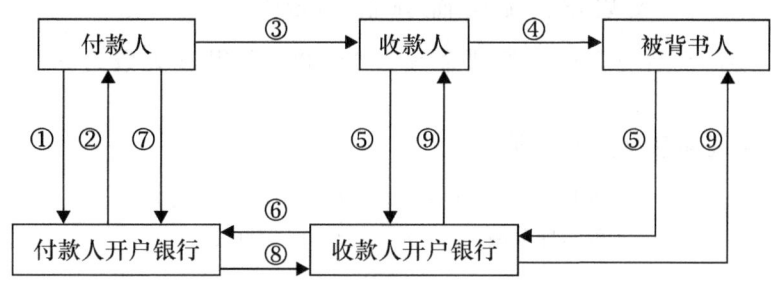

图 6-8　银行承兑汇票结算程序

说明：① 出票并申请承兑；② 承兑；③ 交付汇票；④ 汇票背书；⑤ 汇票到期委托收款；⑥ 发出委托收款；⑦ 交存票款；⑧ 划回票款；⑨ 收妥票款。

三、商业汇票的贴现

采用商业汇票结算方式,可以使企业之间的债权债务关系表现为外在的票据,使商业信用票据化,加强约束力。商业汇票经过承兑,不但信用很高,可以按期收回货款,防止拖欠；而且在急需资金时,还可以向银行申请贴现融通资金,比较灵活,对于购销双方都有益。

所谓贴现,就是指汇票持有人在票据到期前,为取得现款,将未到期的商业汇票背书后转让给银行,银行受理后从票据到期值中扣除按银行贴现率计算的贴息后,将剩余款项付给票据持有人。

（一）商业汇票的贴现程序

（1）持票人申请贴现。申请时应填写"贴现凭证",并加盖预留银行印鉴,连同商业汇票及相关的资料一并送交开户银行申请转让汇票,办理贴现。贴现凭证一式五联：第一联为申请书,由银行作贴现付款凭证；第二联为收入凭证,贴现银行作贴现申请人账户收入传票；第三联为收入凭证,银行作贴现利息贷方凭证；第四联为收账通知,是贴现银行给贴现申请人的收账通知；第五联为到期卡,是贴现银行会计部门按到期日排列保管,到期日作贴现收入传票。

（2）银行受理贴现。

（3）贴现款项转入贴现申请人账户。

（4）汇票到期,贴现银行向付款人收取款项。

已贴现的商业承兑汇票到期,付款人的银行存款不足支付时,贴现银行将按规定将汇票退给贴现申请人,并从贴现申请人账户收回贴现的票款,若此时贴现申请人账户存款不足,其余款作为短期贷款处理。

已贴现的银行承兑汇票到期,付款人的银行账户不足支付时,与贴现申请人无关。承兑银行应向贴现银行无条件支付票款；同时,承兑银行将向付款人执行扣款,并处以罚款。

（二）贴现的计算

实现贴现金额按票面金额扣除贴现日至汇票到期日前一日的利息计算。贴现利率按有关规定执行。

贴现利息和实现贴现金额的计算公式为：

$$贴现利息＝票面到期值×贴现天数×贴现日利率$$
$$实现贴现金额＝票面到期值－贴现利息$$

【例 6-1】 某企业贴现票据的汇票金额为 16 000 元，贴现天数为 90 天，贴现月利率为 9‰。

要求：计算贴现利息及实现贴现金额。

$$贴现利息＝16\,000×90×（9‰÷30）＝432（元）$$
$$实现贴现金额＝16\,000－432＝15\,568（元）$$

四、商业汇票的挂失及注销

承兑汇票遗失或未使用办理注销，由收付款单位双方联系处理。

承兑汇票的持有单位遗失汇票，应及时向承兑银行办理挂失注销手续，待汇票到期日满1 个月后，再办理如下手续：

（1）付款单位遗失汇票的，应备函向承兑银行说明遗失原因，并附汇票第四联银行承兑汇票送交承兑银行申请注销，银行受理后，在汇票第四联注明"遗失注销"字样并盖章即可注销。

（2）收款单位遗失汇票的，收款单位应及时通知付款单位，双方协商解决。汇票到期满1 个月后，付款单位确未支付票款时，付款单位可代收款单位办理遗失手续，其手续与付款单位遗失汇票办理注销手续相同。

第五节　汇兑结算方式

一、汇兑及其分类

汇兑是汇兑单位委托银行将款项汇往异地收款单位的一种结算方式。

（一）汇兑的分类

汇兑根据划转款项的不同方法及传递方式的不同可以分为信汇和电汇两种，由汇款人自行选择。信汇是汇款人向银行提出申请，同时交存一定金额及手续费，汇出行将信汇委托书以邮寄的方式寄给汇入行，授权汇入行向收款人解付一定金额的一种汇兑结算方式。电汇是汇款人将一定款项交存汇款银行，汇款银行通过电报或电传给目的地的分行或代理行（汇入行），指示汇入行向收款人支付一定金额的一种汇款方式。

采用信汇的，汇款单位出纳人员应填制一式四联"信汇凭证"。"信汇凭证"第一联为"回单"，是汇出行受理信汇凭证后给汇款人的回单；第二联为"支款凭证"，是汇款人委托开户银行办理信汇时转账付款的支付凭证；第三联为"收款凭证"，是汇入行将款项收入收款人账户后的收款凭证；第四联为"收账通知或取款通知"，是给直接记入收款人账户后通知收款人的收款通知，或不直接记入账户的收款人凭以领取款项的取款收据。

电汇凭证一式三联（如表 6-9 所示）：第一联为"回单"是汇出行给汇款人的回单；第二联为"支款凭证"，为汇出银行办理转账付款的支款凭证；第三联为"发电依据"，汇出行据此向汇入行拍发电报。

现在的信汇凭证和电汇凭证统一用表 6-9 的境内汇款申请书代替，简化了结算手续。

表 6-9

境内汇款申请书

委托日期：　　　年　月　日　　　　　请将下述项目以下方式汇出：

业务编号：　　　　　　□实时汇划　　□普通汇款　　□同业汇款

客户填写	汇款申请人	全　称		收款人	全　称		银行填写	汇款金额	第一联　客户回单联
		账　号			账　号				
		汇出地址	省（区）　市（县）		汇入地址	省（区）　市（县）		手续费	
		汇出行名称			汇入行名称				
		身份证件号		扣账方式	□转账　□现金　□其他		电子汇划费（邮电费）	
		金额（大写）	（货币）		千 百 十 万 千 百 十 元 角 分				
	汇款用途			汇款人签章			总金额	
	汇款人联系电话								
	收款人联系电话						汇率	

业务主管　　　　　　授权　　　　　　　　复核　　　　　　经办

（二）汇兑结算基本规定

1. 结算起点的规定

汇兑结算没有起点的限制，即不论汇款金额多少均可以办理信汇和电汇结算。

2. 支取现金的规定

收款人要在汇入银行支取现金，付款人在填制信汇或电汇凭证时，须在凭证"汇入金额"大写金额栏中填写"现金"字样。款项汇入异地后，收款人需携带本人的身份证件或汇入地有关单位足以证实收款人身份的证明，到银行一次办理现金支付手续。信汇或电汇凭证上未注明"现金"字样而需要支取现金的，由汇入银行按现金管理规定审查支付；需要部分支取现金的，受款人应填写取款凭证和存款凭证送交汇入银行，办理支取部分现金和转账手续。

3. 留行待取的规定

汇款人将款项汇往异地需派人领取的，在办理汇款时，应在签发的汇兑凭证各联的"收款人账号或地址栏"注明"留行待取"字样。留行待取的汇款，需由指定单位的收款人领取汇款的，应注明收款人的单位名称；信汇凭印鉴支取的，应在第四联凭证上加盖预留的收款人印鉴。款项汇入异地后，收款人须携带足以证明本人身份的证件，或汇入地有关单位足以证实收款人身份的证明向银行支取款项。如信汇凭印鉴支取的,收款人必须持与预留银行印鉴相符的印章,经银行验对无误后,方可办理支款手续。

4. 分次支取的规定

收款人接到汇入银行的取款通知后,若收款人需要分次支取的,要向汇入银行说明分次支取的原因和情况,经汇入银行同意,以收款人名义设立临时存款账户,该账户只付不收,结清为止,不计利息。

5. 转汇的规定

收款人如需要将汇款转到另一地点,应在汇入银行重新办理汇款手续。转汇时,收款人和用途不得改变,汇入银行必须在信汇和电汇凭证上加盖"转汇"戳记。

6. 退汇的规定

汇款人对汇出的款项申请退汇时,应出具正式函件,说明要求退汇的理由或本人身份证明和原信、电汇凭证回单,向汇出银行办理退汇。如汇入银行回复款项已经解付或款项已直接汇入收款人账户,则不能办理退汇。此外,汇入银行对于收款人拒绝接受的汇款,应立即办理退汇。汇入银行对从发出取款通知之日起,2个月仍无法交付的款项,可主动办理退汇。

二、汇兑结算的程序

(一)付款单位办理汇兑业务的程序

(1)付款单位(汇款人)委托开户银行办理汇兑时,出纳人员应填写一式四联的信汇或一式三联的电汇凭证,详细填明汇款人名称、汇入地点、汇入银行名称、收款人名称、汇出地点、汇出银行名称、委托日期、确定的金额、汇款用途等内容。出纳人员填好"信(电)汇凭证"后,在第二联"汇款人盖章"处加盖预留银行印鉴,交其开户银行办理划转手续。

(2)银行受理汇兑。银行审查无误后,即可办理汇款手续,在凭证回单联加盖"转讫"章后退给汇款单位,同时收取汇款手续费。银行受理后将第一联回单盖章后退回汇款单位,作为汇款单位会计人员编制银行存款付款凭证、出纳人员登记银行存款日记账的依据。

(3)通知收款人收款。出纳人员办理好汇兑手续后,应该传真汇兑凭证或电话通知收款单位,告知对方准备收取汇款。

(4)查询汇款情况。如果已经超过凭证传递时间,而对方尚未收到汇款,出纳员可以向汇出银行查询汇款情况,查询时应向开户银行提供汇款凭证内容,通过电话或者委托银行经办人员查询,由汇出银行联系汇入银行处理。

(5)撤销汇款。汇款人对汇出银行尚未汇出的款项可以申请撤销。申请撤销时,应出具正式的函件(个人持本人身份证件)、原信、电汇汇单。汇出银行查明确实没有汇出款项的,可以收回回单,办理撤销。

(6)退汇。汇款人对汇出款项要求退汇时,出纳人员持原信(电)汇汇单和汇款单位的正式函件(个人持本人身份证件)向汇出银行申请退汇,由汇出银行填写"退汇通知书",通知汇入银行,经汇入银行核实汇入款项确未支付,并将款项汇回,汇出银行方可办理退汇。

(二)收款单位办理汇兑收款的程序

1. 审核汇款凭证

对于汇款人发来(传真件或者复印件)的汇款通知,若发现问题,及时通知汇款人予以解决。

2. 收取汇款

如果收款人在汇入银行开立了账户,汇入银行将款项直接转入收款人账户,并向收款人发出进账通知。

收款单位收到汇入银行转来的"信汇凭证"第四联收款通知(或电汇汇入银行的电划贷方补充报单第二联)后,出纳人员应先核对凭证上所填汇款单位是否为本单位、汇款金额及用途是否正确,确认此款项系为本单位应收的款项,由会计人员根据收账通知及有关原始凭证编制银行存款的收款凭证,出纳人员据以登记银行存款日记账。如果需要办理取款,出纳人员应在收款通知上加盖本单位的预留印鉴后,到银行办理取款。

如果收款人没有在汇入银行开立账户,凭取款通知取款的,应该在取款通知上填写证件名称、号码以及发证机关,并签章(凭印鉴取款的,签章应该与收款人预留的印鉴相一致),然后持有效的身份证件取款。银行审查无误后,以收款人的姓名开立应解汇款临时存款账户,该账户只付不收,付完清户,不计付利息。

收款人委托他人向银行办理支取款项的,应在取款通知上填写收款人和代理人的证件名称、号码及发证机关,并签章注明"代理"字样,然后同时持代理人和被代理人的身份证件取款。

支取现金的,汇兑凭证上必须有按规定填写的"现金"字样。

转账支付的,应由原收款人向银行填制支款凭证,并由本人交验其身份证件办理支付款项。该账户的款项只能转入单位的存款账户,严禁转入储蓄或者信用卡账户。

3. 转汇

收款人需要在汇入银行办理转汇的,应由原收款人向银行填制信(电)凭证,委托汇入银行重新办理信(电)汇结算。转汇的收款人和用途必须是原收款人和用途。汇入银行必须在信(电)凭证上加盖"转汇"戳记。汇兑结算程序如图 6-9 所示。

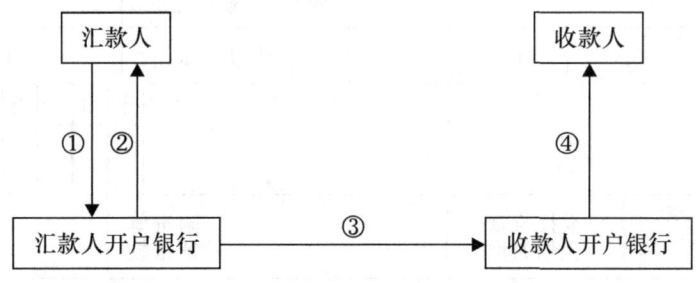

图 6-9　汇兑结算程序

说明:① 汇款人委托银行办理汇款;② 银行受理并退回回单;③ 银行之间划转款项;④ 银行通知收款人汇款已到。

三、汇兑结算应注意事项

汇款人办理异地汇款时,可根据款项汇入地点的远近和时间的要求,选择信汇或电汇结算方式。

根据结算规定,信汇汇款可附带与汇款有关的少量单证,如向外地订购书刊的认购单、商品订购单以及向外地人员汇付工资时的工资发放表等。电汇款项不允许附带单证。

第六节　委托收款结算

一、委托收款及其适用范围

委托收款是收款人(单位或个人)委托银行向付款人收取款项的结算方式。

(一)委托收款的适用范围

委托收款在同城和异地均可使用,不受金额起点限制。委托收款适于单位和个人持有已承兑的商业汇票、债券、存单等付款人债务证明办理款项的结算。

(二)委托收款的分类

委托收款按款项划回方式的不同,分为邮划(邮寄)和电划(电报划)两种,由收款人自由选用。

委托收款使用托收收款凭证(如表 6-10 所示)。托收凭证一式五联:第一联为受理回单,由收款人开户银行交给收款单位;第二联为贷方凭证,由收款人开户银行作收入传票;第三联为借方凭证,由付款人开户银行作借方凭证;第四联为收账通知,由收款人开户银行在款项收妥后给收款人的收账通知;第五联为付款通知,由付款人开户银行给付款人按期付款的通知。

表 6-10

委托收款凭证(回单)

委邮　　　　　　　　　　　　　　　　　　　　　　　　委托号码:

委托日期　　　　　　　　　　　　年　月　日　　　　　　第　号

收款人	全　　称			付款人	全　　称												
	账号或住址				账号或住址												
	开户银行		行号		开户银行		行号										
金额	人民币 (大写)					千	百	十	万	千	百	十	元	角	分		
款项内容		委托收款凭据名称			附寄单证张数												
		款项收妥日期 年　月　日			收款人开户行盖章 年　月　日												

单位主管　　　　　　　　会计　　　　　　　复核　　　　　　　　记账

(三)委托收款的基本规定

委托收款不受金额起点限制,均可采用委邮或委电结算方式。

委托收款的付款期限为 3 天,从付款人开户银行发出付款通知的次日算起,付款期内遇节假日顺延。付款人在付款期内未向银行提出异议,银行视作同意付款,并在付款期满的次日开始营业时,将款项主动划给收款人。如在付款期满前,付款人通知银行提前付款,银行即刻付款。

拒绝付款的规定。付款人受到银行转来的付款通知后,如发现款项有误,对收款人委托收取的款项需要全部拒绝付款的,应在付款期内填制"付款结算全部拒绝付款理由书",并加盖预留印鉴章,连同有关单证送交开户银行,银行不负责审查拒绝理由,将拒绝理由书和有关凭证单证寄给收款人开户银行转交收款人。需要部分拒绝付款的,应在付款期限内出具"委托收款结算部分拒绝付款理由书",并加盖银行预留印鉴章,送交开户银行,银行办理部分划款,并将部分拒绝付款理由书寄给收款人开户银行转交收款人。

无款支付的规定。付款人在付款期满日,银行营业终了前如无足够资金支付全部款项,即为无款支付。银行于次日上午开始营业时,通知付款人将有关单证(单证已作账务处理的,付款人可填制"应付款项证明书")在两天内退回开户银行,银行将有关结算凭证连同单证或应付款项证明单退回收款人开户银行转交收款人。

付款人逾期不退回单证的,开户银行应按照委托收款的金额自发出通知的第 3 天起,每天处以 5‰但不低于 50 元的罚金,并暂停付款人委托银行向外办理结算业务,直到退回单证时止。

二、委托收款结算的一般程序

(一)收款单位办理委托收款程序

(1)付出商品或劳务供应。

(2)收款人委托银行收款。

(3)接收委托回单。

(4)收款人开户银行将"委托收款凭证"传递给付款人开户银行。

(5)通知付款。

(6)划拨款项。

(二)付款单位承付程序

(1)付款人开户银行接到收款人开户银行寄来的委托收款凭证及有关附件时,经审核无误后,即可办理付款。

(2)付款人为银行的,银行应当在当天将款项支付给收款人。

(3)付款人为银行的客户的,应及时通知付款人。

(4)付款人单位在收到开户银行转来的委托收款凭证及有关附件时,出纳人员应认真审查以下内容:委托收款凭证填列的付款人是否为本单位;委托收款的项目是否与实际经济业务相符;所列内容和所附的有关附件填写要素是否齐全、正确;委托收款金额和应付金额是否一致,付款期限是否到期。

如果出纳人员在审查中发现开户银行转来的委托收款凭证非本单位付款凭证,应及时退回开户银行。

如果审查无误,应在收到通知的当天书面通知银行付款。如果委托收款得到金额少于应付金额,应填写一式四联的"多付款理由书"(可用"委托收款拒绝付款理由书"代替),于付款到期前,由出纳人员送交银行。

(三)付款单位拒绝付款程序

付款单位审查有关单证后,对收款人委托收取的款项需要拒绝付款的,应在付款期限内(3 日内)出具拒绝付款理由书,连同有关债务证明凭证一并送交开户银行,银行不负责审查拒付理由,将拒付理由书连同有关凭证寄给收款人开户银行转交收款人。

委托收款结算全部或部分拒绝付款理由书一式四联:第一联回单或支款通知,是付款人开户银行给付款人的回单或支款通知;第二联借方凭证,由付款人开户银行作借方凭证或存查;第三联收账通知,由收款人开户银行作贷方凭证或存查;第四联收账通知,是收款人开户银行作收账通知或全部拒付通知。付款单开户银行受理后,在"委托收款结算全部或部分拒绝付款理由书"第一联加盖银行业务专用章后,退回拒付单位;属于全部拒付的,付款单位将拒付理由书保管备查;属于部分承付的,会计人员据以编制承付部分的银行存款付款凭证,出纳人员根据承付金额登记银行存款日记账。

编制委托收款结算全部或部分拒绝付款理由书应注意:如果是全额拒付,在"拒付金额"栏填写委托收款金额,"部分付款金额"栏内大小写金额为零,并具体说明全额拒付的理由。如果是部分拒付,"部分付款金额"栏内填写实际支付金额,并具体说明拒付的理由,出具拒绝付款部分商品清单。

(四)付款单位延期付款程序

(1)付款单位在付款期满日营业终了前,如无足够资金支付全部款项,即为无款支付。付款单位应在委托收款凭证上注明"无款支付"字样,并填制付款人未付款通知,连同有关凭证交收款人开户银行转收款人。

(2)如果有关债务证明留存在付款人开户银行,付款单位应在 2 天内,将有关收款凭证第五联付款通知连同有关单证退回开户银行(单证已作账务处理的,付款单位出纳人员可以填制"应付款项证明单"),由开户银行将有关结算凭证连同单证(或"应付款项证明单")退回收款单位开户银行转交收款单位。

委托收款结算方式的程序如图 6-10 所示。

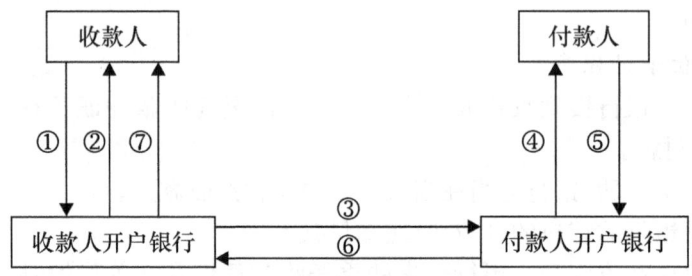

图 6-10 委托收款结算程序

说明:① 填写委托收款凭证,并加盖预留银行印鉴,委托银行收款;② 银行受理后,退回回单;③ 由收款人开户银行向付款人开户银行寄送收款凭证及材料;④ 付款人开户银行通知付款人付款;⑤ 付款人通知银行付款或默认付款;⑥ 银行之间划转款项或退回有关债务证明;⑦ 通知收账或退回材料。

三、委托收款结算注意事项

委托收款方式使用灵活,在实际工作中,还会发生一些特殊形式的委托收款方式,主要有三方交易、直达结算的委托收款方式,代办发货的委托收款方式以及同城特约委托收款方式等。

(一)三方交易、直达结算的委托收款

三方交易、直达结算是指批发单位、销货单位以及购货单位都不在一地,批发单位委托销货单位直接向购货单位发货,而货款由批发单位分别与购销双方进行结算的一种交易。这种做法适用于批发单位和购货单位的交易需要经过代理中间商的交易活动。销货单位根据三方签订的合同,由批发单位直接向购货单位发货,同时由销货单位填制两套"委托收款"凭证,并附上有关单位,将其同时提交开户银行办理委托收款手续。其中,一份以销货单位的名义,向批发单位收款,货款划回销货单位开户银行,收进销货单位账户;另一份以批发单位的名义,向购货单位收款,货款直接划回批发单位开户银行,收进批发单位账户。购货单位对批发单位、批发单位对销货单位发生拒付或无款支付时,均按照前述有关规定办理。

（二）代办发货的委托收款

代办发货是指销货单位与代办发货单位不在一地,销货单位与代办发货单位订立代办发货委托收款合同,由销货单位委托代办发货单位向购货单位发货,并由代办发货单位代销货单位办理委托收款手续,向购货单位收款。代办发货单位根据销货单位的通知向购货单位发货后,以销货单位名义填制委托收款凭证,并在凭证上加盖代办发货单位的印章,送交代办发货单位开户银行,向购货单位收取款项,再将货款划回销货单位开户银行,收入销货单位银行存款账户。在这种方式下,代办发货单位只办理代办发货和代办委托收款手续,不发生结算关系,购货单位拒付或无款支付等都由销货单位和购货单位按照上述有关规定办理。

（三）同城特约委托收款

在同城范围内,收款人收取公用事业费或根据国务院的规定,收取有关款项时,可以使用同城特约委托收款。使用这种结算方式的要求是:

（1）收取公用事业费必须具有收付双方事先签订的经济合同。

（2）由付款人向开户银行授权,通知银行按约收款。

（3）经开户银行同意,报经中国人民银行当地分支行批准。

第七节　托收承付结算

一、托收承付的适用范围及其分类

托收承付是根据购销合同由收款人发货后委托银行向付款人收取款项,由付款人向银行承诺付款的结算方式。

（一）托收承付的适用范围

采用托收承付结算方式的收、付款单位,必须是国有企业、供销合作社以及经营管理好,并经开户银行同意的城乡集体所有制企业。办理托收承付结算的款项,必须是商品交易,以及因商品交易而产生的劳务供应的款项。代销、寄销、赊销商品的款项,不得办理托收承付结算。收付款双方使用托收承付结算必须签有符合《中华人民共和国经济合同法》(以下简称《经济合同法》)规定的购销合同,并在合同上订明使用托收承付结算方式。托收承付结算每笔业务的金额起点为 10 000 元,新华书店系统每笔业务的金额起点为 1 000 元。

（二）托收承付结算的分类

托收承付结算按照款项划回方法的不同,分为邮划和电划两种,由收款单位自主选择。托收承付结算凭证也采用托收凭证。

（三）托收承付结算的基本规定

1. 基本规定

（1）必须是国有企业、供销合作社以及经营管理较好，并经开户银行审查同意的城乡集体所有制工业企业。

（2）必须是商品交易以及因商品交易而产生的劳务供应的款项。

（3）必须签有符合《经济合同法》规定的购销合同，并在合同上注明使用托收承付结算方式。

（4）必须重合同、守信用。

（5）必须具有商品确已发运的证件（如没有发运证件，属于下列情况的，可凭其他有关证件办理托收）。

2. 没有发运证件，可凭其他有关证件办理托收的情况

（1）内贸、外贸部门系统内商品调拨，自备运输工具或自提的；易燃、易爆、剧毒、腐蚀性强的商品，以及电、石油、天然气等必须使用专用工具或线路、管道运输的，可凭付款人确已收到商品的证明（粮食部门凭提货单及发货明细表）。

（2）铁路部门的材料厂向铁道系统供应专用器材，可供其签发注明车辆号码和发运日期的证明。

（3）收款人承造或大修理船舶、锅炉和大型机器，生产周期长，合同规定按工程进度结算的，可凭工程进度完工证明书。

（4）付款人购进商品，在收款人所在地转厂加工、配套的，可凭付款人和承担加工、配套单位的书面证明。

（5）合同规定商品收款人暂时代为保管的，可凭寄存证明及付款人委托保管商品的证明。

（6）使用"铁路集装箱"或将零担凑整车发运商品的，由于铁路只签发一张运单，可凭持有发运凭证单位出具的证明。

（7）外贸部门进口商品，可凭国外发来的账单、进口公司开具结算账单。

二、托收承付结算程序

托收承付结算的程序如下。

（1）收款人发出商品。

（2）收款人委托银行收款。

（3）收款人开户银行将托收凭证传递给付款人开户银行。

（4）付款人开户银行通知付款人承付。

（5）付款人承认付款。

（6）银行间划拨款项。

（7）通知收款人货款收妥入账。

付款方在承付期满后，如果其银行账户内没有足够的资金承付货款，其不足部分作延期付款处理。延期付款部分要按一定比例支付给收款方赔偿金。待付款方账内有款支付时，由付款方开户银行将欠款及赔偿金一并划转给收款人。托收承付结算程序如图6-11 所示。

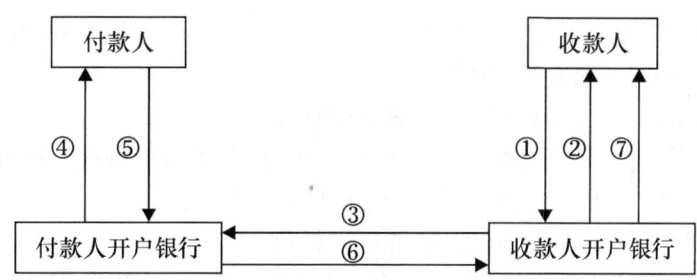

图 6-11　托收承付结算程序

说明：① 收款人按合同发货后委托银行收取货款；② 银行受理后，退回回单；③ 收款人开户银行向付款人开户银行传递托收凭证；④ 付款人开户银行向付款人发出承付通知；⑤ 付款人表示承付货款；⑥ 银行之间划转承付的款项；⑦ 收款人开户银行通知收款人款项已收妥。

第八节　企业网银结算

企业网上银行是指通过互联网或专线网络，为企业客户提供账户查询、转账结算、在线支付等金融服务的渠道，根据功能、介质和服务对象的不同可分为普及版、标准版和中小企业版。普及版主要提供账户余额、当日明细、历史明细的查询、下载，密码修改，网上挂失等服务，使用简单，注册手续简便，企业申请了普通证书后，既可在柜面办理注册申请手续，也可以登录银行网站自助注册。

在银行开立账户、信誉良好的企业客户，包括企业、行政事业单位、社会团体等均可开通企业网上银行。

企业网上银行业务功能分为基本功能和特定功能。基本功能包括账户管理、网上汇款、在线支付等功能；特定功能包括贵宾室、网上支付结算代理、网上收款、网上信用证、网上票据和账户高级管理等业务功能。功能名称如图 6-12 所示。

不同的银行，其网上银行业务办理的规定不同，以工商银行为例进行介绍。

功能名称

☐ ⊞ 收款业务
☐ ⊞ 付款业务
☐ ⊞ 外汇汇款
☐ ⊞ 企业财务室
☐ ⊞ 集团理财
☐ ⊞ 投资理财
☐ ⊞ 中央预算单位银财通
☐ ⊞ 付款业务（一级授权）
☐ ⊞ 贵宾室（一级授权）
☐ ⊞ 贵宾室
☐ ⊞ 票据业务
☐ ⊞ 信用证业务
☐ ⊞ 国际业务
☐ ⊞ 网络融资
☐ ⊞ 在线财务软件
☐ ⊞ 供应链融资
☐ ⊞ 客户服务
☐ ⊞ 监管审批
☐ ⊞ 指令查询与处理
☐ ⊞ 智富通卡管理
☐ ⊞ 资金托管
☐ ⊞ 代理行业务
☐ ⊞ 交易所会员服务

图 6-12　企业网上银行功能图

一、企业网银开通

企业网上银行客户按规模分为集团客户和一般客户两大类，如表 6-11 所示。

表 6-11

企业网上银行客户分类

类型	企业性质
集团客户	客户企业总部及其分支机构在开户行对公营业网点开立存款账户，且总部需要通过企业网上银行系统查询其分支机构账户或同时需要通过企业网上银行系统从其分支机构账户转出资金的企业。
一般客户	没有开立任何分支机构的企业，或客户企业总部不需要通过企业网上银行系统查询分支机构账户，也不需要通过企业网上银行系统从分支机构账户转出资金的集团性企业。

企业开通网银,需要在工行开立账户并提供开户行要求的其他材料,开通步骤流程图如图 6-13 所示。

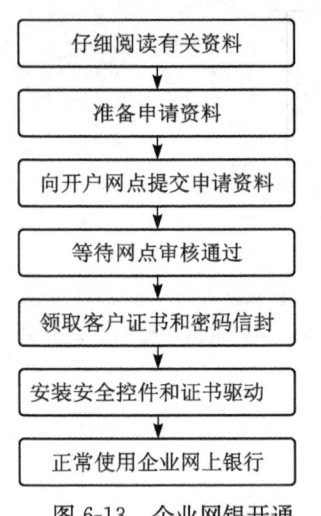

图 6-13 企业网银开通
流程图

步骤 1:仔细阅读有关资料。

仔细阅读《中国工商银行电子银行章程》、《中国工商银行电子银行企业客户服务协议》及有关介绍材料。

步骤 2:准备申请材料。

如果企业以前在工商银行开户,应准备营业执照复印件、法人身份证和出纳身份证的复印件,填写一张网上企业客户注册申请表以及开户行需要的其他材料。《网上银行企业客户注册申请表》、《企业或集团外常用账户信息表》、《企业贷款账户信息表》、《客户证书信息表》和《分支机构信息表》等表格可向开户行索取。取得《网上银行企业客户注册申请表》后,企业要如实填写表中的各项内容,尤其是要准确填写联系地址和联系人,加盖单位公章,并保证内容的真实性。

如果企业在工商银行开户的同时办理企业网银,除准备上述申请材料外,还要准备企业组织机构代码证、税务登记证、开户许可证等。

步骤 3:提交申请材料。

企业将全部申请材料交给开户行,由开户行对申请材料进行审批。

步骤 4:等待审批结果。

工商银行在收到企业申请表的两周内,将通过电话、电子邮件的方式给企业答复,对于没有通过银行审批的企业,申请材料原件将退回企业。

步骤 5:领取客户证书和密码信封。

工商银行将在审批同意之日起两周内通知企业到开户行领取客户证书和密码信封,领取后的次日企业就可以使用网银。如果是集团客户,此时只能操作总部的账户,必须得到分支机构的授权后,才能对分支机构的账户进行操作。

步骤 6:安装安全控件和证书驱动。

工商银行会将客户端安全代理软件发送给企业,企业可按工商银行所提供的安装说明下载并安装软件。工商银行也可以为企业提供上门安装服务。

下面是企业自行安装安全控件和证书驱动程序:

为了保证正常使用企业网上银行,推荐使用 Windows2000(SP4),IE6.0(SP1)以上版本的操作系统并将计算机屏幕分辨率调整为 1024×768 或以上。如果企业第一次使用工商银行企业网上银行,建议您按照以下两种方法(任选其一)调整您的计算机设置。

方法一:集成化安装,一次性完成所有控件、驱动程序安装。

第 1 步:下载安装工商银行网银助手。

请下载安装工商银行网银助手,该软件将引导您完成整个证书驱动、控件以及系统补丁的安装。

第 2 步:运行工商银行网银助手,启动安装向导。

请运行工商银行网银助手,启动安装向导,并根据提示步骤完成相关软件的下载。

具体页面参考如下:

图 6-14　企业网银控件安装图

第 3 步：下载客户端软件。

如果您需要在企业网上银行做批量转账业务，您可以下载企业批量工具软件实现对多账户的转账。

通过以上的步骤，您已经完成了企业网上银行的系统设置，请点击登录按钮登录企业网上银行。（如果您在访问企业网上银行系统出现 IE 无法响应等问题时，请首先下载运行补丁程序。）

方法二：分步安装，分别安装控件、驱动程序。

第 1 步：下载安装安全控件。

请下载安装企业网银控件程序，该控件将更好地保护您的计算机安全。

具体步骤参考如下：

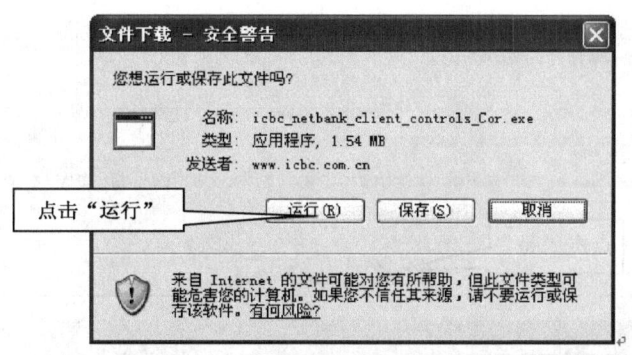

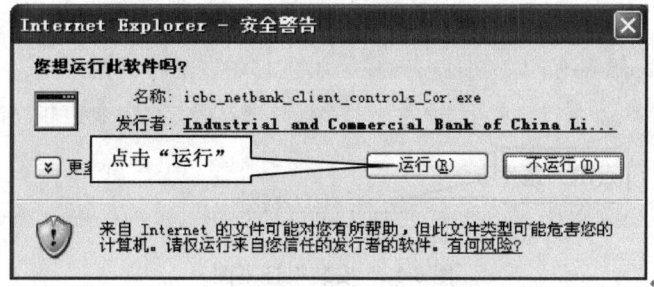

图 6-15　下载安装企业网银控件程序图

第 2 步：安装证书驱动程序。

请根据您的证书类型选择相应的证书驱动程序下载、安装。在安装前请阅读安装说明，并按照说明的要求进行后续安装。

金邦达客户证书具体安装步骤参考如下：

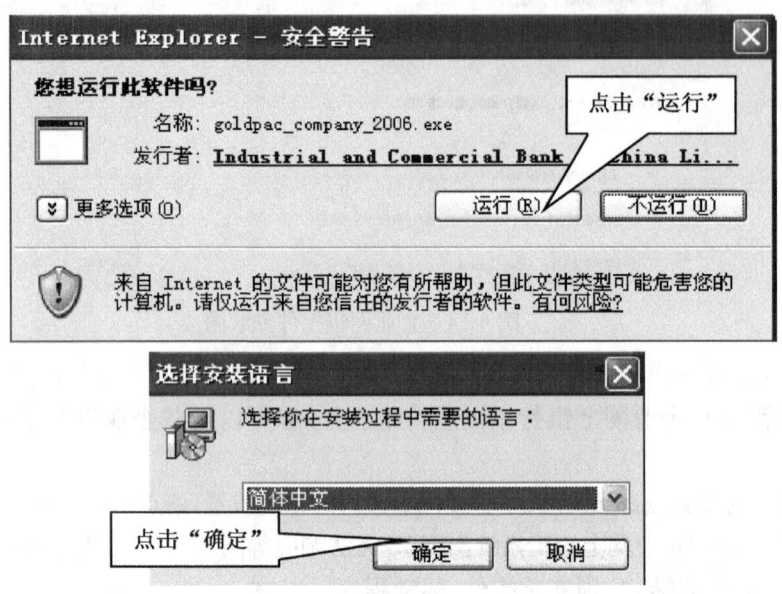

图 6-16 金邦达客户证书安装图

第 3 步：安装工商银行根证书。

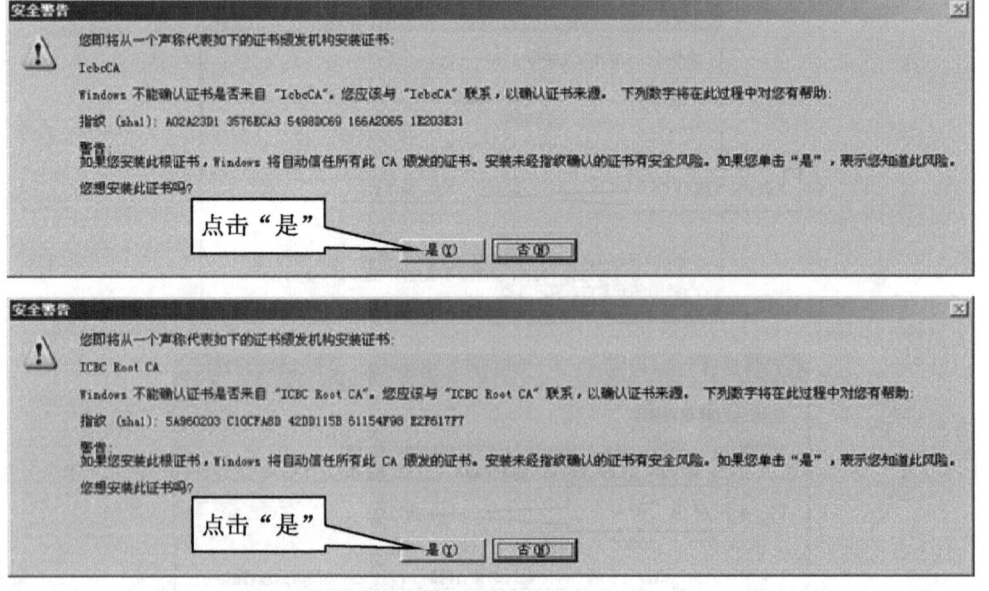

图 6-17 安装根证书图

如果您是第一次登录企业网上银行,计算机将会有安全提示从"IcbcCA"、"ICBC Root CA"中颁发根证书,该根证书用于您认证工商银行的网站,请您点击"是",这表示您接受工商银行的企业网上银行服务。

通过以上的步骤,您已经完成了企业网上银行的系统设置,请点击登录按钮登录企业网上银行。(如果您在访问企业网上银行系统出现 IE 无法响应等问题时,请首先下载运行补丁程序。)

特色情况说明:

(1)如果是银行审批同意的集团客户,企业需要组织下属的分支机构协助工商银行办理"账户查询、转账授权书"的核实事宜。账户查询,转账授权书是集团客户的分支机构授权工商银行通过网上银行系统向其总部提供该分支机构账户信息或同时授权银行允许其总部通过网上银行系统从该分支机构账户中转出资金的书面证明文件。"账户查询、转账授权书"一式两份,客户分支机构可向其开户行索取,分支机构签署"账户查询、转账授权书"同意授权后,集团总部即可通过网上银行对分支机构的账户进行操作。

(2)如果申请开通收款业务功能的企业,还需要填写"收款业务信息表",并与工商银行签订《中国工商银行网上收款服务协议》。

(3)如果申请开通定向汇款功能的企业,还需填写"定向汇款业务信息表"。

(4)如果申请开通贵宾室功能的企业,还需填写"中国工商银行企业电子银行贵宾室开通(变更、撤销)申请表"及相应的附表。

(5)如果申请开通信用证功能的企业,还需填写"信用证业务信息表",其中英文名称为必须填写项目。

二、企业网银操作

企业网银操作包括账户管理、收款业务、付款业务、集团理财、信用证业务、贷款业务、投资理财、贵宾室、代理行业务、企业年金、商务卡管理、本地特色、客户服务等。网银操作指南如图 6-18 所示。

下面以普及版为例介绍企业网银操作。

步骤1:登录。

登陆中国工商银行官方网站:http://www.icbc.com.cn/icbc/—选择左上方"企业网上银行"—选择"企业网上银行普及版登录"—输入卡号、密码和验证码—点击登录进入,如图 6-19～图 6-21 所示。

步骤2:使用。

如果在使用过程中遇到问题,可以点击"热点解答"和"更多帮助"。

步骤3:退出。

企业在使用完毕后,点击"安全退出",确保账户安全。

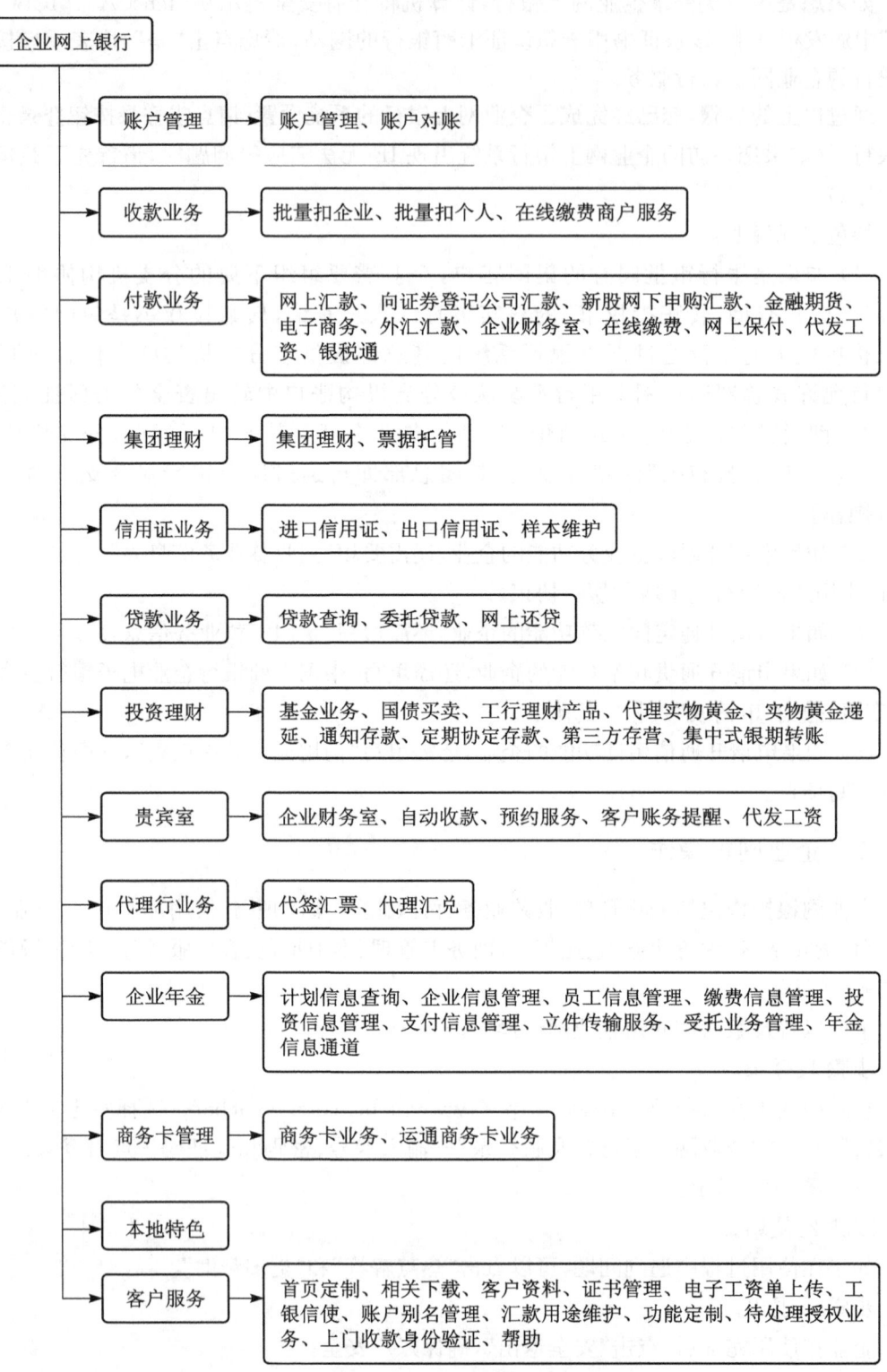

图 6-18 中国工商银行企业网银操作指南

图 6-19　登录界面 1

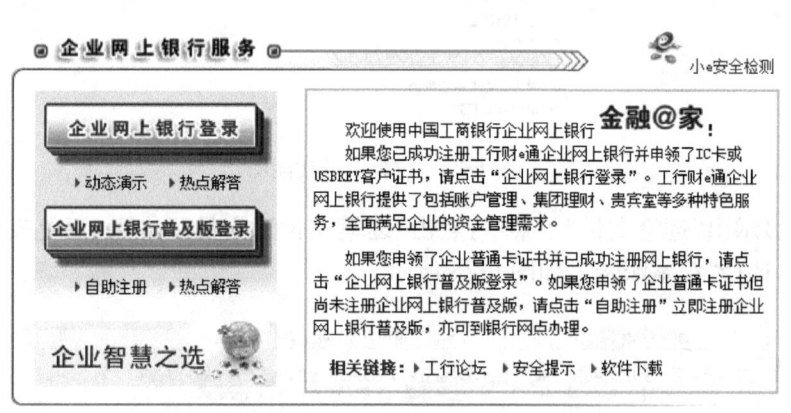

图 6-20　登录界面 2

三、企业网银付款业务办理

企业网银付款有逐笔支付和批量支付两种。如图 6-22 所示。

先提交指令，再审批指令，然后查询指令，就可以查看收款人名册。

下面以"逐笔支付"为例介绍企业网银付款业务办理流程：

步骤 1：企业成功登陆工行企业网上银行后，点击交易区上方的一级菜单中的"付款业务"，交易区左侧显示出"网上汇款"子菜单，展开"网上汇款"显示出"提交指令"子菜单，展开

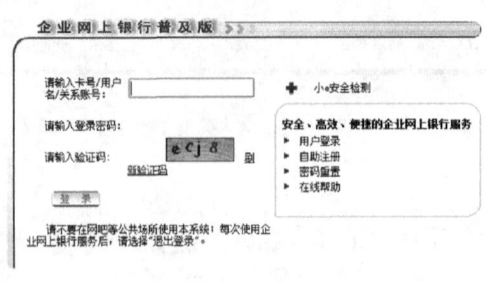

图 6-21　登录界面 3

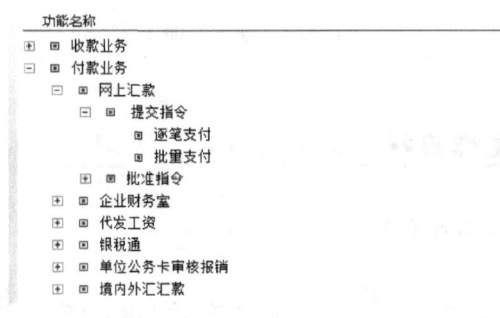

图 6-22　付款业务功能图

"提交指令"显示出"逐笔支付"子菜单,点击"逐笔支付",交易区进入"逐笔支付"页面,选择"汇款单位",选择"汇款账号",如图 6-23 所示。

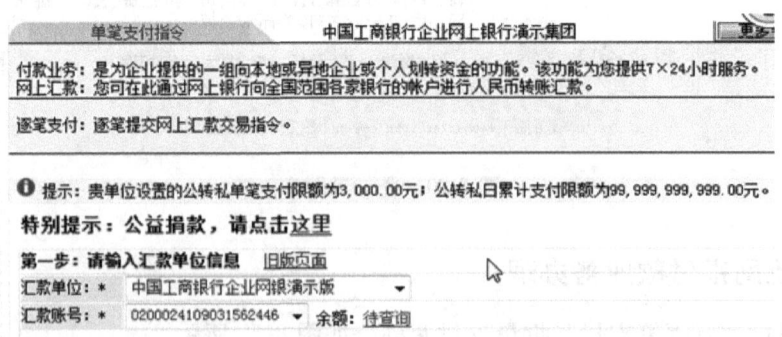

图 6-23　选择汇款单位和汇款账号图

步骤 2:选择"收款单位",选择"收款账号",选择收款银行,选择收款银行所在的省市及收款银行全称。如图 6-24 所示。

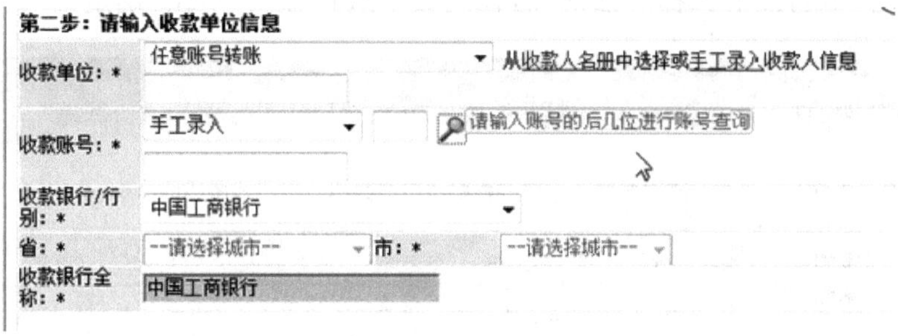

图 6-24　选择收款单位、收款账号、收款银行及其银行所在省市图

步骤 3：填写"汇款金额"，选择"汇款方式"和"汇款用途"。如图 6-25 所示。

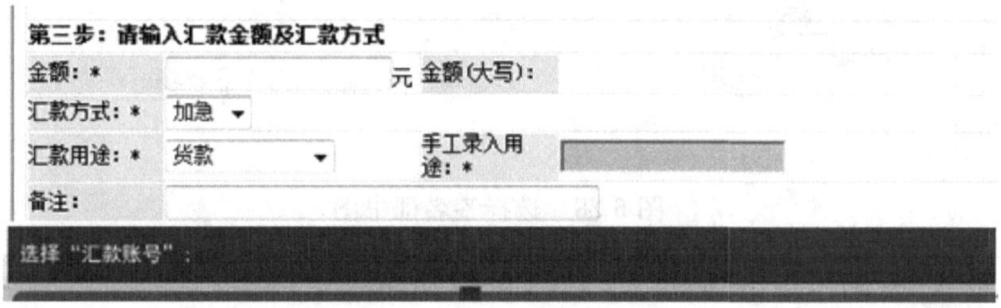

图 6-25　输入汇款金额、选择汇款方式和汇款用途图

步骤 4：选择是否向相关人员发短信通知后点击"确定"。如图 6-26 所示。

图 6-26　选择是否向相关人员发短信通知图

步骤 5：按照提示输入"验证码"后点击"确定"。如图 6-27 所示。

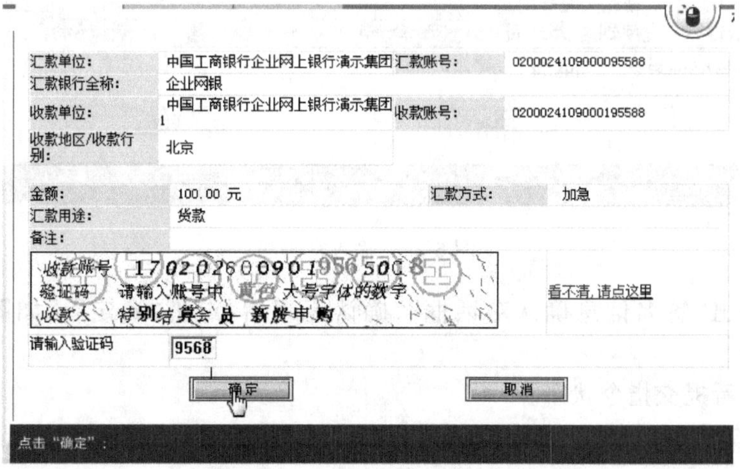

图 6-27　按提示输入验证码图

步骤 6：弹出"签名证书选择对话框"后在列表中选择证书，点击"确定"。

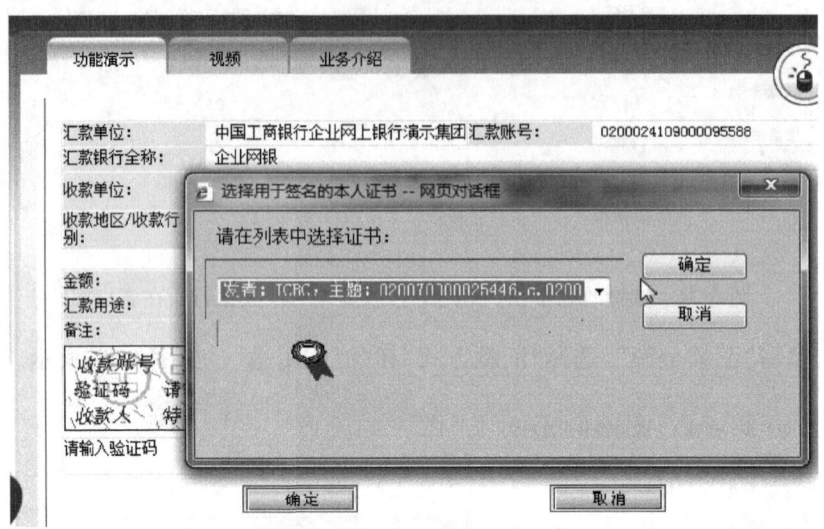

图 6-28　选择签名证书图

步骤 7：输入"密码"，点击"确定"。如图 6-29 所示。

图 6-29　输入密码图

步骤 8：弹出"签名信息确认对话框"，确认无误后，点击"确定"。如图 6-30、图 6-31 所示。

步骤 9：查看提交指令状态。

至此，"逐笔支付"交易就成功了，企业可以点击"指令序号"，查看该笔提交指令的状态。如图 6-32 所示。

步骤 10："打印电子回单。

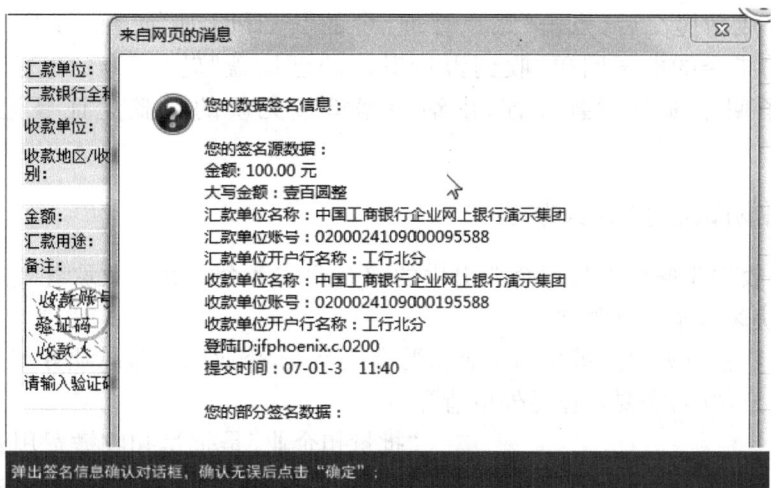

图 6-30　签名信息确认图 1

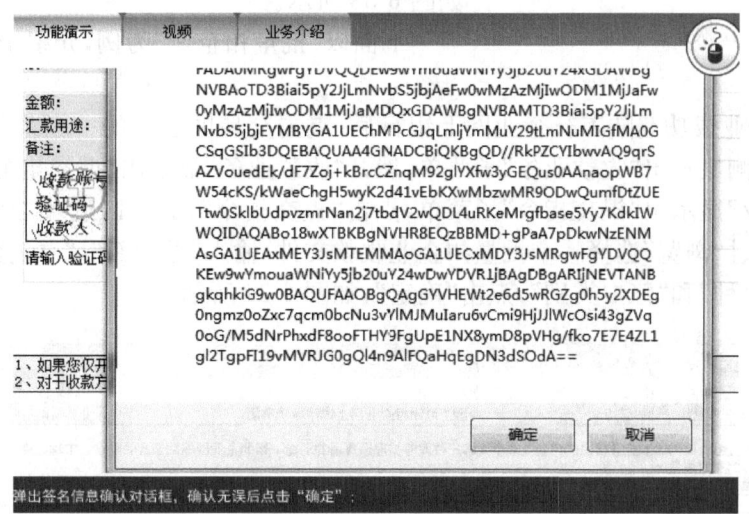

图 6-31　签名信息确认图 2

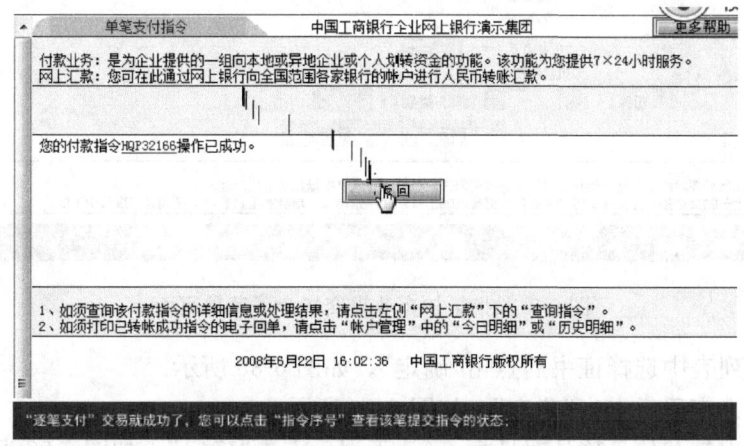

图 6-32　付款指令成功提交图

付款指令成功提交后,点击"账户管理"中的"今日明细"或者"历史明细",可打印出已转账成功指令的电子回单,收到银行退回的已加盖"转讫"章的电子回单,由制单会计根据电子回单编制付款凭证,出纳根据审核无误的付款凭证登记银行存款日记账。

四、企业网银收款业务办理

企业网银收款业务是为收款企业提供的向企业或者个人客户收取各类应缴费用的功能,帮助企业快速回笼应收账款。

企业网银收款业务包括批量扣企业和批量扣个人,企业网银收款业务属于企业网上银行功能中的特定功能,需要企业另外申请开通。

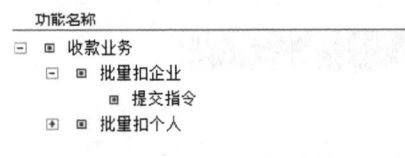

图 6-33　收款业务功能图

"批量扣企业"是批量扣收缴费用企业应缴费用的业务。如果企业要批量扣收缴费用企业应缴费用,企业必须向工商银行申请开通"批量扣企业"功能。如图 6-33 所示。

下面以"批量扣企业"为例,介绍企业网银收款业务办理流程。

步骤 1:企业成功登陆工行企业网上银行后,点击交易区上方的一级菜单中的"收款业务",交易区左侧显示出"收款业务"子菜单,展开"收款业务"显示出"批量扣企业"子菜单,展开"批量扣企业"显示出"提交指令"子菜单,点击"提交指令",交易区进入"批量扣企业提交指令"页面,通过"浏览"选择一个批量扣企业收款文件,输入"总金额","总笔数",选择"汇款方式",选择"币种"和"账户类别",点击"确定",如图 6-34 所示。

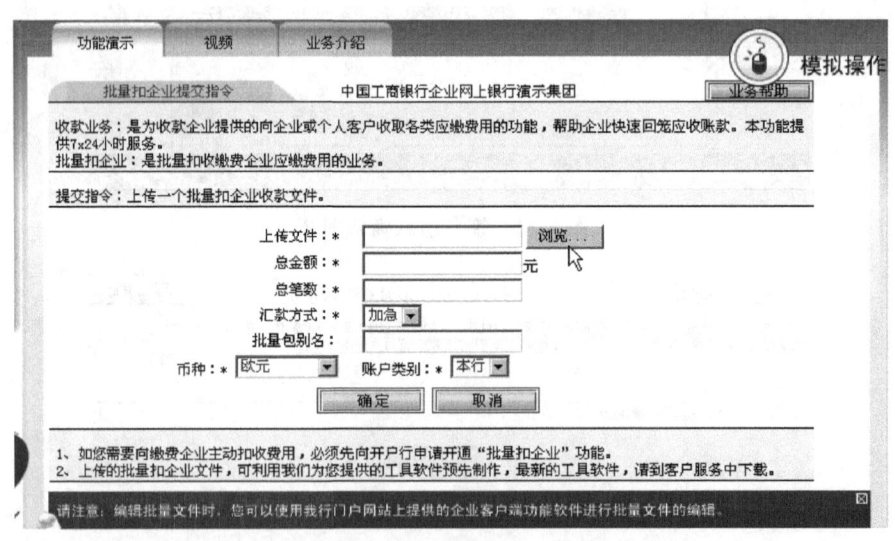

图 6-34　批量扣企业提交指令子菜单页面

步骤 2:在列表中选择证书后点击"确定"。如图 6-35 所示。
步骤 3:输入密码后点击"确定"。如图 6-36 所示。
步骤 4:弹出签名信息确认对话框,确认无误后点击"确定"。如图 6-37 所示。

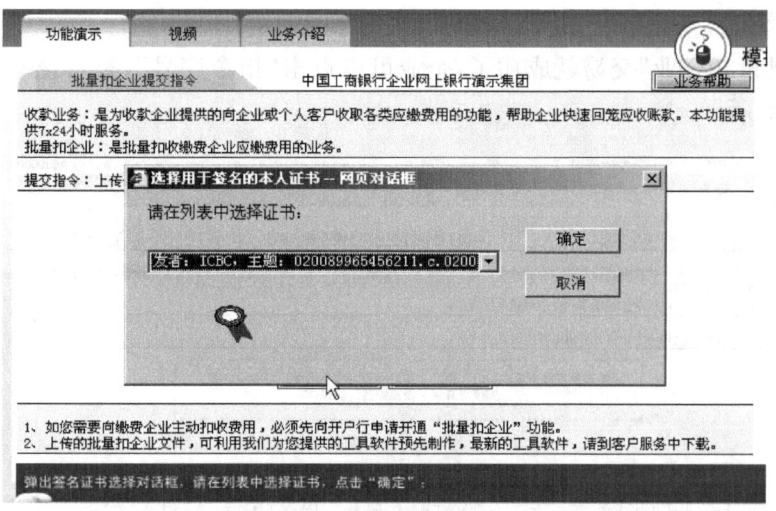

图 6-35　选择证书图

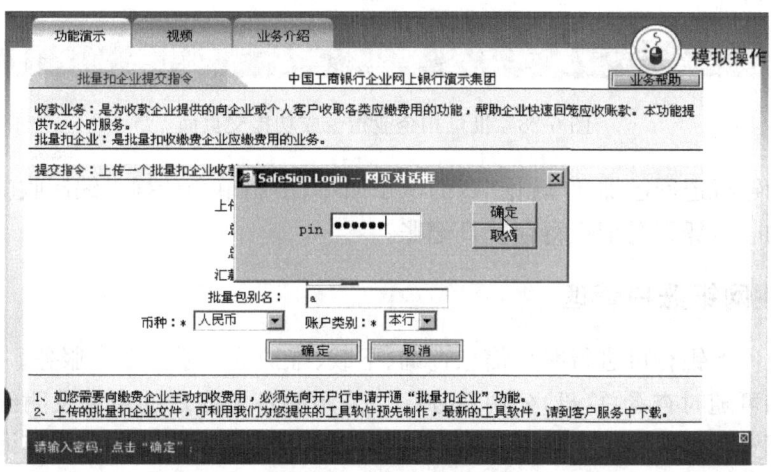

图 6-36　输入密码图

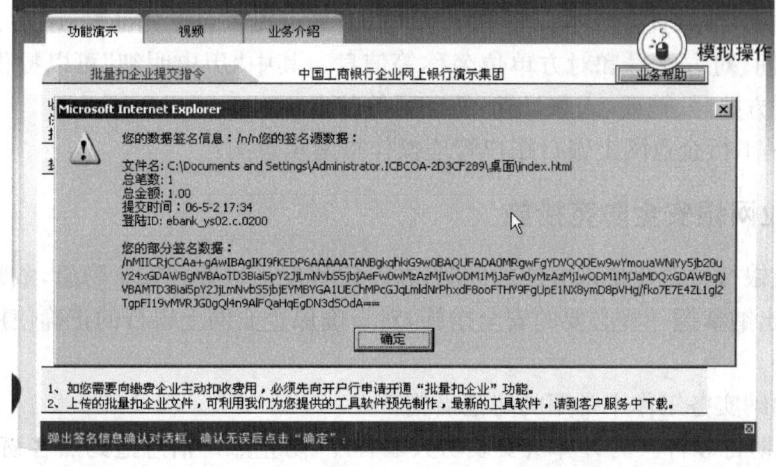

图 6-37　审核签名信息确认对话框窗口

步骤 5：查看提交指令状态。

至此，"批量扣企业"交易就成功了，企业可以点击"指令序号"，查看该笔提交指令的状态。如图 6-38 所示。

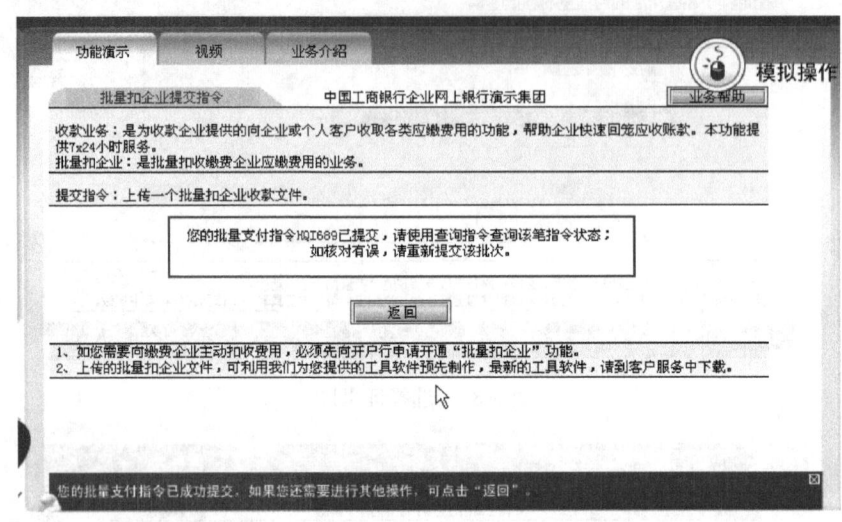

图 6-38　批量扣企业指令成功提交页面

企业收到银行退回已加盖"转讫"章的电子回单，由制单会计据以编制收款凭证，出纳根据审核无误的收款凭证登记银行存款日记账。

五、企业网银账户管理

通过企业网上银行可进行账户信息查询、下载、维护等一系列账户服务。集团企业和中小企业客户均可随时查看总（母）公司及分（子）公司的各类账户的余额及明细，实时掌握和监控企业内部资金情况。主要包括了账户余额查询、今日明细、历史明细查询、回单查询和电子对账单等功能。企业可以通过账户管理对开在工行的所有账户进行实时管理。及时掌握公司资金状况和资金流向，为企业现金管理和资金调度提供及时的决策依据，最大限度提高资金利用效率，节约资金成本。其中"今日明细"可以提供包括凭证号、用途、借贷标志、发生额、发生时间、对方账号和对方单位名称等信息。其中"历史明细"可以提供包括借贷标志、发生额、对方账号、摘要、入账日期、凭证号等信息。

图 6-39 是工行企业网上银行账户管理操作指南示意图：

六、企业网银安全防范措施

企业网上银行给企业带来方便的同时，在一定程度上也存在安全隐患，威胁着企业资金的安全，企业出纳掌握一些必要的安全措施，对于确保企业网上银行的正确使用和资金安全是非常重要的。

下面是出纳实务工作中常用的防范措施：

（1）安装防毒软件。为计算机安装防火墙程序，防止账户信息遭到黑客窃取，建议安装防病毒软件，并经常升级。

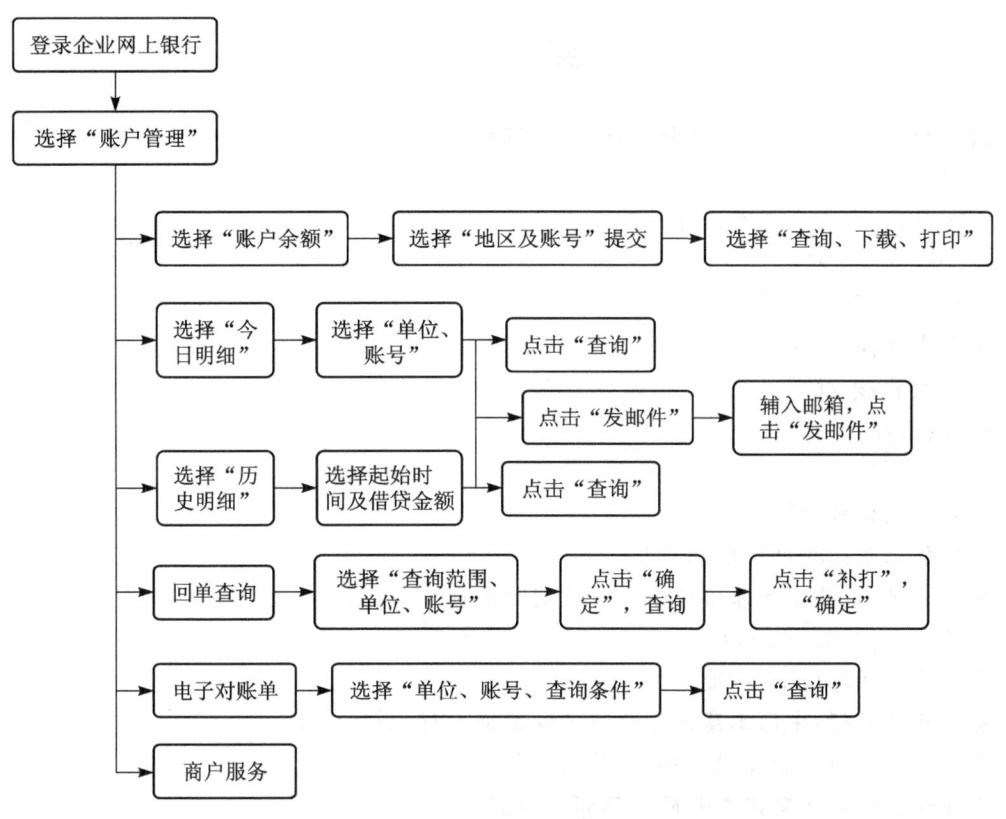

图 6-39　工行企业网上银行账户管理操作指南

（2）堵住软件漏洞。为防止他人利益软件漏洞进入计算机窃取资料，出纳要及时更新相关软件，下载补丁程序。

（3）每次核对网址。出纳在登录企业网上银行时，应仔细核对所登陆的网址与协议书中的法定网址是否一致，谨防一些不法分子恶意模仿银行网站，骗取账户信息。

（4）每天做好交易记录。出纳应对网上银行办理的转账和支付等业务做好记录，定期查看"历史交易明细"，定期打印网上银行业务对账单，如发现异常交易或者账务差错，立即与银行联系，避免不必要的损失发生。

（5）妥善选择和保管密码。企业网上银行密码应避免与出纳个人资料有关系，建议选用字母和数字混合的方式，以提高密码破解难度。另外，密码要妥善保管，避免将密码直接写在纸上，尽量避免在不同的系统使用同一密码，否则密码一旦遗失，后果将不堪设想。

（6）妥善保管数字证书。数字证书相当于企业网银用户网上交易的身份证，它是建立在密码保护之上的安全性更高的安全机制，当用户在使用数字证书进行交易时，系统会通过多重加密保障交易信息不被篡改、劫持，以保证用户交易的安全。出纳应避免在公用的计算机上使用企业网银业务，以防止数字证书等机密资料落入他人之手，从而使网上身份识别系统被攻破，网上账户遭盗用。

实　训

【目的】　训练支票的填开和支付密码器的使用

【资料】

企业名称：湖南金鹰人力资源有限公司

注册资本：50 万元

性质：有限责任公司

法人代表：冷海强

财务主管：朱柱

会计：张林

出纳：曾娟

主要缴纳税种：增值税

税务登记号：430181010263034

公司地址：长沙市芙蓉路侯家塘佳天国际南栋 11 楼 E

电话号码：0731-2953110

公司传真：0731-2953209

基本开户银行：中国工商银行长沙市侯家塘支行（简称侯支）

账号：98704614722243115839，行号：1235

企业组织机构代码证书号码：56585452123

【要求】

1. 请签发一张日期为 2019 年 12 月 20 日，金额为 35 000 元的现金支票。付款单位：湖南金鹰人力资源有限公司，账号：98704614722243115839，开户行：中国工商银行长沙市侯家塘支行（简称侯支）。

2. 请使用支付密码器计算支付密码。出纳密码为 666888，凭证号码为 04068876。另外，若要将出纳口令改为 111222，怎样进行操作？请写出操作步骤。

第 七 章

出纳差错及防范

第一节　出纳收、付款差错及其处理

一、出纳收、付款差错的种类

出纳收、付款差错主要有两种：错款和失款。

错款指当日终了或经过一段时间，库存现金的实存数和账存数间的差额。如果现金实存数多于账上结存数，就叫"长款"；反之，则称"短款"。这些长、短款大都是由于出纳工作差错造成的。

失款指出纳办完收、付款后，发现现金实存数少于现金账存数的差额。失款一般属于人为损失或自然损失的款项。

二、现金收、付款过程中常见错误及防范

（一）现金收款、付款中常见的差错

（1）看错凭证的金额位数，或将金额颠倒看错。如把元看成角分，把69看成96等。

（2）凭证大、小写金额不一致，未经严格复核，就按大写（或小写）金额收款或付款。

（3）一笔收款（或付款）有若干张凭证，加计总数时没有认真进行复核，为图省事，不使用算盘计总数，总金额计算有误。

（4）在收款、付款中有抵收抵付的现金凭证，在计算扣减时未认真复核，以致计算错误。

（5）违背收款、付款操作规则，没有及时在凭证上加盖"收讫"或"付讫"专用章，以致发生重复、少收。

（6）没有及时登记"库存现金日记账"，不慎将凭证遗失。

（7）去银行提现金或收取外单位（个人）大额款项，未能核对查实，就予以签收、造成错款。

（8）将外币与人民币混放，造成错收错付。

（9）出纳人员之间工作移交时未办理交接手续或交接手续不清而发生差错。

（二）查找现金差错的方法

每天工作结束对账时，如出现现金差错，首先要看差数多少和特点，然后确定查找方法。如当天出纳收付数与记账收付数相符就说明现金保管未出现差错；如数字不符，而差额数字正好是出纳对账时相关的金额，就要检查账目或凭证。

（1）查账。首先看有无凭证丢失漏记情况，再看是否有大写小写数错误。如发现现金差数既非大写小写数的差错，又不是颠倒的差错，那就要查是否是由于重记、漏记或误记而

引起的差错。

（2）查库存现金。必须对所有的票币逐张、逐枚地复点，并加计总数看是否有误。

（三）收、付款差错的原因分析

常见的收、付款差错的原因如表7-1所示。

表7-1

常见的收、付款差错的原因

种类	原 因
收款中造成差错的原因	一笔款未收完，又接到第二笔，搞乱缴款者的款项
	收款清点完毕，对券别加总数时不认真复核，以致发生加错金额、看错券别、看错大数、点错尾数等
	桌子上的现金还没有收拾干净，又收到第二笔，或收入现金的抽屉里的分格箱没有放好丢在桌面上，把自己的款与他人款混淆在一起
	初点不符，复点不符，不再进行第三次核实，实际有误，就作无误收下
	缴者交来的现金零乱，只凭出纳人员初次清查计算的数目为准
	忘记将应找补的现金还给缴款者
	清点10张或20张的折叠钞票、只清点平版的9张或19张，忽视了折起来的那张
	用手工清点现金时贪快，有夹杂其中的不同票面额的票币未能发现
	用机器点完一把钞票，拿起来捆扎时，没有看清接钞台上是否仍留有人民币，或人民币被卷入输送带未发现，以致产生一捆多、一捆少的现象
付款中造成差错的原因	备用金的放置不定位，配款时取错券别，既不细看，又不复核，随手付出，或者凭证连同款项一起交给了收款人
	小沓折叠钞票，每沓不固定，有时10张一沓，有时20张一沓，付出时不复点
	未看清凭证上所列的付款金额数，粗心大意，随手付出
	贪图方便，付款时不用算盘加计券别，单靠心算，以致出错
现金付款业务容易发生差错的时间	刚上班时，未做好准备工作就接待职工或客户，手忙脚乱，东找西翻，精力分散，容易出错
	快下班时，急于离岗，思想不集中，未将现金扎结核对就匆忙将其入库上锁，工作忙时，应接不暇，过分紧张，不按操作程序办事，极易出错
	工作闲时，扯闲话，做私活，看书报，无精打采，注意力分散
	节假日前后精神松懈；节前容易松懈，急于等待放假；节后又难以及时平静下来

三、错款和失款的处理方法

错款、失款处理的基本原则是：长款不得溢库，短款得空库，不得以长补短，也不能不做登记。在实际工作中，一旦发生现金差错，出纳人员要采取措施，仔细查找，以挽回损失，更正错误。对确实无法挽回的损失，要在弄清情况的基础上，正确处理，具体的处理要求和方法为：

（1）对于技术性的错误和一般责任事故的错误，经过及时查找，确实无法找回时，按主管部门规定的审批手续处理。

（2）对工作不负责任，玩忽职守，有章不循，违反劳动纪律而造成的错款、失款，应追究失职人员的经济责任，视情节和损失程度的大小，赔偿全部或部分损失，有的还要给予行政处分。

（3）对于有关人员监守自盗款项、侵吞长款、挪用公款的，应按贪污案件处理。

（4）如发生火灾、水灾等自然灾害，应及时报请领导查看现场，将灾害发生的时间、地点及造成的损失等书面上报。

（5）由于不明原因正在继续检查，一时难以处理的，应由责任人填写《出纳错款、失款审批报告表》，经会计主管人员签署意见，单位领导批准后，列入有关账户挂账处理，仍须继续清查，不能草率从事。

（6）发生长、短款时，应在出纳账上进行记录。原因未明的，先记入"其他应付款——现金长款"或"其他应收款——现金短款"科目；已查明原因并经审批后，属本单位负责的，再记入财产溢余或损失。

出纳在工作中发生错款或失款，不论是责任事故或意外事故，是人为原因或自身原因，都应立即向主管会计人员报告，如实反映情况，切勿因怕受牵连、受嫌疑或因工作有缺点而隐瞒、掩饰真相，甚至私下制造假象，以图推卸责任。

第二节　常见出纳账务差错及其处理

一、出纳账务差错的类型

在实际工作中，常见的出纳账务中的错误主要有以下三种类型。

（1）会计原理、原则运用错误。这种错误的出现，是指在会计凭证填制、会计科目设置、会计核算形式选用、会计处理程序设计等会计核算和各个环节，出现不符会计原理、原则、准则规定的错误。例如：对规定的会计科目不设、不应设立的却乱设，导致资产、负债、所有者权益不真实；对现行会计制度规定的开支范围执行不严等。

（2）记账错误。主要表现为漏记、重记、错记三种。错记又表现为错记会计科目、错记记账方向、错用记账墨水（蓝黑墨水误用红水，或红水误用蓝黑墨水）、错记金额等。

（3）计算错误。主要表现为运用计算公式错误、计算方法错误、选定计量单位错误等。

以上三种出纳差错类型在出纳的实际工作中具体表现为记账凭证错误、会计账簿错误。

二、记账凭证错误的类型

（1）基本要素不全或填写不完整。如日期不写或写错，摘要过于简单或用语不准确等。

（2）会计科目运用错误。没有正确运用有关会计科目，发生了科目运用错误、内容错误和对应关系错误等。

（3）记账凭证无编号。无编号是指对多份原始凭证没有按序排队编号，使各份凭证难以辨别彼此。

（4）记账凭证编号错误。编号错误是指虽然存在原始凭证编号但所排列的顺序混乱，难以反映其相互关系。

（5）附件数量和金额错误。记账凭证所附原始凭证的张数和内容与记账凭证不符，或者各张原始凭证所记金额的合计数与记账凭证记录金额不符。

（6）印鉴错误。对已入账记账凭证未加盖有关印章，或者加盖不全，使已入账的凭证与未入账的凭证难以区分；有效的记账凭证与出错的凭证难以区分；记账凭证中没有记账、审核等人员的签章。

三、会计账簿错误的类型

会计账簿中的错误，主要存在于启用、设置、登记等环节。

1. 会计账簿启用错误

会计账簿启用中的错误，主要表现在以下几个方面：

（1）在账簿封面上未写明单位名称和账簿名称。

（2）在账簿扉页上未附"启用表"，或虽附有"启用表"，但所列内容不齐不完整。

（3）出纳人员调动工作时，未按规定在账簿中注明交接人员、监交人员的姓名或未加签章，无法明确有关责任。

（4）启用订本式账簿时，未按规定对其编订页数编号。

2. 会计账簿设置错误

会计账簿设置错误主要表现在以下几个方面：

（1）账簿形式设计不合理。包括装订形式、账页划线、印刷颜色及账页用纸等不合理。

（2）任何单位必须设置数量能满足需要的总账，对现金和银行存款必须设置日记账，还必须在其下设置能够满足需要的明细账。另外，根据工作需要，还应设置若干备查簿，以反映一些特殊的、不能在正规账簿中进行反映的经济事项。

3. 会计账簿登记错误

出纳人员在登记会计账簿中出现的错误，主要包括以下几个方面的内容：

（1）登记的方式不合理。

（2）账簿摘要不清晰。

（3）登记不及时。

（4）账簿中书写的文字和数字所留空距不合理。

（5）未按规定结出账簿中账户的余额。

（6）登记中发生跳行、隔页的情况。

（7）登记账簿所用笔墨不合要求。

出纳工作中，经常出现的差错种类还有很多，如：记账凭证汇总表不平、总分类账不平、各明细分类账户的余额之和不等于总分类账有关账户的余额、银行存款账户调整后的余额与银行对账单不符等。

第三节　出纳差错的防范

一、出纳工作应遵循的要求

如何防范差错，对于每个出纳人员来说是一个非常重要的问题。为了防范差错，出纳人员在工作中要严格遵循下面的要求。

（一）严格执行钱账分管制度

出纳人员保管现金，非现金出纳人员一律不得经手现金。建立健全现金收支和票证管理制度，现金收取使用统一规定的收款凭证，并及时全额入账，严禁收入不上账或截留收入，私设"小金库"；现金开支要由分管财务的领导审批，严禁坐支、挪用、公款私存，库存现金不得超过规定限额；加强票证管理，严禁"出卖"账户、出借支票和擅自签发空白转账支票。

（二）认真填写支票

出纳人员填写支票要认真，做到字迹清晰，数码规范，大写前不留空，小写前注明"￥"，避免给坏人以可乘之机；编制记账凭证，要按原始单据的自然张数填写附件张数，并用胶水粘牢，以防脱落和避免原始单据被别有用心的人抽掉销毁、嫁祸于人；领款、借款要严格履行手续，领款必须有领款人签字盖章，借款必须由借款人立据、签字盖章并经分管财务领导审批。

（三）做到"三勤、三心"

由于出纳工作是一项繁忙而又细致的工作，出纳人员要真正做好这一工作，必须做到"三勤、三心"。

（1）"三勤"。一是业务生疏要勤问，重要业务工作勤向领导汇报；二是经办业务要手勤，做到填单认真、点钞准确、记账及时、手续清楚，尤其对每一笔收付业务，要按照时间先后逐笔记好现金日记账和银行存款日记账，并及时盘点现金，做到日清月结，账款相符；三是联系银行要腿勤，每天超过规定限额的结存现金要及时送存银行，经常与银行核对存款账目，发现错误及时弄清情况，迅速更正。

（2）"三心"。一是学习业务要虚心，不懂的问题要虚心请教，不要不懂装懂；二是办理业务要细心，每一笔收付业务都要亲自过手过目，辨别真伪，严格把关，避免粗心大意造成差错；三是日常工作要有责任心，任何时候都要保持高度警惕，谨慎从事，尤其对现金、凭证、支票、存折、印鉴等要妥善保管，防止遗失、被盗、被骗而酿成大祸。

（四）主动接受监督

出纳人员要主动接受会计人员的监督，主动为现金盘库提供条件，对账时要主动为会计人员报出现金库存数，只有这样才能检查出账款是否相符，以及避免不必要的失误。另外，各单位要加强审计监督，平时对财务收支要进行定期或不定期的检查、审计，年终进行全面清理审计，对检查、审计中发现的问题，要区别情况，及时处理。

二、查找错账的方法

查找错误的方法有很多，现将常用的几种介绍如下。

（一）顺查法（亦称正查法）

顺查法是按照账务处理的顺序，从原始凭证、记账凭证、会计账簿、编制会计报表全部过程进行查找的一种方法。即首先检查记账凭证是否正确，然后将记账凭证、原始凭证同有关账簿记录一笔一笔地进行核对，最后检查有关账户的发生额和余额。这种检查方法可以发现重记、漏记、错记科目、错记金额等。这种方法的优点是查的范围大，不易遗漏；缺点是工作量大，需要的时间比较长。所以在实际工作中，一般是在采用其他方法查找不到错误的情况下采用这种方法。

（二）逆查法（亦称反查法）

这种方法与顺查法相反，是按照账务处理的顺序，从会计报表、会计账簿、记账凭证、原始凭证的过程进行查找的一种方法。即先检查各有关账户的余额是否正确,然后将有关账簿按照记录的顺序由后向前同有关记账凭证和原始凭证进行逐笔核对,最后检查有关记账凭证的填制是否正确。这种方法的优缺点与顺查法相同。所不同的,是根据实际工作的需要,对由于某种原因造成后期产生差错的可能性较大而采用的。

（三）抽查法

抽查法是对整个账簿记录抽取其中某部分进行局部检查的一种方法。当出现差错时,可根据具体情况分段,重点查找。将某一部分账簿记录同有关的记账凭证和原始凭证进行核对。还可以根据差错发生的位数有针对性地查找。如果差错是角,只要查找元以下尾数即可;如果差错是整数的千位、万位,只需查找千位、万位数即可,其他的位数就不用逐项或逐笔地查找了。这种方法的优点是范围小,可以节省时间,减少工作量。

（四）偶合法

偶合法是根据账簿记录差错中经常遇见的规律,推测与差错有关的记录而进行查找的一种方法。这种方法主要适用于漏记、重记、错记的查找。

三、纠错的方法

出纳人员在登记库存现金日记账的过程中,有时可能会因为现金收、付填制会计凭证或登记账簿发生差错,出纳一经查出就应立即更正。由于差错性质不同,发现的时间有先有后,所以采用的更正方法也有所不同。现将通常更正错误的几种主要方法介绍如下。

（一）划线更正法

在填制凭证、登记账簿过程中,如发现文字或数字记错时,可采用划线更正法进行更正。即先在错误的文字数字上划一红线,然后在划线上方填写正确的文字或数字。在划线时,如果是文字错误,可只划销错误部分;如果是数字错误,应将全部数字划销,不得只划销错误数字。划销时必须注意使原来的错误字迹仍可辨认。更正后,经办人应在划线的一端盖章,以示负责。

（二）红字更正法

在记账以后,如果在当年内发现记账凭证所记的科目或金额有错时,可以采用红字更正法进行更正。所谓红字更正法,即先用红字填制一张与原错误完全相同的记账凭证,据以用红字登记入账,冲销原有的错误记录;同时再用蓝字填制一张正确的记账凭证,注明"订正×××年×月×号凭证",据以登记入账,这样就把原来的差错更正过来。应用红字更正法是为了正确反映账簿中的发生额和科目对应关系。

【例 7-1】 李明出差,借差旅费 5 000 元,开出现金支票支付。记账时本应贷记"银行存款"科目,而却误记"库存现金"科目,并已登记入账。其更正方法如下(方框中的数字表示红字):

（1）用红字金额填制一张与原错误分录相同的记账凭证,其会计分录为:

借：其他应收款——李明 5 000
　　贷：库存现金 5 000

并将红字记账凭证登记入账。

（2）用蓝字填制一张正确记账凭证,其会计分录为:

借：其他应收款——李明 5 000
　　贷：银行存款 5 000

并将蓝字记账凭证登记入账。

有时，根据记账凭证分别记入有关科目并无错误，但所填的金额大于应填的金额时，也可按照正确数字与错误数字的差额用红字金额填制一张记账凭证，据以登记入账，以冲销多记部分，并在账簿摘要栏注明"注销×××年×月×号凭证多记金额"。

【例 7-2】　采用商业汇票结算方式，收到购货方金太阳公司开出并承兑的商业汇票 10 000 元，作为销售实现。在填制记账凭证时，将金额 10 000 元误记 100 000 元，多记了 90 000 元，并已入账。其误记会计分录为：

　　　借：应收票据——金太阳公司　　　　　　　　　　　　　　　100 000
　　　　　贷：主营业务收入　　　　　　　　　　　　　　　　　　　　100 000

为了更正有关账户多记的 90 000 元，就应用红字金额填制一张记账凭证。其会计分录为：

　　　借：应收票据——金太阳公司　　　　　　　　　　　　　　　90 000
　　　　　贷：主营业务收入　　　　　　　　　　　　　　　　　　　　90 000

并将红字记账凭证登记入账。

根据此记账凭证登记入账后，使"应收票据"和"主营业务收入"两账户原来的错误记录都得到了更正。

（三）补充登记法

在记账以后，发现记账凭证填写的金额小于实际金额时，可采用补充登记法进行更正。更正时，可将少记数额填制一张记账凭证补充登记入账，并在摘要栏注明"补充×××年×月×日×号凭证少记金额"。

【例 7-3】　通过开户银行收到东风工厂偿还的前欠货款 6 500 元，在填制记账凭证时，将金额误记为 5 600 元，少记了 900 元，并已登记入账。更正时，应将少记的 900 元用蓝字填制一张记账凭证，并登记入账。其补充更正分录为：

　　　借：银行存款　　　　　　　　　　　　　　　　　　　　　　900
　　　　　贷：应收账款——东风工厂　　　　　　　　　　　　　　　900

根据此记账凭证登记入账后，使"银行存款"和"应收账款"两账户的原来错误都得到了更正。

红字更正法和补充登记法都是用来更正因记账错误而产生的记账差错。如果记账凭证无错，只是登记入账时发生误记，这种非因记账凭证误记的差错，无论何时发现（在实际工作中，由于定期核对账目，不可能经过很长时间才被发现）都不能用这两种方法更正，而应用划线更正法进行更正。因为记账必须以凭证为根据，一张记账凭证不仅是登记明细账的根据，也是汇总登记总账的根据。在同一记账根据的基础上，不一定两种账同时都记错，假如总账未记错，只是某一明细科目记错了数字，如果为订正这一明细科目差错，而采用了红字更正法或补充登记法，势必使总账发生变动，即将原来的正确数订正为错误数。所以，非因记账凭证误记的差错只能用划线更正法进行更正。

以上只是对当年内发现填写记账凭证或登记账簿错误而采用的方法，如果发现以前年度记账凭证中有错误（指科目和金额）并导致账簿登记错误的，应当用蓝字填制一张更正的记账凭证。

第八章

出纳工作的交接

第一节　出纳工作交接概述

一、出纳工作交接的含义

出纳工作交接是指出纳人员因调动工作或者离职等原因,由离任出纳人员将有关工作和资料移交给继任出纳人员的工作过程。出纳人员因工作调动或者其他原因离职,必须将本人所经管的出纳工作全部移交接替人员,没有办清交接手续的,不得调动或者离职。通过交接可以明确移交人员与接管人员的责任,便于继任出纳熟悉工作,做到出纳工作前后衔接。

出纳工作交接要做到两点:一是移交人员与接管人员要办清手续;二是交接过程中要有专人负责监交。交接要求进行财产清理,账账核对,账款核对;交接清理后要填写移交表,将所有移交的票、款、物编制详细的移交清册,逐册向接交人点清;然后由移交方、接交方、监交方三方签字盖章,同时将移交表存入会计档案。

二、出纳工作交接的情形

出纳人员办理交接手续主要有以下几个方面的原因:

(1) 出纳人员辞职或离开单位。

(2) 企业内部工作变动不再担任出纳职务。

(3) 出纳岗位内部增加工作人员进行重新分工。

(4) 出纳岗位轮岗调换到会计岗位。

(5) 因病假、事假或临时调用,不能继续从事出纳工作。

(6) 因特殊情况如停职审查等按规定不宜继续从事出纳工作。

(7) 企业因其他情况按规定应办理出纳交接工作的,如企业解散、破产、兼并、合并、分立等情况发生时,出纳人员应向接收单位或清算组移交。

三、出纳工作交接的内容

出纳交接的具体内容根据各单位的具体情况而定,情况不一样,移交的内容也不一样。但总体来看,出纳交接工作,主要包括以下一些内容。

(一) 财产与物资

会计凭证(原始凭证、记账凭证);会计账簿(库存现金日记账、银行存款日记账等)相关报表(出纳报告单等);现金、银行存款、金银珠宝、有价证券和其他一切公有物品;用于银行结算的各种票据、票证、支票簿等；各种发票、收款收据，包括空白发票、空白收据、已用或作废的发票或收据的存根联等；印章，包括财务专用章、银行预留印鉴以及"现金收讫"、"现金付讫"、"银行收讫"、"银行付讫"等业务专用章；各种文件资料和其他业务资料。如银行对账单、应由出纳人员保管的合同、协议等；办公室、办公桌与保险柜的钥匙，各种保密号码；本部门保管的各种档案资料和公用会计工具、器具等；经办未了事项。

（二）电算化资料

会计软件；密码、磁盘、磁带等有关电算化的资料、实物。

（三）业务介绍

原出纳人员工作职责和工作范围的介绍；每期固定办理的业务介绍，如按期交纳电费、水费、电话费的时间等；复杂业务的具体说明，如交纳电话费的号码、台数等，银行账户的开户地址、联系人等；历史遗留问题的说明；其他需要说明的事项。

四、出纳工作交接的作用

《会计法》第四十一条规定："会计人员调动工作或者离职，必须与接管人员办清交接手续。一般会计人员办理交接手续，由会计机构负责人（会计主管人员）监交"。出纳交接要按照会计人员交接的要求进行。出纳人员调动工作或者离职时，与接管人员办清交接手续，是出纳人员应尽的职责，也是分清移交人员与接管人员责任的重大措施。办好交接工作，可以使出纳工作前后衔接，可以防止账目不清、财务混乱。

出纳人员必须按有关规定和要求办理好工作的交接手续，搞好工作的移交。出纳工作交接的作用主要有：

（1）可以明确工作责任。

（2）便于接办的出纳人员熟悉工作。

（3）有利于发现和处理出纳工作和资金管理工作中存在的问题。

（4）预防经济责任事故与经济犯罪的发生。

第二节 出纳工作交接的程序

一、移交前的准备工作

为了使出纳工作移交清楚，防止遗漏，保证出纳交接工作顺利进行，出纳人员在办理交接手续前，必须做好以下准备工作：

（1）将出纳账登记完毕，并在最后一笔余额后加盖名章。

（2）在出纳账的账簿启用表上填写移交日期，并加盖名章。

（3）整理应该移交的各项资料，对未了事项写出书面材料。

（4）出纳日记账与现金总账、有价证券总账、银行存款总账核对相符，现金账面余额与实际库存现金核对一致，银行存款账面余额与银行对账单无误。如有不符，要找出原因，弄清问题，加以解决，求求在移交前做到相符。

（5）编制移交清册，列明应当移交的会计凭证、会计账簿、会计报表、印章、现金、有价证券、支票簿、发票、文件、其他会计资料和物品等内容。

实行会计电算化的单位,从事该项工作的移交人员还应当在移交清册中列明会计软件及密码、会计软件数据磁盘(磁带等)及有关资料、实物等内容。

二、出纳工作的正式交接

《会计基础工作规范》规定:会计人员办理交接手续,必须由监交人员负责监交。一般会计人员交接,由单位会计机构负责人、会计主管人员负责监交;会计机构负责人、会计主管人员交接,由单位领导人负责监交,必要时可由上级主管部门派人会同监交。

出纳工作交接一般在单位会计机构负责人、会计主管人员监督下进行。出纳人员的离职交接,必须在规定的期限内,向接交人员移交清楚。移交人员办理交接时应根据移交清册内容逐项移交,移交时必须做到:交好工作、交好思想、交好作风、交好经验。接交人应认真按移交清册当面点收,接交时要做到:认真仔细、积极听取移交人员的建议,虚心学习移交人员好的思想、作风和经验。具体操作如下:

(1)库存现金、有价证券、贵重物品要根据会计账簿有关记录由移交人向接交人逐一点交。库存现金、有价证券、贵重物品必须与会计账簿记录保持一致,如有不符,移交人员必须在限期内查清。

(2)银行存款账户余额要与银行对账单核对。在核对时如发现疑问,移交人和接交人应一起到开户银行当面核对,并编制银行存款余额调节表。

(3)在银行存款账户余额与银行对账单余额核对相符的前提下,移交有关票据、票证及印章,同时由接交人更换预留在银行的印鉴。

(4)出纳账簿移交时,接交人应该核对账账、账实是否相符,即库存现金日记账、银行存款日记账、有价证券明细账应与库存现金、银行存款和有价证券总账核对相符。实行会计电算化的单位,应先将账页打印出来,装订成册后,再进行交接。

(5)出纳凭证、出纳账簿和其他会计核算资料必须完整无缺。如有短缺,必须查清原因,并在移交清册中注明,由移交人员负责。

(6)工作计划移交时,为了方便接交人开展工作,移交人应向接交人介绍工作计划执行情况以及今后在执行过程中注意的问题。

(7)移交人应将保险柜密码、钥匙、办公桌和办公室钥匙一一移交给接交人。接交人在接交完毕后,应立即更换保险柜密码及有关锁具。

(8)接交人办理接交完毕,应在出纳账簿启用表上填写接收时间,并签名盖章。

三、交接结束

交接完毕后,交接双方和监交人要在移交清册上签名或盖章。移交清册必须具备:

(1)单位名称。

(2)交接日期。

(3)交接双方和监交人的职务及姓名。

(4)移交清册页数、份数和其他需要说明的问题和意见。

移交清册一般一式三份,交接双方各执一份,存档一份。

四、出纳交接应注意的事项

出纳人员进行交接时要注意以下事项：

（1）出纳人员进行交接时，一般应由会计主管人员监交，必要时，还可请上级领导监交。

（2）监交过程中，如果移交人交接不清，或者接交人故意为难，监交人应及时处理裁决。移交人不作交代，或者交代不清的，不得离职，否则，监交人和单位领导人均应负连带责任。

（3）移交时，交接双方一定要当面看清、点准、核对，不得由别人代替。

（4）交接后，接管的出纳人员应及时向开立账户的银行办理更换出纳人员印鉴的手续，检查保险柜的使用是否正常、妥善，保管现金、有价证券、贵重物品、公章等的备件和周围环境是否齐全。如不够妥善、安全，要立即采取改善措施。

（5）接管的出纳人员应继续使用移交的账簿，不得自行另立新账，以保持会计记录的连续性。对移交的银行存折和未用的支票，应继续使用，不要把它搁置、浪费、以免单位遭受损失。

（6）交接后，移交人应对自己经办的已经移交的资料的合法性、真实性承担法律责任，不能因为资料已经移交而推脱责任。

总而言之，出纳交接要做到两点：一是移交人与接交人要办清手续；二是交接过程中要有专人负责监交，交接要求进行财产清理，做到账账、账实、账款核对无误，交接清楚后填妥移交清册，由交、接、监三方签字盖章。

五、出纳交接的相关责任

出纳交接工作结束后，在交接前后各期的工作责任应由当时的经办人负责，主要体现在以下几个方面：

（1）接交人应认真接管移交工作，继续办理未了事项。

（2）接交人应继续使用移交后的账簿等资料，保持会计记录的连续性，不得自行另立账簿或擅自销毁移交资料。

（3）移交后，移交人对自己经办的已办理移交的资料负完全责任，不得以资料已移交为借口推脱责任。

第三节　出纳工作移交常用表格

出纳工作移交表主要包括库存现金移交表、银行存款移交表、有价证券和贵重物品移交表、核算资料移交表和物品移交表以及交接说明书等。

1. 库存现金移交表

根据库存现金实有数，按币种（分人民币和各种外币）、币别分别填入库存现金移交表内。库存现金移交表如表 8-1 所示。

2. 银行存款移交表

银行存款，又分为活期存款和定期存款。有的单位还可能在不同的银行开户，因此，填表时应根据账面数、实有数、币种、期限、开户银行等分别填写。银行存款移交表如表 8-2 所示。

表 8-1

库存现金移交表

币种： 移交日期： 年 月 日 单位：元 第 页

币 别	数量(张)	金 额	接受金额	备 注
100 元				
50 元				
20 元				
10 元				
5 元				
2 元				
1 元				
5 角				
2 角				
1 角				
合 计				

单位负责人： 移交人： 监交人： 接管人：

表 8-2

银行存款移交表

移交日期： 年 月 日 单位：元 第 页

开 户 银 行	账 号	币 种	账面数	实有数	备 注
合 计					

附件及说明：
(1) 账面数为银行存款日记账金额，实有数为银行对账单金额；
(2) 银行存款余额调节表( )份；
(3) 银行印鉴卡片( )张。

单位负责人： 移交人： 监交人： 接管人：

3. 有价证券、贵重物品移交表

有价证券、贵重物品是出纳经管的单位财产。移交时，出纳移交人员应根据清理核对后的有价证券和贵重物品按品种、价值等分别登记。

对贵重物品较多的单位，可分别编制有价证券移交表与贵重物品移交表等分别登记。其格式可以自行设计。

4. 核算资料移交表

核算资料主要包括出纳账簿、收据、借据、银行结算凭证、票据领用使用登记簿，以及其他文件资料等。核算资料移交表如表 8-3 所示。

表 8-3

核算资料移交表

移交日期： 年 月 日

名 称	年 度	数 量	起止时间	备 注
现金日记账				
银行存款日记账				
收据领用登记簿				
支票领用登记簿				
收据				
现金支票				
转账支票				

单位负责人： 移交人： 监交人： 接管人：

5. 物品移交表

物品主要包括会计用品、公用会计工具等。出纳可以根据具体移交的物品编制物品移交表。

6. 出纳人员工作交接书

"出纳人员工作交接书"是把移交表中无法列入或尚未列入的内容做具体说明的文件。该交接书包括：交接日期、交接双方及监交人员的职务和姓名、移交清册页数、需要说明的问题和意见。出纳人员工作交接书如表 8-4 所示。

表 8-4

出纳人员工作交接书

原出纳张某，因工作调动，财务处已决定将出纳工作移交给李某接管。现办理如下交接。

一、交接日期：

20××年×月×日。

二、具体业务的移交：

1. 库存现金：×月×日账面余额××元，与实存相符，月记账余额与总账相符；

2. 库存国库券：××万元，经核对无误；

3. 银行存款××万元，经编制"银行存款余额调节表"，核对相符。

三、移交的会计凭证、账簿、文件：

1. 本年度库存现金日记账一本；

2. 本年度银行存款日记账两本；

3. 空白现金支票××张（××号至××号）；

4. 空白转账支票××张（××号至××号）；

5. 托收承付登记簿一本；

6. 付款委托书一本；

7. 信汇登记簿一本；

8. 金库暂存物品明细表一份，与实物核对相符；

9. 银行对账单1～10月份共10本；10月份未达账项说明书一份。

（续表）

四、印鉴：

1. ××公司财务处转讫印章一枚；

2. ××公司财务处现金收讫印章一枚；

3. ××公司财务处现金付讫印章一枚。

五、交接前后工作责任的划分：

20××年×月×日前的出纳责任事项由张某负责，××年×月×日起的出纳责任事项由李某负责。以上移交事项均经交接双方认定无误。

六、本交接书一式三份，双方各持一份，存档一份。

移交人：张某（签名盖章）

接管人：李某（签名盖章）

监交人：王某（签名盖章）

××公司财务处（公章）

20××年×月×日

案 例 与 实 训

（一）案例

李霞于 2019 年 6 月毕业于长沙民政职业技术学院财经管理学院会计系，6 月新分配到星城希望公司，经培训后将接手出纳工作。因此，需要办理原出纳曹力与现出纳李霞的出纳交接。具体出纳交接程序如下：

（1）单位主管会计工作的负责人（一般为总会计师）郭亮监督出纳工作移交的全过程。出纳交接时暂不办理现金、银行存款收支业务。

（2）原出纳曹力清点库存现金 5 136 元，与昨日的库存现金日记账核对无误后，再将保险柜钥匙及密码告诉李霞、交由李霞审检。李霞审验完毕后在出纳交接书该项目上予以确认，并将现金 5 136 元存入保险柜。

（3）原出纳曹力将昨日银行存款日记账和开户银行确认的银行存款余额确认函交由李霞审验，李霞审核无误后在出纳交接书该项目上予以确认。银行存款余额为 185 365.16 元。

（4）原出纳曹力将 36 张空白转账支票交由李霞，并将作废的支票等向李霞解释清楚，李霞核实支票编号，李霞审验无误后在该项目上予以确认。

（5）原出纳曹力将托收承付登记簿、信汇登记簿、付款委托书、物品登记簿各一本等交给李霞，2019 年 1～6 月每月一份银行对账单和 6 月份的未达账项说明书一份也交给了李霞，李霞还签收了 2019 年度的库存现金日记账一本，银行存款日记账两本。李霞审验无误后在该项目上予以确认。

（6）原出纳曹力将星城希望公司财务处"转讫"印章、"现金收讫"印章、"现金付讫"印章各一枚交由李霞，李霞审验无误后在该项目上予以确认。五珠算盘、多功能计算器、电子保险柜、支付密码器各一个；防伪点钞机、凭证装订机、自动支票打字机各一台，功能完好；钥匙 7 枚，功能完好。电脑的密码、电子保险柜的密码、出纳支付密码器的密码都核对无误。

（7）交接双方在出纳工作交接书上签字确认,监交人郭亮也在交接书上签字。至此,出纳移交工作程序完毕,交接后出纳责任将由李霞承担。

以上业务的出纳人员工作交接书如表8-5所示。

表8-5

出纳人员工作交接书（范本）

原出纳员曹力因工作调动,现已不再担任出纳工作。财务处决定将出纳工作移交给李霞接管。现办理如下交接：

一、交接日期：

2019 年 6 月 30 日

二、具体业务的移交：

1. 库存现金：6 月 30 日账面余额 5 136 元,与实存相符,库存现金日记账余额与其总账相符；

2. 银行存款余额 185 365.16 元,经编制"银行存款余额调节表",核对相符。

三、移交的会计凭证、账簿、文件：

1. 本年度库存现金日记账一本；

2. 本年度银行存款日记账两本；

3. 空白转账支票 36 张（00834323 号至 00834358 号）；

4. 托收承付登记簿一本；

5. 付款委托书一本；

6. 信汇登记簿一本；

7. 金库暂存物品明细表一份,与实物核对相符；

8. 银行对账单 1～6 月份共 6 份,6 月份未达账项说明书一份。

四、印鉴及其他：

1. 星城希望公司财务处"转讫"印章一枚；

2. 星城希望公司财务处"现金收讫"印章一枚；

3. 星城希望公司财务处"现金付讫"印章一枚；

4. 五珠算盘、多功能计算器、电子保险柜、支付密码器各一个；防伪点钞机、凭证装订机、自动支票打字机各一台,功能完好；钥匙 7 枚,功能完好。电脑的密码、电子保险柜的密码、出纳支付密码器的密码都核对无误。

五、交接前后工作责任的划分：

2019 年 6 月 30 日前的出纳责任事项由曹力负责；2019 年 6 月 30 日起的出纳责任事项由李霞负责。以上移交事项均经交接双方认定无误。

六、本交接书一式三份,双方各执一份,存档一份。

移交人： 曹力 （签名盖章）

接交人： 李霞 （签名盖章）

监交人： 郭亮 （签名盖章）

星城希望公司公同财务处（公章）

2019 年 6 月 30 日

（二）实训

【目的】　训练出纳工作交接。

【资料】　张华于 2019 年 6 月刚大学毕业,6 月新分配至新城希望有限责任公司当出纳,经培训后将接手出纳工作。因此,需要办理原出纳曹美与现出纳张华的出纳交接。其他资料如下：

1. 单位主管会计工作的负责人叫彭亮，由她监督出纳工作移交的全过程。

2. 2019 年 6 月 30 日曹美清点库存现金 8 316 元，与昨日的库存现金日记账核对无误，保险柜钥匙两把及密码两个；五珠算盘、多功能计算器、支付密码器各一个；电子保险柜、多功能防伪点钞机、电动凭证装订机、自动支票打字机各一台，功能完好。

3. 银行存款余额为 385 365.16 元。

4. 本年度库存现金日记账一本；银行存款日记账两本；空白转账支票 26 张（00667623 号至 00667648 号）；托收承付登记簿一本；付款委托书三本；信汇登记簿一本；金库暂存物品明细表两份，与实物核对相符；银行对账单 1～6 月份共 6 份，6 月份未达账项说明书一份。

5. 相关印鉴有：财务处"转讫"印章一枚；财务处"现金收讫"印章一枚；财务处"现金付讫"印章一枚。

【要求】 根据上述资料编制"出纳人员工作交接书"。

第九章

出纳业务综合实训

一、实训要求

（一）实训程序

（1）结合会计基本技能课程学习内容进行出纳岗位基本技能训练。

（2）出纳根据实训资料（一）设置"库存现金"、"银行存款"日记账，并登记月初余额。

（3）核算会计根据实训资料（二）提供的相关业务原始凭证，审核无误后按照业务发生的先后顺序编制记账凭证；涉及库存现金和银行存款、其他货币资金业务的记账凭证，稽核审核无误后由出纳登记现金日记账、银行存款日记账、其他货币资金明细账。

（4）出纳每日结出现金日记账余额，并与库存现金进行核对，无特别说明的，表示当天现金账实相符。

（5）出纳每日结出银行存款日记账余额；月末，将银行存款日记账与银行对账单核对，找出未达账项，编制银行存款余额调节表。

（6）出纳月底编制出纳报告单。

（二）实训设计

（1）实训形式：每实训组由四人组成，一人担任核算会计，负责编制记账凭证；另一人担任出纳，负责货币资金的收付及记账；一人负责稽核，还有一人当会计主管（财务经理）。

（2）实训时间：18学时。

（3）实训用品：

名　　称	数量	使用人	备注
现金日记账	1页	出纳	购买
银行存款日记账	1页	出纳	购买
其他货币资金明细账	1页	出纳	购买
记账凭证	1本	核算会计	购买
工行现金支票	25张	出纳	教材附录
工行转账支票	25张	出纳	教材附录
建行现金支票	4张	出纳	教材附录
建行转账支票	4张	出纳	教材附录
银行进账单	10份	出纳	教材附录
收据	5份	出纳	教材附录
印章（公章、财务专用章、陈栋印，陈栋私章）	1套	财务主管	班级刻章
印章（现金收讫、现金付讫、王艺龄私章）	1套	出纳	班级刻章

二、实训公司基本情况

（一）实训公司注册及开户信息

实训单位全称：四川华光食品有限公司　　　地址：成都市宏济路 16 号，电话：85587658

公司注册资本 1 000 000.00 元，主要从事糖果、食品和饮料的生产和销售。公司经税务机关核准为增值税一般纳税人，统一社会信用代码为 914301LIIMA4L2TWN5。

公司开设的银行存款账户为：

基本存款账户：中国工商银行四川省分行宏济分理处，账号：9558854000001510000，行号：102554403488

专用存款账户：中国建设银行四川省直属第一支行，账号：4300150106105000000，行号：1058844034036

四川华光食品有限公司，其营业执照、开户许可证、银行印鉴卡、机构信用代码证如图 9-1 至图 9-4 所示。

图 9-1　营业执照

开户许可证

核准号：J5510032949101　　　　编号：5510-01286945

经审核，四川华光食品有限公司符合开户条件，准予开立基本存款账户。

法定代表人（单位负责人）陈金莲　　开户银行 工行成都市宏济分理处

账　号 9558854000001510000

2016 年 01 月 05 日

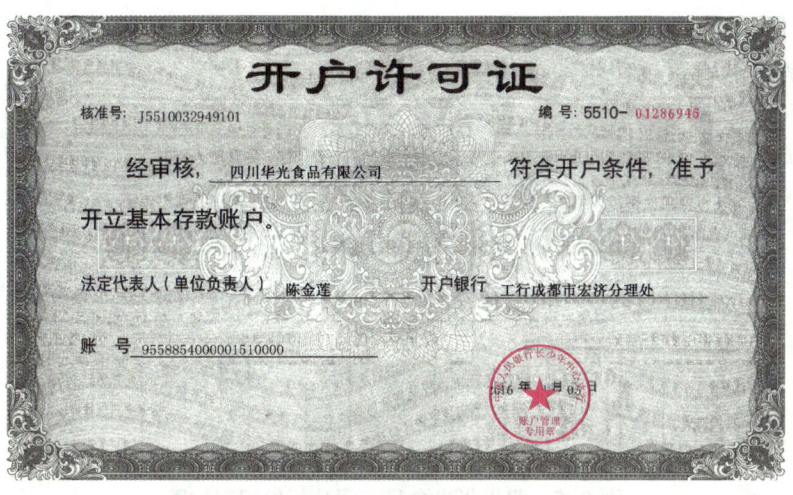

图 9-2　开户许可证

中国工商银行预留印鉴签章卡

NO. 20274924

账号：9558854000001510000	启用日期：2016 年 01 月 05 日
户名：四川华光食品有限公司	联系人：陈金莲
地址：成都市宏济路 16 号	联系电话：85587648
E-mail	邮编：610000
行政公章	印签章
四川华光食品有限公司 财务专用章	莲陈 印金
开户单位更换印鉴，旧预留印鉴签章卡装订于＿＿年＿＿月＿＿日传票	
开户经办：2423026 阳思曼　开户复核：　建库经办：　建库复核：	

第二联：客户留存联

图 9-3　银行印鉴卡

NO. 0037638547

代　码：G10430111032949101

名　称：四川华光食品有限公司

地　址：成都市宏济路16号

有效期：截至2066年01月05日

机构 信用代码证

中国人民银行征信中心制

THE PEOPLE'S BANK OF CHINA CREDIT REFERENCE CENTRE

2016 年 01 月 05 日

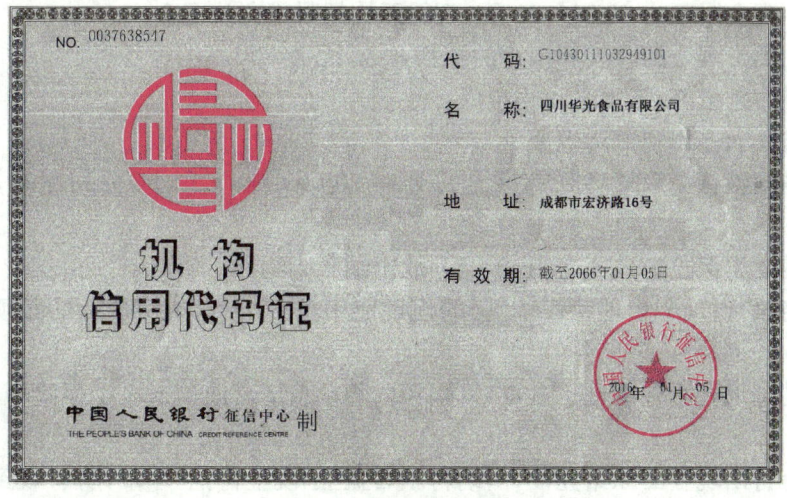

图 9-4　机构信用代码证

（二）实训公司组织架构

四川华光食品有限公司组织架构图如图9-5所示。

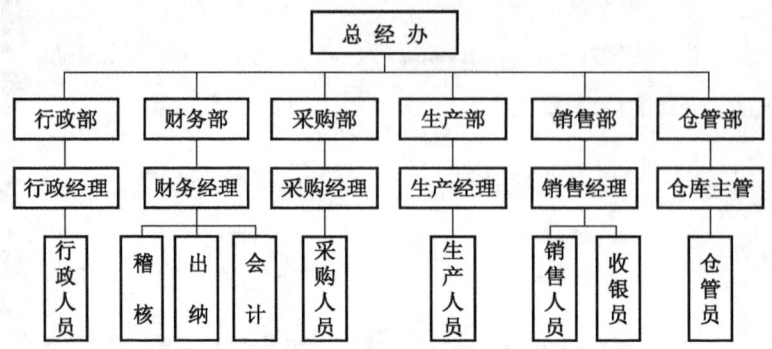

图9-5 四川华光食品有限公司组织架构图

（三）实训公司财务部人员及其分工

四川华光食品有限公司财务部人员及其分工如下。

出纳员：王艺龄，其岗位职责是：负责办理所有现金收付、银行结算业务。负责现金日记账、银行存款日记账、其他货币资金明细账的登记。负责与总账会计对账，负责根据银行对账单对账，负责编制银行存款余额调节表，并和银行出纳沟通协调。负责出具出纳报告单。

财务经理：陈栋，其岗位职责是：负责审核记账凭证后在凭证尾签名。负责登记总分类账。负责与明细账会计对账。负责保管公司"财务专用章"和"陈金莲印"两枚印鉴章，负责在对外出具的财务报告上签名并盖章，负责管理财务部所有工作。

核算会计：文艺，其岗位职责是：负责根据审核无误的原始凭证填制记账凭证，负责登记除其他货币资金明细账以外的所有明细账。负责报税。负责整理并装订所有会计档案资料。

稽核：李杏，其岗位职责是：负责审核所有的原始凭证和记账凭证。

（四）实训公司财务制度

1. 现金管理制度

（1）库存现金限额为50 000.00元，不得无故超限额存放现金。

（2）出纳负责现金的收支和银行的结算业务，无关人员不得经手。

（3）不准白条抵库，不得私设小金库。

（4）不准私人占用和挪用现金。

（5）出纳到银行提取或者送存现金每笔在50 000.00元以上，公司派车，必须有一人陪同。

（6）出纳电子保险柜公司专用，不能存放出纳私人物品。

（7）严格执行《现金管理暂行条例》的规定使用现金，不能使用现金的必须通过开户行转账结算。

（8）出纳每天要对现金进行盘点，将限额内的现金下班前锁入电子保险柜，超限额的送存开户行。

（9）所有付出现金的原始凭证，出纳付款后盖上"现金付讫"印章，所有收到现金的原始凭证，出纳收款后盖上"现金收讫"印章。

（10）出纳现金日记账必须日清月结,逐笔结出余额。

（11）个人借款 10 000.00 元及其以上的必须经过财务经理签字方可借出。

（12）出纳必须随时接受单位领导的检查和监督,发现现金短缺,如果查不出原因,由出纳赔偿。

2. 银行存款管理制度

（1）公司严格执行《人民币银行结算账户管理办法》、《票据法》、《支付结算办法》等规定。

（2）所有空白支票、收据、有价证券都要存放在电子保险柜内,严禁出纳带回家中。

（3）购买和使用支票必须及时记录在支票登记簿中。

（4）出纳每月至少和银行对账一次,及时编制银行存款余额调节表。发现错账,及时和银行出纳沟通处理。

（5）出纳一周至少去银行 2 次从回单柜取回单,及时交给核算会计,并做好回单交接记录。

（6）支票作废,必须加盖"作废"印章,连同存根一起保管好,下次去银行购买支票时交给银行工作人员核销。

（7）严禁签发空头支票,一旦签发,罚款和赔款都从出纳工资和财务经理工资中分期平均扣出。

3. 费用报销制度

（1）个人借款 10 000.00 元及其以上的必须经过财务经理签字方可报销。

（2）谁借款谁填写借款单,注明借款事由、金额(大小写必须一致,不得涂改),报销时借款人自己填写报销单,粘贴相关原始凭证,因公借款出差归来必须 10 个工作日(遇节假日顺延)内办理报销手续。

（3）销售部实行定额备用金制,核定的备用金定额为 10 000.00 元,每 10 天报销一次费用。

4. 财务印章管理制度

（1）财务经理保管银行印鉴卡片上的印章(两枚)、私章,不得外借,不得随意放置,不得随意在空白纸上盖印鉴章。

（2）出纳保管私章、"现金收讫"章、"现金付讫"章、"作废"章,不得外借,不得随意放置,不得随意在空白纸上盖章。

（3）印章保管人必须严格执行印章管理制度,因保管不善给公司造成的损失,由保管人负全责。

（4）因公事离开工作岗位,需要办理相关印章移交手续,交接双方都要填写印章移交登记表。

三、实训资料

四川华光食品有限公司有关货币资金业务资料如下。

（一）2019 年 7 月 31 日有关账户余额:

"库存现金"账户 17 864.28 元

"银行存款"账户 3 628 700.00 元

其中：基本存款户中国工商银行四川省分行宏济分理处（账号：9558854000001510000）2 708 700.00 元

专用存款账户中国建设银行四川省直属第一支行（账号：4300150106105000000）920 000.00 元

（二）2019 年 8 月，四川华光食品有限公司发生如下经济业务（原始凭证附后）：

（1）8 月 1 日，接工商银行宏济分理处收账通知（托收凭证编号 1004323212），收到成都市光明实业公司前欠货款 5 000 000.00 元。（表 9-1：工商银行进账单）

（2）8 月 1 日，出纳开出工行现金支票从工行提取现金 8 000.00 元备用。（附录：工行现金支票）

（3）8 月 1 日，公司财务部按核定的定额备用金 10 000.00 元，出纳以现金支付给销售部张昕。（表 9-2：借款单）

（4）8 月 2 日，出纳开出建设银行转账支票预付检验室改造工程款150 000.00元并填写建设银行进账单。收款人为成都宏达机械设备公司，账号：4368513654862157652，开户银行：中国工商银行紫荆分理处。（附录：建行转账支票、表 9-3：建设银行进账单）

（5）8 月 2 日，采购部采购员彭红出差预借差旅费 4 000.00 元，出纳以现金支付。（表 9-4：借款单）

（6）8 月 3 日，公司向咸阳副食品公司（统一社会信用代码：612081395230721B65，地址：咸阳市锦绣路 7 号，开户行：工行咸阳鼓楼分理处，账号：4058001325436 95000）销售依恋矿泉水 500 箱，金额30 000.00元，增值税 3 900.00元，销售沙琪玛 100 件，金额 16 000.00元，增值税2 080元，销售巧克力 200 件，金额 80 000.00 元，增值税 10 400.00 元，价税款已收存工行宏济分理处（基本开户行）。（表 9-5：增值税专用发票、表 9-6：中国人民银行支付系统专用凭证、表 9-7：产成品出库通知单）

（7）8 月 4 日，出纳开出工行转账支票支付前欠成都市红光公司（地址：成都市红星中路 999 号，开户行：工行成都市红星分理处，账号：4402265009759873216）货款 70 200.00 元。（附录：工行转账支票，表 9-8：工商银行进账单）

（8）8 月 5 日，出纳开出现金支票从工商银行提取现金 8 000.00 元备用。（附录：工行现金支票）

（9）8 月 5 日，公司行政办公室报销业务招待费 4 650.00 元，出纳以现金支付。（表 9-9：费用报销单）

（10）8 月 6 日，公司为成都红星副食批发公司提供饼干及面包加工业务，加工收入 150 000.00 元，增值税 19 500 元，全部价税款已委托工商银行宏济分理处收款。（表9-10：增值税专用发票、表 9-11：工行托收凭证 ）

（11）8 月 7 日，公司通过工商银行宏济分理处向南京市工行金陵支行（账号：3652145825820000000）汇出 85 500.00 元，以备采购材料。（表 9-12：工行结算业务申请书）

（12）8 月 7 日，出纳申请建行四川省直属第一支行签发面额为 470 000.00 元的银行汇票一张，拟从海南食品机械厂（开户行：建行海南省海大路支行。账号：6633258725865423695）购买一条新型饼干生产线。（表 9-13：建行结算业务申请书）

（13）8 月 9 日，零售给四川省成都市诚信超市（统一社会信用代码：

51044876390302526W,地址:成都市紫荆东路 777 号,电话 85586636,开户行:工行成都市紫荆分理处,账号:40575278663123850000)糖果 100 千克,金额 2 098.00 元,依恋矿泉水 10 箱,金额 502.00 元,收入现金已送存工商银行。(表 9-14:普通发票、表 9-15:现金存款凭条、表 9-16:产成品出库单)

(14)8 月 9 日,通过工商银行宏济分理处扣付排污费 5 000.00 元。(表 9-17:政府非税收入一般缴款书)

(15)8 月 10 日,公司向成都市粮油公司购入精白面粉 50 吨,金额 30 000.00 元,增值税额 3 900.00 元;购入食用调和油 100 箱,金额 22 500.00 元,增值税 2 025 元,购入新西兰黄油 10 箱,金额 6 500.00 元,增值税 845 元,全部价税款开出工行转账支票支付,材料已验收入库。(表 9-18:增值税专用发票、附录:工行转账支票、表 9-19:工行进账单、表 9-20:收料单)

(16)8 月 10 日,用工商银行宏济分理处账户缴纳上月增值税 58 600.00 元、城建税 4 102.00 元、教育费附加 1 758.00 元等各种税费款。(表 9-21:电子缴税付款凭证、表 10-22:电子缴税付款凭证)

(17)8 月 10 日,出纳开出工商银行现金支票提取现金 323 800.00 元,备发工资等。(附录:工行现金支票)

(18)8 月 10 日,出纳以现金 323 800.00 元发放职工工资。(表 9-23:工资分配汇总表)

(19)8 月 11 日,销售部报销用备用金支付的为客户发放信函的邮寄费 576.00 元,业务招待费 2 300.00 元,出纳以现金补付 2 876.00 元。(表 9-24:费用报销单)

(20)8 月 11 日,采购员彭红出差归来报销差旅费:成都—上海机票两张,计 2 800.00 元,市内交通费 300.00 元,住宿费 600.00 元,邮电办公费 550.00 元,伙食补助 35.00 元一天,计 105.00 元,报销总额 4 355.00 元,出纳以现金补付 355.00 元。(表 9-25:差旅费报销单)

(21)8 月 12 日,出纳开出工商银行转账支票支付产品广告费 65 094.34 元,税款 3 905.66 元。(附录:工商银行转账支票、表 9-26:增值税专用发票 表 9-27:工商银行进账单)收款人:四川省成都市星光电视台,纳税人识别号:510106795925319M00,地址:成都市宏济路 20 号,电话:85597658 账号:9558854000002564789,开户银行:工行成都市双林路分理处。

(22)8 月 12 日,出纳开出工商银行现金支票从工行提取现金 6 000.00 元备用。(附录:工商银行现金支票)

(23)8 月 12 日,生产车间技术员李西出差预借差旅费 5 000.00 元,出纳以现金支付。(表 9-28:借款单)

(24)8 月 14 日,企业出售给咸阳副食品公司产品一批:沙琪玛 1 000 件,金额 160 000 元,增值税 20 800 元;巧克力 500 件,金额 200 000.00 元,增值税 26 000.00 元,出纳开出工商银行转账支票垫付运杂费 9 000.00 元,全部款项已向银行办妥托收手续。(表 9-29:增值税专用发票、附录:工行转账支票、表 9-30:工行进账单、表 9-31:托收凭证、表9-32:产成品出库通知单)运杂费的收款人为成都市蚂蚁运输有限公司,账号:405800132543695215,开户银行:工行成都市双林路分理处。

（25）8月15日，现金账实核对，填写"库存现金盘点报告表"，进行现金盘点盈亏的账务处理。表9-33：库存现金盘点报告表。

（26）8月17日，出纳开出工商银行转账支票预付下年度财产保险费120 120.00元，其中增值税6 799.24元。（附录：工商银行转账支票表9-34：工行进账单、表：10-35：保险公司发票）收款人为中国平安保险公司成都分公司，账号：2020136548598632157，开户银行：工行华新支行。

（27）8月18日，出纳从工商银行提取现金6 000元备用。（附录：工商银行现金支票）

（28）8月19日，持建行签发的银行汇票向海南食品机械厂购进饼干生产流水线一套金额395 000元，增值税51 350.00元，运输费2 590.91元，增值税233.18元，该设备已交付使用，余款20 825.91元已退回建行。（表9-36：增值税专用发票、表9-37：增值税专用发票、表9-38：银行汇票多余款收账通知、表9-39：固定资产移交生产验收单）

（29）8月20日向成都人民连锁公司（统一社会信用代码：612081395523072126C，地址：成都市紫荆北路7号，电话：86666621，开户行：工行成都市紫荆分理处，账号：4057138524123850000）出售商品一批，其中糖果25吨，金额90 000.00元，增值税11 700元；比客土豆片100件，金额20 000.00元，增值税2 600.00元，全麦面包50件，金额65 000.00元，增值税8 450元，价税款已收工商银行。（表9-40：增值税专用发票、表9-41：工行进账单、表9-42：产成品出库通知单）

（30）8月21日，以现金补付销售部门报销的信函邮寄费1 482.00元，业务招待费4 325.00元。（表9-43：费用报销单）

（31）8月22日，按合同约定出纳采用电汇方式通过工商银行向内江糖酒公司（开户行：工行天成支行，账号：4400237836852360000）预付货款50 000.00元。（表9-44：结算业务申请书）

（32）8月23日，接工商银行通知，银行扣付成都市向阳实业公司已到期的银行承兑汇票款46 800.00元。（表9-45：托收凭证"付款通知"）

（33）8月23日，出纳开出工商银行现金支票，提取现金10 000.00元备用。（附录：工商银行现金支票存根）

（34）8月23日，出纳以现金支付公司行政管理部门电话费4 726.00元。（表9-46：费用报销单、9-47：电信部门发票）

（35）8月25日，向成都东华食品公司（统一社会信用代码：510445223683025268，地址：成都市紫荆东路772号，电话：85566638，开户行：工行成都市紫荆分理处，账号：4057138524123850000）出售商品一批，其中糖果10吨，金额36 000.00元，增值税4 680元；蛋酥饼干100件，金额60 000.00元，增值税7 800元；礼品巧克力150件，金额75 000.00元，增值税9 750元，价税款已向银行办妥托收手续。（表9-48：增值税专用发票、表9-49：托收凭证、表9-50产成品出库通知单）

（36）8月26日，生产车间技术员李西出差归来报销差旅费2 855.00元，3月12日预借5 000.00元退回余款2 145.00元给出纳。（表9-51：差旅费报销单、表9-52：收据）

（37）8月28日，企业向银行申请取得临时借款500 000.00元，以备采购材料，款已划入工行基本存款账户。（表9-53：贷款凭证）

（38）8月29日，接银行收账通知，8月14日向咸阳副食品公司托收的货税款

417 600.00 元及代垫运杂费 9 000 元共计 426 600.00 元已收妥入账。（表 9-54：中国人民银行支付系统专用凭证）

（39）8 月 30 日，出纳开出工行转账支票，向成都市企业社会保险工作局支付社保统筹退休金 120 000.00 元。（表 9-55：四川省社会保险基金收款收据、附录：工商银行转账支票、表 9-56：工行进账单）收款人：成都市企业社会保险工作局，账号：4002274759631584264，开户银行：工行华新支行。

（40）8 月 31 日，现金账实核对，填写"库存现金盘点报告表"，进行现金盘点盈亏的账务处理。（表 9-57：库存现金盘点报告表）

（41）8 月 31 日，出纳将 2019 年 2 月 21 日收到四川利群食品有限公司背书转让的银行承兑汇票一张（出票日期是 2019 年 7 月 21 日，到期日是 2019 年 7 月 21 日，票面金额 394 810.00 元）向银行贴现。贴现月利率是 0.6%。贴现款当天收存工行宏济分理处。（表 9-58：银行承兑汇票正反面、表 9-59：贴现申请书、表 9-60：工商银行进账单）

（42）期末，银行存款日记账与银行对账单逐笔核对，如果有未达账项，编制"银行存款余额调节表"。（表 9-61：工商银行对账单、表 9-62：建设银行对账单、表 9-63：银行存款余额调节表，表 9-64：银行存款余额调节表）

（43）根据本期库存现金、银行存款和其他货币资金账户的发生额和余额资料编制出纳报告单。（表 9-65：出纳报告单）

表 9-1

中国工商银行　　进账单（收账通知）3

2019 年 8 月 1 日

出票人	全　称	成都市光明实业公司	收款人	全　称	四川华光食品有限公司
	账　号	4009876543596310000		账　号	9558854000001510000
	开户银行	工行玉林分理处		开户银行	工行成都市宏济分理处

金额	人民币（大写）伍佰万元整	亿千百十万千百十元角分
		￥ 5 0 0 0 0 0 0 0 0

票据种类	托　收	
票据张数	1	
票据号码	88653212	
		收款人开户银行盖章
复核：　　记账：		

此联是收款人开户银行交给收款人的收账通知

表 9-2

借　款　单

2019 年 8 月 1 日

借款部门	销售部	姓名	张昕	事由	定额备用金
借款金额（大写）	壹万元整		￥ 10 000.00		
领导审批		财务审批 陈栋	部门审批	出纳付款	现金付讫

出纳 王艺龄　　　　　　　　　　　　借款人：张昕

表 9-3

中国建设银行　　进账单（回单）　2

年　月　日

出票人	全　称		收款人	全　称	
	账　号			账　号	
	开户银行			开户银行	

金额	人民币（大写）	亿千百十万千百十元角分

票据种类		
票据张数		
票据号码		
		开户银行签章
复核　　记账		

此联是开户银行交给持（出）票人的回单

表 9-4

借 款 单

2019 年 8 月 2 日

借款部门	采购部	姓名	彭 红	事由	出差
借款金额(大写)	肆仟元整		￥4 000.00		
领导 审批		财务 审批	陈栋	部门 审批		出纳 付款	现金付讫

出纳 王艺龄 　　　　　　　　　　　　　　　　　借款人：彭 红

表 9-5

四川增值税专用发票　　　　　No. 00202105

5100161130　　　　此联不作报销、扣税凭证使用　　　　5100161130
　　　　　　　　　　　　　　　　　　　　　　　　　00202105

开票日期：2019 年 8 月 3 日

购买方	名　　　称：咸阳副食品公司 纳税人识别号：612081395230721B65 地址、电话：咸阳市锦绣路 7 号 开户行及账号：工行咸阳鼓楼分理处 405800132543695000	密码区	272＊12－4－275＜1＋67＊ 54＊085371＞＜8002＊59＊ 09140＜1＜3＊2842－9＞2＊ ＋453＜1/9＊01/3＞＊ ＞＞6－2＊0/9/＞＞868

货物或应税劳务、服务名称	规格型号	单位	数量	单价	金　额	税率	税　额
依恋矿泉水		箱	500	60.00	30 000.00	13%	3 900.00
沙琪玛		件	100	160.00	16 000.00	13%	2 080.00
巧克力		件	200	400.00	80 000.00	13%	10 400.00
合　计					￥126 000.00		￥16 380.00

价税合计(大写)	⊗壹拾肆万贰仟叁佰捌拾元整	(小写)￥142 380.00

销售方	名　　　称：四川华光食品有限公司 纳税人识别号：914301LIIMA4L2TWN5 地址、电话：成都市宏济16号85587658 开户行及账号：工行成都宏济分理处 9558854000001510000	备注	四川华光食品有限公司 914301LIIMA4L2TWN5 发票专用章

收款人：　　　复核：　　　开票人：王洁　　　销售方：(章)

第一联：记账联 销售方记账凭证

税总函[2019]559 号　海南华森实业公司

表 9-6

中国人民银行支付系统专用凭证

No. 000000426135

报文种类：	交易种类：	支付交易序号：2230
发起行名称：工行咸阳鼓楼分理处		20190803
汇款人账号：405800132543695 2156	汇款人开户行：工行咸阳鼓楼分理处	委托日期：2019 年 8 月 3 日
汇款人名称：咸阳副食品公司		
汇款人地址：咸阳市锦绣路 7 号	汇款金额：142 380 元	
接收行行号：2038		
收款人账号：9558854000001510000	收款人开户行行号：102554403488	
收款人名称：四川华光食品有限公司		收款日期：2019 年 8 月 3 日
收款人地址：成都市宏济路 16 号		20190803
货币符号：人民币		业务清讫
附言：付 2019 年 8 月 3 日商品货款 142 380 元		

中国人民银行

第二联：收款人作收账凭证

表 9-7

产成品出库通知单

2019 年 8 月 3 日

产品编号	产品名称	规格	单位	数量		单价（元）	金额								
				请发	实发		十万	千	百	十	元	角	分	
	依恋矿泉水		件	500	500									
	沙琪玛		件	100	100									
	巧克力		件	200	200									
	合计													

会计：　　　　　仓库主管：　　　　保管：**李义财**　　　经发：　　　　制单：**李义财**

表 9-8

中国工商银行

进账单（回单）**2**

年　　月　　日

出票人	全　称		收款人	全　称	
	账　号			账　号	
	开户银行			开户银行	

金额	人民币（大写）			亿 千 百 十 万 千 百 十 元 角 分

票据种类	
票据张数	
票据号码	

复核　　　　　记账　　　　　　　　　　　　　　开户银行签章

（圆章：中国工商银行四川省分行宏泰分理处 20190804 业务清讫）

此联是开户银行交给持（出）票人的回单

表 9-9

费 用 报 销 单

附件：**20** 张　　　　　报销日期：**2019** 年 **8** 月 **5** 日　　　　　　　单位：

费用项目	类　别	金　额	负责人（签章）	**赵　明**
公司经费	**业务招待费**	**4 650.00**		
			领导意见	**同意报销** **陈　栋**
	现金付讫		报销人	**王　欢**
报销金额合计		￥ **4 650.00**		

核实金额（大写）人民币 **肆仟陆佰伍拾元整**

借款数：	应退数：	应补款：

审核：**陈　栋**　　　　　　　　　　　　　　　　　　出纳：**王艺龄**

表 9-10

四川增值税专用发票 No. 00202106

此联不作报销、抵税凭证使用

5100161130

5100161130
00202106

开票日期：*2019* 年 *8* 月 *6* 日

税总函[2019] 559 号 海南华森实业公司

购买方	名　　称：成都红星副食批发公司
	纳税人识别号：510105730192999B1Y
	地址、电话：成都市红星中路 999 号
	开户行及账号：工行成都市红星分理处 4402265009759873216

密码区
025<<142-9>*45*47
>>*1*371>452-5-01<
109>>8/1<3*28*1*371>
58>>8</9*0/1>78>1/6*0/5*
17>

第一联：记账联　销售方记账凭证

货物或应税劳务、服务名称	规格型号	单位	数量	单价	金　额	税率	税　额
饼干、面包加工费					150 000.00	13%	19 500.00
合　计					￥150 000.00		￥19 500.00

价税合计（大写）	⊗壹拾陆万玖仟伍佰元整	（小写）￥16 950.00

销售方	名　　称：四川华光食品有限公司	备注
	纳税人识别号：914301LIIMA4L2TWN5	
	地址、电话：成都市宏济16号85587658	
	开户行及账号：工行成都宏济分理处 9558854000001510000	

四川华光食品有限公司
914301LIIMA4L2TWN5
发票专用章

收款人：　　　复核：　　　开票人：**王　洁**　　　销售方：（章）

表 9-11

ICBC 图 **中国工商银行** 托收凭证（受理回单）

1

N0：1008041801　　　委托日期 *2019* 年 *8* 月 *6* 日

此联作收款人开户银行给收款人的受理回单

业务类型	委托收款☑（邮划□电划）　　　托托收款□（邮划□电划）							
付款人	全称	成都红星副食批发公司		收款人	全称	四川华光食品有限公司		
	账号	4402265009759873216			账号	9558854000001510000		
	地址	成都市红星中路 999 号	开户行	工行成都市红星分理处	地址	成都市宏济路 16 号	开户行	工行成都市宏济分理处

金额	人民币（大写）	壹拾陆万玖仟伍佰元整	亿	千	百	十	万	千	百	十	元	角	分
					￥1	6	9	5	0	0	0	0	0

款项内容	销货款	托收凭证名称		附寄单据张数	
商品发送情况	已发送	合同号	20190806611931		

中国工商银行四川省分行营业部
20190806
转讫

备注：		款项收妥日期	
复核　　记账		年　月　日	收款人开户银行盖章 年　月　日

表 9-12

中国工商银行

渝B 02950676

结算业务申请书

委托日期 *2019* 年 *8* 月 *7* 日

| 业务类型 | 电汇☑ | 信汇☐ | | 汇票申请☐ | 本票申请☐ | 其他☐ |

	全 称	四川华光食品有限公司		全 称	南京市工行金陵支行	
申请人	账 号 或 住 址	9558854000001510000	收款人	账 号 或 住 址	3652145825820000000	
	开户银行	成都工行宏济分理处		开户银行	南京市工行	

金额 人民币（大写） 捌万伍仟伍佰元整

亿	千	百	十	万	千	百	十	元	角	分
			¥	8	5	5	0	0	0	0

支付密码

电汇时需选择
普通
加急☐

附加信息及用途：

银行签章

（印章：中国工商银行四川省分行宏济分理处 20190807 业务清讫）

第三联 此联付款行给付款人的回单

会计主管：　　　　授权：　　　　复核：　　　　记账：

表 9-13

ICBC 中国工商银行

渝B 02950677

结算业务申请书

委托日期 *2019* 年 *8* 月 *7* 日

| 业务类型 | 电汇☑ | 信汇☐ | | 汇票申请☐ | 本票申请☐ | 其他☐ |

	全 称	四川华光食品有限公司		全 称	海南食品机械厂	
申请人	账 号 或 住 址	9558854000001510000	收款人	账 号 或 住 址	6633258725865423695	
	开户银行	建行省直一支行		开户银行	中国建设银行海南省海大路支行	

金额 人民币（大写） 肆拾柒万元整

亿	千	百	十	万	千	百	十	元	角	分
		¥	4	7	0	0	0	0	0	0

支付密码

电汇时需选择
普通☐
加急☐

附加信息及用途：拟购新型饼干生产线。

银行签章

（印章：中国建设银行四川省直属第一支行 20190807 业务清讫）

第三联 此联付款行给付款人的回单

会计主管：　　　　授权：　　　　复核：　　　　记账：

表 9-14

四川增值税普通发票

No. 00203102

5100154320

四川
国家税务总局监制

5100154320
00203102

开票日期：2019 年 8 月 25 日

<table>
<tr><td rowspan="4">购买方</td><td>名　　　称：</td><td colspan="3">四川省成都市诚信超市</td><td rowspan="4">密码区</td><td rowspan="4">080＊12－40275＜1＋67＊
54＊085371＞＜8002＊59＊
09140＜1＜3＊2842－9＞2＊
＋453＜1/9＊01/3＞＊
0－2＊0/9/＞＞98</td></tr>
<tr><td>纳税人识别号：</td><td colspan="3">51044876390302526W</td></tr>
<tr><td>地址、电话：</td><td colspan="3">成都市紫荆东路 777 号,85586636</td></tr>
<tr><td>开户行及账号：</td><td colspan="3">工行成都市紫荆分理处
40575278663123850000</td></tr>
</table>

<table>
<tr><td>货物或应税
劳务、服务名称</td><td>规格型号</td><td>单位</td><td>数量</td><td>单价</td><td>金　额</td><td>税率</td><td>税　额</td></tr>
<tr><td>糖果
依恋矿泉水</td><td></td><td>千克
箱</td><td>100
10</td><td>20.98
50.20</td><td>2 098.00
502.00</td><td>13％
13％</td><td>272.74
65.26</td></tr>
<tr><td>合　计</td><td></td><td></td><td></td><td></td><td>￥2 600.00</td><td></td><td>￥338.00</td></tr>
</table>

价税合计（大写）　⊗贰仟玖佰叁拾捌元整　　　　　　　　（小写）￥2 938.00

<table>
<tr><td rowspan="4">销售方</td><td>名　　　称：</td><td>四川华光食品有限公司</td><td rowspan="4">备注</td><td rowspan="4">四川华光食品有限公司
914301LIIMA4L2TWN5
发票专用章</td></tr>
<tr><td>纳税人识别号：</td><td>914301LIIMA4L2TWN5</td></tr>
<tr><td>地址、电话：</td><td>成都市宏济16号85587658</td></tr>
<tr><td>开户行及账号：</td><td>工行成都宏济分理处
9558854000001510000</td></tr>
</table>

收款人：　　　复核：　　　开票人：王　洁　　　销售方：（章）

第一联：记账联　销售方记账凭证

税总函[2019] 559 号　海南华森实业公司

表 9-15

ICBC 工　**中国工商银行**　　　现金存款凭条

日期：2019 年 8 月 9 日

<table>
<tr><td rowspan="3">存款人</td><td>全　称</td><td colspan="2">四川华光食品有限公司</td><td></td><td></td></tr>
<tr><td>账　号</td><td colspan="2">9558854000001510000</td><td>款项来源</td><td>出售产品货款</td></tr>
<tr><td>开户行</td><td colspan="2">工行成都市宏济分理处</td><td>交款人</td><td></td></tr>
</table>

金额（大写）贰仟玖佰叁拾捌元整

金额（小写）

<table>
<tr><td>亿</td><td>千</td><td>百</td><td>十</td><td>万</td><td>千</td><td>百</td><td>十</td><td>元</td><td>角</td><td>分</td></tr>
<tr><td></td><td></td><td></td><td></td><td></td><td>￥2</td><td>9</td><td>3</td><td>8</td><td>0</td><td>0</td></tr>
</table>

<table>
<tr><td>票面</td><td>张数</td><td>十万</td><td>千</td><td>百</td><td>十</td><td>元</td><td>票面</td><td>张数</td></tr>
<tr><td>壹佰元</td><td>29</td><td></td><td>2</td><td>9</td><td>0</td><td>0</td><td>伍角</td><td></td></tr>
<tr><td>伍拾元</td><td></td><td></td><td></td><td></td><td></td><td></td><td>贰角</td><td></td></tr>
<tr><td>贰拾元</td><td></td><td></td><td></td><td></td><td></td><td></td><td>壹角</td><td></td></tr>
<tr><td>拾元</td><td>3</td><td></td><td></td><td>3</td><td>0</td><td></td><td>伍分</td><td></td></tr>
<tr><td>伍元</td><td>1</td><td></td><td></td><td></td><td>5</td><td></td><td>贰分</td><td></td></tr>
<tr><td>壹元</td><td>3</td><td></td><td></td><td></td><td>3</td><td></td><td>其他</td><td></td></tr>
</table>

备注：

中国工商银行四川省分行宏济分理处
20190809
业务清讫

第一联　银行核对联

表 9-16

产成品出库通知单

2019 年 **8** 月 **9** 日

产品编号	产品名称	规格	单位	数量		单价（元）	金额							
				请发	实发		十万	千	百	十	元	角	分
	糖果		千克	100	100								
	依恋矿泉水		箱	10	10								
	合　计												

会计：　　　　仓库主管：　　　　保管：**张　亮**　　　　经发：　　制单：**张　亮**

第二联：财务联

✂ -

表 9-17

四川省政府非税收入一般缴款书（收据）

征收大厅编码：**0226480511**　　　渝财通字（**2019**）

执行单位编码：**000012405**

单位名称：**成都市环境保护局**　2019 年 8 月 9 日　　集中汇款☒减征□

付款人	全　称	四川华光食品有限公司	收款人	全　称	成都市环境保护局第三所
	账　号	9558854000001510000		账　号	44029030009026400000
	开户银行	工行成都市宏济分理处		开户银行	工行总府支行

收入项目	编码	数量	收费标准	金额
排污费		1	5 000 元/月	5 000

金额（大写）伍仟元整	（小写）￥5 000.00

执收单位（盖章）： 经办人 盖章：	备注： 1. 用于集中汇款时，此联不作收据由执收单位留存。 2. 用于依法收取暂扣款、预收款、曹正劲等款项时，此联不作收据。由缴款人留存，带结算后凭证换取专用收据或办理退付。 3. 本票据使用至 2019 年底，过期作废。

此联执收单位付给缴款人的收据

本缴款书付款期 10 天（节假日顺延），过期无效

表 9-18

四川增值税专用发票

No. 00203101

5100164130

5100164130
00203101

开票日期：**2019** 年 **8** 月 **10** 日

购买方	名　　称：四川华光食品有限公司 纳税人识别号：914301LIIMA4L2TWN5 地址、电话：成都市宏济 16 号 85587658 开户行及账号：工行成都宏济分理处 9558854000001510000	密码区	0174-124-275<1+46＊54＊ 781301>-<8102＊59＊09012 <4<3＊2182-9>9＊-163 </0＊01/4>＊>>2-5＊ 0.9/>>17

货物或应税 劳务、服务名称	规格型号	单位	数量	单价	金　额	税率	税　额
精白面粉		吨	50	600.00	30 000.00	13％	3 900.00
食用调和油		箱	100	225.00	22 500.00	9％	2 025.00
新西兰黄油		箱	10	650.00	6 500.00	13％	845.00
合　计					￥59 000.00		￥6 770.00

价税合计（大写）	⊗陆万伍仟柒佰柒拾元整	（小写）￥65 770.00

销售方	名　　称：成都市粮油公司 纳税人识别号：510752LIIF20031532 地址、电话：成都市宏济 16 号 85587658 开户行及账号：工行成都倪家桥分理处 4300015010607384567	备注	

收款人：　　　复核：　　　开票人：张 红　　　销售方:（章）

税总函[2019]559号　海南华森实业公司

第三联：发票联 购买方记账凭证

表 9-19

中国工商银行

进账单（回单）**2**

年　月　日

出票人	全　　称		收款人	全　　称	
	账　　号			账　　号	
	开户银行			开户银行	

金额	人民币 （大写）				亿	千	百	十	万	千	百	十	元	角	分

票据种类	
票据张数	
票据号码	

复核：　　记账：

开户银行签章

此联是开户银行交给持（出）票人的回单

表 9-20

收　料　单

2019 年 **8** 月 **10** 日

编号	材料名称	规格	计量 单位	数量	实　际　成　本				
					发票金额		摊运 杂费	其他	合　计
					单价	金　额			
	精白面粉		吨	50	600	30 000			30 000
	食用调和油		箱	100	225	22 500			22 500
	新西兰黄油		箱	10	650	6 500			6 500
						59 000			59 000

供应部负责人：王 涛　　记账：李 玲　　检验：　　保管：张 亮

表 9-21

中国工商银行电子缴税付款凭证

缴税日期：*2019* 年 *8* 月 *10* 日   凭证字号：*2019081097262941*

纳税人全称及纳税识别号： 四川华光食品有限公司　914301LIIMA4L2TWN5	
付款人全称： 四川华光食品有限公司	
付款人账号：9558854000001510000	征收机关名称：国家税务总局成都市税务局第三税务所
付款人开户银行： 工行成都市宏济分理处	征收国库（银行）名称：国家金库成都市宏济区支库（代理）

小写（合计）金额　￥58 600.00　　　　缴款书交易流水号：　13881758

大写（合计）金额　伍万捌仟陆佰元整　　　　税票号码：　32016042000008083

税（费）种名称　　　所属日期　　　　　　　实缴金额（单位:元）

增值税　　　　　　20190701－20190731　　　　　58 600.00

第 *1* 次打印　　　　　　　　　　　　　　　　　　　打印 2019 年 8 月 10 日

客户回单联　　　　验证码：*991C2855E006*　　　　复核：　　　记账：

表 9-22

中华人民共和国
税 收 完 税 证 明

（151）川证

填发日期：*2019*年 *8* 月 *10* 日　　　税务机关 **国家税务总局成都市税务局第三税务所**

纳税人识别号	914301LIIMA4L2TWN5		纳税人名称	四川华光食品有限公司		
原始证号	税种	品目名称	税款所属时期	入（退）库日期	实缴（退）金额	
	增值税	城市维护建设税	2019 年 7 月至 2019 年 7 月	0.00	￥4 102.00	
	增值税	教育费附加	2019 年 7 月至 2019 年 7 月	0.00	￥1 758.00	
金额合计	（大写）伍仟捌佰陆拾元整				￥5 860.00	
税务机关（盖章）	填 票 人		备注：			

第一联（收据）交纳税人作完税证明

表 9-23

工资分配汇总表

2019 年 8 月 10 日　　　　　　　　　　　　　　　　单位：元

| 车间或部门 | 职工类别 | 基本工资 | 津贴 | | | 缺勤应扣 | | 应付工资 | 代扣款项 | | | | 实发工资 |
			职务	岗位	其他	事假	迟到早退		电视收视费	天然气费	水费	扣款合计	
基本生产车间	生产工人	226 982.17	6 900	2 390	160	80		236 352.17	1 050	925.36	789.25	2 764.61	233 587.56
	管理人员	6 852.20	2 140					8 993.20	130	189.57	124.38	443.95	8 549.25
	小计	233 835.37	9 040	2 390	160	80		245 345.37	1 180	1 114.93	913.63	3 208.56	242 136.81
辅助生产车间	生产工人	4 230.30	100	890		20		5 200.30	50	125.46	87.35	262.81	4 937.49
	管理人员	1 508.20	840					2 348.20	30	49.53	29.35	108.88	2 239.32
	小计	5 738.50	940	890		20		7 548.50	80	174.99	116.70	371.69	7 176.81
行政管理部门		28 667.40	8 100					36 767.40	80	1 126.36	389.25	1 595.61	35 171.79
销售部门		33 417.70	6 160					39 577.70	50	125.86	87.25	263.11	39 314.59
合　计		301 658.97	24 240	3 280	160	100		329 238.97	1 390	2 542.14	1 506.83	5 438.97	323 800.00

（现金付讫）

制表人：王艺龄

- ✂ - - - - - - -

表 9-24

费 用 报 销 单

附件：26 张　　　　　　　　2019 年 8 月 11 日　　　　　　　　　　单位：元

费用项目	类别	金额		
邮寄费		576.00	负责人（签章）	赵 明
业务招待费		2 300.00	领导意见	同意报销 陈 栋
			报销人	张 昕
		（现金付讫）		
报销金额合计		￥2 876.00		
核实金额（大写）人民币 贰仟捌佰柒拾陆元整				
借款数：　　　　　应退数：　　　　　应补款：				

审核：陈 栋　　　　　　　　　　　出纳：王艺龄

表 9-25

差旅费报销单

单据编号：

报销部门：**采购部**　　　　　2019 年 8 月 11 日　　　　统计费用大类：**差旅费**

姓名	彭红	职别	采购员	出差事由	出差	预借款	**4 000** 元

起止日期：自 **2019** 年 **8** 月 **1** 日起至 **2019** 年 **8** 月 **5** 日止共 **5** 天　　附单据 **29** 张

日期 月	日	起讫地点	天数	交通费 交通工具	金额	途中伙食补助费	宿费	后勤费	其他费 用途	金额	小计
12	1	成都—上海	1	飞机	1 400						1 400
12	2	上海—上海	3	公交	300	105	600		快递	550	1 555
12	5	上海—成都	1	飞机	1 400						1 400
											4 355

合计大写⊗万肆仟叁佰伍拾零元零角零分　　小写 4 355.00　　应退（补）：355.00 元

审批：**陈雯**　　财务主管：**陈栋**　　会计：　　出纳：**王艺龄**　　部门主管：　　经手人：

表 9-26

5100161130

四川增值税专用发票
发票联

No.5100161130

00422105

开票日期：**2019** 年 **8** 月 **12** 日

税总函〔2019〕559 号　海南华森实业公司

购买方	名　　称：	四川华光食品有限公司		密码区	279＊12－4－275＜1＋67＊ 54＊085371＞＜2502＊59＊ 09140＜1＜3＊2369－9＞2＊ ＋453＜1/9＊01/3＞＊ ＞＞6－2＊0/5＞＞88
	纳税人识别号：	914301LIIMA4L2TWN5			
	地址、电话：	成都市宏济 16 号 85587658			
	开户行及账号：	工行成都宏济分理处 9558854000001510000			

货物或应税劳务、服务名称	规格型号	单位	数量	单价	金　额	税率	税　额
广告费					65 094.34	6%	3 905.66
合　计					￥65 094.34		￥3 905.66

价税合计（大写）　⊗陆万玖仟元整　　　　（小写）￥69 000.00

销售方	名　　称：	四川省成都市星光电视台		备注	
	纳税人识别号：	510106795925319M00			
	地址、电话：	成都市宏济路 20 号 85597658			
	开户行及账号：	工行成都市双林路分理处 9558854000002564789			

收款人：　　　复核：　　　开票人：**王洁**　　　销售方：（章）

第二联：发票联　购买方记账凭证

表 9-27

中国工商银行

进账单（回单）**2**

年 月 日

出票人	全　　称		收款人	全　　称		亿	千	百	十	万	千	百	十	元	角	分
	账　　号			账　　号												
	开户银行			开户银行												

金额	人民币（大写）											

票据种类	
票据张数	
票据号码	

开户银行签章

（盖章：中国工商银行四川省分行宏苏分理处 20190812 业务清讫）

复核：　　　记账：

此联是开户银行交给持（出）票人的回单

- ✂ - - - -

表 9-28

借　款　单

2019 年 *8* 月 *12* 日

借款部门	基本生产车间	姓名	李　西	事由	出　差
借款金额（大写）	伍仟元整		￥5 000.00		
领导审批		财务审批　陈栋	部门审批	出纳付款	现金付讫

出纳：王艺龄　　　　　　　　　　　　　　　　　　　　借款人：李　西

表 9-29

No. 00202107

5100161130

5100161130

四川增值税专用发票

此联不作报销、扣税凭证使用

00202107

开票日期：**2019 年 8 月 14 日**

购买方	名　　称：咸阳副食品公司 纳税人识别号：612081395230721B65 地　址、电话：咸阳市锦绣路 7 号 开户行及账号：工行咸阳鼓楼分理处 405800132543695000	密码区	288＊12－4－275＜1＋67＊ 54＊085371＞＜8002＊59＊ 09140＜1＜3＊2842－9＞2＊ ＋453＜1/9＊01/3＞＊ 0－2＊0/9/＞＞88

货物或应税 劳务、服务名称	规格型号	单位	数量	单价	金　　额	税率	税　　额
沙琪玛		件	1 000	160.00	160 000.00	13％	20 800.00
巧克力		件	500	400.00	200 000.00	13％	2 600.00
合　计					￥360 000.00		￥46 800.00

价税合计（大写）	⊗肆拾万陆仟捌佰元整	（小写）￥406 800.00

销售方	名　　称：四川华光食品有限公司 纳税人识别号：914301LIIMA4L2TWN5 地　址、电话：成都市宏济 16 号 85587658 开户行及账号：工行成都宏济分理处 9558854000001510000	备注	四川华光食品有限公司 914301LIIMA4L2TWN5 发票专用章

收款人：　　　复核：　　　开票人：**王　洁**　　　销售方：（章）

第一联：记账联　销售方记账凭证

表 9-30

中国工商银行

进账单（回单）2

年　　月　　日

出票人	全　　称		收款人	全　　称	
	账　　号			账　　号	
	开户银行			开户银行	

金额	人民币 （大写）		亿	千	百	十	万	千	百	十	元	角	分

票据种类	
票据张数	
票据号码	

复核　　记账

中国工商银行四川省分行宏济分理处
20190814
业务清讫

开户银行签章

此联是开户银行交给持（出）票人的回单

表 9-31

ICBC 🔴 **中国工商银行**　　　托收凭证(受理回单)**1**

NO：1008041802　　　　　　　　　　　　　委托日期 *2019* 年 *8* 月 *14* 日

业务类型		委托收款☑邮划☐电划)　托托收款☐邮划☐电划)				
付款人	全称	咸阳副食品公司	收款人	全称	四川华光食品有限公司	
	账号	405800132543695000		账号	9558854000001510000	
	地址	咸阳锦绣路7号 开户行 工行成都市双林路分理处		地址	成都市宏济路16号 开户行 工行成都市宏济分理处	

金额	人民币(大写)	肆拾贰万陆仟陆佰元整		亿千百十万千百十元角分 ¥ 4 2 6 6 0 0 0 0

款项内容	销售货物	托收凭证名称		附寄单据张数	
商品发送情况		已发送	合同号		612812

备注：		款项收妥日期	收款人开户银行盖章
复核：　记账：		年　月　日	年　月　日

此联作收款人开户银行给收款人的受理回单

产成品出库通知单

2019 年 *8* 月 *14* 日

产品编号	产品名称	规格	单位	数量		单价(元)	金　额							
				请发	实发		十万	千	百	十	元	角	分
	沙琪玛		件	1 000	1 000								
	巧克力		件	500	500								
	合计												

会计：　　仓库主管：　　　保管：*李义财*　　　经发：　　　　制单：*李义财*

第二联：财务联

表 9-33

库存现金盘点报告表

2019 年 8 月 15 日

票面额	张数	金额
壹佰元	133	13 300.00
伍拾元	10	500.00
贰拾元	24	480.00
拾元	52	520.00
伍元	25	125.00
壹元	98	98.00
伍角	17	8.50
壹角	17	1.70
合　计		15 033.20

加:收入凭证未记账
减:付出凭证未记账
加:跨日收入
加:跨日借条
调整后实际账面余额:
现金日记账账面余额:
盘点盈亏:
处理意见:按制度相关规定处理,盘点时本人在场,并如数归还无误。

部长:陈栋　　　　　　监盘人员:周葆　　　　　　出纳:王艺龄

表 9-34

中国工商银行

进账单（回单）**2**

年　月　日

出票人	全　称		收款人	全　称	
	账　号			账　号	
	开户银行			开户银行	

金额	人民币（大写）				亿	千	百	十	万	千	百	十	元	角	分

票据种类	
票据张数	
票据号码	

复核：　　　记账：

（印章：中国工商银行四川省分行宏济分理处　20190817　业务清讫）

开户银行签章

此联是开户银行交给持（出）票人的回单

--✂--

表 9-35

No. 00202111

四川增值税专用发票

5100162130

发票联（印章：国家税务总局监制）

5100162130
00202111

开票日期：**2019** 年 8 月 20 日

购买方	名　　称：四川华光食品有限公司 纳税人识别号：914301LIIMA4L2TWN5 地址、电话：成都市宏济 16 号 85587658 开户行及账号：工行成都宏济分理处 9555854000001510000	密码区	60－84＊12－40275＜1＋67＊ 54＊083865＞＜8002＊59＊ 09870＜1＜3＊2842－9＞2＊ ＋234＜1/9＊01/3＞＊ 0－2＊0/9/＞＞8－8011

货物或应税劳务、服务名称	规格型号	单位	数量	单价	金　　额	税率	税　　额
保险费					113 320.76	6％	6 799.24
合　计					￥113 320.76		￥6 799.24

价税合计（大写）	⊗壹拾贰万零壹佰贰拾元整	（小写）￥120 120.00

销售方	名　　称：中国平安保险公司成都分公司 纳税人识别号：612081395230735278 地址、电话：成都市宏济 18 号 86687658 开户行及账号：工行华新支行 2020136548598632157	备注	（印章：中国平安保险公司成都分公司　612081395230735278　发票专用章）

收款人：　　　　复核：　　　　开票人：**王 洁**　　　　销售方：（章）

税总函[2019] 559 号　梅南华森实业公司

第三联：发票联 购买方记账凭证

表 9-36

No. 00204992

海南增值税专用发票

4600154350

发票联

4600154350
00204992

开票日期：*2019 年 8 月 19 日*

购买方	名　　称：	四川华光食品有限公司
	纳税人识别号：	914301LIIMA4L2TWN5
	地址、电话：	成都市宏济 16 号 85587658
	开户行及账号：	工行成都宏济分理处 9558854000001510000

密码区
01－70＋4124－275＜1＋46＊54＊
781301＞－＜8102＊59＊09012
＜4＜3＊2182－9＞9＊－163
＜/0＊01/4＊＞＊＞2－5＊
0.9/＞＞175

第三联：发票联购买方记账凭证

货物或应税劳务、服务名称	规格型号	单位	数量	单价	金　额	税率	税　额
饼干生产流水线		套	1	395 000.00	395 000.00	13％	51 350.00
合　计					￥395 000.00		￥51 350.00

价税合计（大写）	⊗肆拾肆万陆仟叁佰伍拾元整	（小写）￥446 350.00

销售方	名　　称：	海南食品机械厂
	纳税人识别号：	2106302174238882584
	地址、电话：	三亚市李家桥路 998 号
	开户行及账号：	工行三亚市李家桥分理处 6633258725865423695

备注
2106302174238882584
发票专用章

收款人：　　复核：　　开票人：*张亚军*　　销售方：（章）

- ✂ - - - - - -

表 9-37

No. 00204110

海南增值税专用发票

46001543500

发票联

46001543500
0204110

开票日期：*2019 年 8 月 19 日*

购买方	名　　称：	四川华光食品有限公司
	纳税人识别号：	914301LIIMA4L2TWN5
	地址、电话：	成都市宏济 16 号 85587658
	开户行及账号：	工行成都宏济分理处 9558854000001510000

密码区
817－485＞＞24－275＜1＋46＊54＊
781301＞－＜8102＊59＊09012
＜4＜3＊2182－9＞9＊－163
＜/0＊01/4＊＞＊＞2－5＊
0.9/＞＞17

第三联：发票联购买方记账凭证

货物或应税劳务名称	规格型号	单位	数量	单价	金　额	税率	税　额
公路运输					2 590.91	9％	233.18
合　计					￥2 590.91		￥233.18

价税合计（大写）	⊗贰仟捌佰贰拾肆元玖分	（小写）￥2 824.09

销售方	名　　称：	三亚市宏达运输公司
	纳税人识别号：	2106302174238880001
	地址、电话：	三亚市李家桥路 998 号
	开户行及账号：	工行三亚市李家桥分理处 6633258725865423680

备注
2106302174238880001
发票专用章

收款人：　　复核：　　开票人：*张亚军*　　销售方：（章）

表 9-38

中国建设银行

银 行 汇 票(多余款收账通知) 4   30106042
00102300

出票日期(大写) 贰零壹玖年捌月零柒日	代理付款行： 行号：

收款人：海南食品机械厂

出票金额人民币(大写)	肆拾柒万元整	￥470 000.00

实际结算金额人民币(大写) 肆拾肆万玖仟壹佰柒拾肆元零玖分	亿 千 百 十 万 千 百 十 元 角 分
	￥ 4 4 9 1 7 4 0 9

申请人：四川华光食品有限公司	账号：9558854000001510000

出票行：中国建设银行四川省直属第一支行	行号：1058844034036	密押：2030002941	
备注：20190819 业务清讫		多余金额	左列退回多余金额已收入你账户内。
付款行签章		千 百 十 万 千 百 十 元 角 分	
		￥ 2 0 8 2 5 9 1	

提示付款期限自出票之日起壹个月

此联出票行做多余款后交申请人

--✂------------

表 9-39

固定资产移交生产验收单

保管使用单位：基本生产车间   2019 年 8 月 19 日

固定资产编号	固定资产名称	规格型号	计量单位	数量	原始价值	预计使用年限	制造厂商或施工方式
	饼干生产流水线	E5-18	套	1	461 050	10	海南食品机械厂
固定资产管理部门意见	合格，同意接受。	财会部门参加验收意见	合格	使用保管验收签章	李 夏		

固定资产管理部门负责人：刘 重   项目主办：   制单：王 富

表 9-40

No. 00202108

5100161130

四川增值税专用发票

此联不作报销、扣税凭证使用

51001611300

0202108

开票日期：**2019** 年 8 月 20 日

税总函[2019] 559 号 海南华森实业公司

购买方	名　　　称：	成都人民连锁公司					密码区	058－＊12－4－275＜1＋67＊ 54＊083571＞＜8002＊59＊ 09870＜1＜3＊2842－9＞2＊ ＋453＜1/9＊01/3＞＊ 0－2＊0/9＞＞088		
	纳税人识别号：	61208139523072126C								
	地址　、电话：	成都市紫荆北路7号　86666621								
	开户行及账号：	工行成都市紫荆分理处 4057138524123850000								

货物或应税劳务、服务名称	规格型号	单位	数量	单价	金　　额	税率	税　　额
糖果		吨	25	3 600.00	90 000.00	13%	11 700.00
比客土豆片		件	100	200.00	20 000.00	13%	2 600.00
全麦面包		件	50	1 300.00	65 000.00	13%	8 450.00
合　计					￥175 000.00		￥22 750.00

价税合计(大写)	⊗壹拾玖万柒仟柒佰伍拾元整	(小写)197 750.00

销售方	名　　　称：	四川华光食品有限公司	备注
	纳税人识别号：	914301LIIMA4L2TWN5	
	地址　、电话：	成都市宏济16号85587658	
	开户行及账号：	工行成都宏济分理处 9558854000001510000	

四川华光食品有限公司
914301LIIMA4L2TWN5
发票专用章

收款人：　　　　复核：　　　　开票人：**王　洁**　　　　销售方：(章)

第一联：记账联　销售方记账凭证

表 9-41

中国工商银行

2019 年 8 月 30 日

进账单(回单)**2**

出票人	全　　称	成都人民连锁公司	收款人	全　　称	四川华光食品有限公司
	账　　号	4057138524123850000		账　　号	9558854000001510000
	开户银行	工行成都市紫荆分理处		开户银行	中国工商银行宏济分理处

金额	人民币 (大写)	壹拾玖万柒仟柒佰伍拾元整	亿	千	百	十	万	千	百	十	元	角	分
					￥	1	9	7	7	5	0	0	0

票据种类	
票据张数	
票据号码	

中国工商银行四川省分行宏济分理处
20190820
业务清讫

复核　　　记账

开户银行签章

此联是开户银行交给持(出)票人的回单

表 9-42

产成品出库通知单

2019 年 8 月 14 日

产品编号	产品名称	规格	单位	数量 请发	数量 实发	单价（元）	金额 十万	千	百	十	元	角	分
	糖果		吨	25	25								
	比客土豆片		件	100	100								
	全麦面包		件	50	50								
	合　计												

第二联：财务联

会计：　　　仓库主管：　　　　保管：李义财　　　　经发：　　　　　制单：李义财

表 9-43

费　用　报　销　单

附件 4 张　　　　　　　报销日期：2019 年 8 月 21 日　　　　　　单价:元

费用项目	类　别	金　额		
信函邮寄费		1 482.00	负责人（签章）	赵　明
业务招待费		4 325.00	领导意见	同意报销 陈　栋
			报销人	张　昕
		现金付讫		
报销金额合计		￥5 807.00		
核实金额(大写)：人民币伍仟捌佰零柒元整				
借款数：　　　应退数：　　　应补款：				

审核：陈　栋　　　　　　　　　　　　出纳：王艺龄

表 9-44

ICBC 图 **中国工商银行**　　　　　　　结算业务申请书

渝B 02950678　　　委托日期 2019 年 8 月 22 日

业务类型　　电汇☑　　信汇□　　汇票申请□　　本票申请□　　其他□

申请人	全　称	四川华光食品有限公司	收款人	全　称	内江糖酒公司									
	账　号或住址	9558854000001510000		账　号或住址	4400237836852360000									
	开户银行	成都工行宏济分理处		开户银行	工行天成支行	亿	千	百	十	万	千	百	十	元角分
金额	人民币（大写）	伍万元整						￥	5	0	0	0	0	0 0 0

第三联　此联付款行给付款人的回单

支付密码　　　　　　　　　附加信息及用途：

电汇时需选择　普通□　加急□

银行签章

会计主管：　　　授权：　　　复核：　　　记账：

表 9-45　　　　　　　　　　　　　　　　　托收凭证(付款通知) **5**

ICBC 中国工商银行

NO:1008041803　　　　　委托日期 **2019** 年 **8** 月 **22** 日

业务类型		委托收款(☑邮划□电划)　托托收款(□邮划□电划)							
付款人	全称	四川华光食品有限公司	收款人	全称	成都市向阳实业公司				
	账号	9558854000001510000		账号	4400370836852360000				
	地址	成都市宏济路16号	开户行	工行成都市宏济分理处	地址	成都市天成路6号	开户行	工行天成支行	

金额 人民币(大写)　肆万陆仟捌佰元整　　　　　亿千百十万千百十元角分　¥4 6 8 0 0 0 0

款项内容	到期的商业汇票款	托收凭证名称		附寄单据张数	
商品发送情况	已发送	合同号		698765	

备注：

复核：　　记账：　　　　　款项收妥日期　　年　月　日

收款人开户银行盖章　年　月　日

此联作付款人开户银行给付款人按期付款通知

- ✂

表 9-46

费 用 报 销 单

附件:1 张　　　　　　报销日期:2019 年 8 月 23 日　　　　　　　单位:元

费用项目	类 别	金 额	负责人(签章)	赵 明
公司经费	电话费	4 726.00		
			领导意见	同意报销 陈 栋
		现金付讫	报销人	黄 骏
报销金额合计		¥4 726.00		
核实金额(大写)人民币肆仟柒佰贰拾陆元整				
借款数：	应退数：	应补款：		

审核：**陈　栋**　　　　　　　　　　出纳：**王艺龄**

- ✂

表 9-47

国家税务总局四川省税务局通用机打发票
发票联

序号:734077284　　　日期:**2019** 年 **8** 月 **23** 日　　　　发票代码 143001531820
　　　　　　　　　　　　　　　　　　　　　　　　　　　　发票号码 108886021

号码：15344215526		业务种类：全球通奥运套餐	
客户名称　赵一		备注:本票仅限于办理电信业务,收取电信话费使用	
本次交费:4 726.00			
本期可用自由话费余额:196.7		2019.08.23	
大写金额　人民币肆仟柒佰贰拾陆元整	小写金额	¥4 726.00	

开票人：　　　　　收款人：　　　　　收款方发票专用章(未盖章无效)

税控信息：

发票联：(手开无效)

表 9-48   No.00202109

四川增值税专用发票
此联不作报销、扣税凭证使用

5100161130

5100161130
00202109

开票日期：**2019** 年 8 月 25 日

购买方	名　　称：	成都东华食品公司				密码区	593＊12－48－－275＜1＋67＊ 54＊083571＞＜8002＊59＊ 09870＜1＜3＊2842－9＞2＊ ＋453＜1/9＊01/3＞＊ 0－2＊0/0＞＞838
	纳税人识别号：	510445223683025268					
	地　址、电话：	成都市紫荆东路772号　85566638					
	开户行及账号：	工行成都市紫荆分理处 4057138524123850000					

货物或应税 劳务、服务名称	规格 型号	单位	数量	单价	金　额	税率	税　额
糖果		吨	10	3 600.00	36 000.00	13％	4 680.00
蛋酥饼干		件	100	600.00	60 000.00	13％	7 800.00
礼品巧克力		件	150	500.00	75 000.00	13％	9 750.00
合　计					￥171 000.00		￥22 230.00

价税合计（大写）	⊗壹拾玖万叁仟贰佰叁拾元整	（小写）￥193 230.00

销售方	名　　称：	四川华光食品有限公司	备注	
	纳税人识别号：	914301LIIMA4L2TWN5		
	地　址、电话：	成都市宏济16号85587658		
	开户行及账号：	工行成都宏济分理处 9558854000001510000		

收款人：　　　　复核：　　　　开票人：**王洁**　　　　销售方：（章）

税总函[2019] 559 号　海南华森实业公司

第一联：记账联　销售方记账凭证

表 9-49   ICBC 圄   **中国工商银行**   托收凭证（受理回单）1

NO：1008041804   委托日期 2019 年 8 月 25 日

业务类型		委托收款（☑邮划□电划）　托托收款（□邮划□电划）					
付款人	全称	成都东华食品公司	收款人	全称	四川华光食品有限公司		
	账号	4057138524123850000		账号	9558854000001510000		
	地址	成都市紫荆东路772路	开户行	工行成都市紫荆分理处	地址	成都市宏济路16号	开户行	工行成都市宏济分理处

金额	人民币 （大写）	壹拾玖万叁仟贰佰叁拾元整	亿	千	百	十	万	千	百	十	元	角	分
					￥	1	9	3	2	3	0	0	0

款项内容	到销货款	托收凭证名称		附寄单据张数	
商品发送情况	已发送	合同号		612304	

备注：		款项收妥日期		收款人开户银行盖章	
复核：　记账：		年　月　日		年　月　日	

此联作收款人开户银行给收款人的受理回单

表 9-50

产成品出库通知单

2019 年 8 月 14 日

产品编号	产品名称	规格	单位	数量 请发	数量 实发	单价（元）	金额 十万	千	百	十	元	角	分
	糖果		吨	10	10								
	蛋酥饼干		件	100	100								
	礼品巧克力		件	150	150								
	合　计												

会计：　　　仓库主管：　　　保管：**李义财**　　　经发：　　　　　　　制单：**李义财**

- ✂ - - - -

表 9-51

差旅费报销单

单据编号：

报销部门：基本生产车间　　　　填报日期：**2019** 年 **8** 月 **26** 日　　　　统计费用大类：**差旅费**

姓名	李西	职别	技术员	出差事由	出差	预借款	5 000 元

起止日期：自 2019 年 8 月 1 日起至 2019 年 8 月 20 日止共 20 天　　　附单据 42 张

日期 月	日	起讫地点	天数	交通费 交通工具	交通费 金额	途中伙食补助费	宿费	后勤费	其他费 用途	其他费 金额	小计
3	1	成都—重庆	1	高铁	124						124
3	2	重庆—重庆	18	公交	380	570	1 330		快递	327	2 607
3	20	重庆—成都	1	高铁	124						24

合计大写：⊗万贰仟捌佰伍拾伍元零角零分　　小写 2 855.00　　应退：2 145 元

审批：**陈雯**	财务主管：**陈栋**	会计：	出纳：**王艺龄**	部门主管：	经手人：

表 9-52

收 款 收 据

年 月 日   No. 00490021

今收到				
金额(大写)	拾 万 仟 佰 拾 元 角 分	金额(小写)		
收款方式	□现金□支票□信用卡□其他	四川华光食品有限公司 收款单位（盖章） 财务专用章		
核准：	会计：	记账：	出纳：	经手人：

第二联 收据联

表 9-53

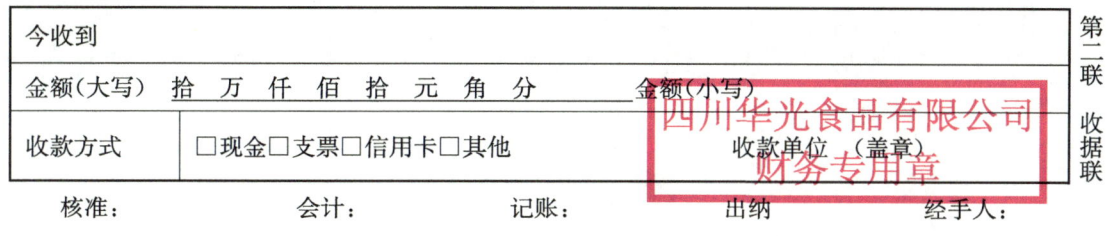

中国工商银行　贷款凭证(3)(收账通知)

2019 年 8 月 28 日

贷款单位	四川华光食品有限公司		种类	六个月	贷款户账号	9558854000001510000									
						千	百	十	万	千	百	十	元	角	分
金　额	人民币(大写)伍拾万元整						￥5	0	0	0	0	0	0	0	0
用　途	周转	单位申请期限	自 2019 年 08 月 28 日至 2020 年 02 月 27 日												
		银行核定期限	自 2019 年 08 月 28 日至 2020 年 02 月 27 日												

上述贷款已核准发放,贷款已转入你单位账户。	单位会计分录	
	收入	
月利率 0.2%	付出	
银行盖章	复核	记账
2019 年 8 月 28 日	主管	会计

（印章）中国工商银行四川省分行宏济分理处 20190828 业务清讫

表 9-54

中国人民银行支付系统专用凭证

No. 000000426185

交易种类：　　　　　　　　　　　　　　支付交易序号：3045

报文种类：

汇款账号：

发起行名称：工行咸阳鼓楼分理处

汇款人账号：4058001325436952000　　　汇款人开户行：工行咸阳鼓楼　　委托日期：2019 年 8 月 29 日

汇款人名称：咸阳副食品公司

汇款人地址：咸阳市锦绣路 7 号　　　　　汇款金额：426 600.00 元

接收行行号：203866354411

收款人账号：9558852000001510000　　　收款人开户行行号：102554403488　　收款日期：2019 年 8 月 29 日

收款人名称：四川华光食品有限公司

收款人地址：成都市宏济路 16 号

货币符号：人民币

附言：付 2019 年 8 月 14 日商品货税款及代垫运杂费 426 600.00 元

（印章）中国人民银行 20190829 专用

（印章）中国工商银行四川省分行宏济分理处 20190829 业务清讫

第二联：收款人作收账凭证

表 9-55

四川省社会保险基金收款收据

30094946

No *0013787974*

交款单位：四川华光食品有限公司

2019 年 *8* 月 *30* 日

收入项目	人数	单位缴纳	个人缴纳	滞纳金	金额	
社会保险费					￥120 000.00	① 收据
合计金额 （大写）	壹拾贰万元整				￥120 000.00	
备注	本票据使用至 2020 年底，过期作废。					

收款单位（财务专用章）　　　　　收款主管：　　　　收款人：

--✂--------

表 9-56

中国工商银行

年　月　日

进账单（回单） **2**

	全　称			全　称		亿 千 百 十 万 千 百 十 元 角 分
出票人	账　号		收款人	账　号		
	开户银行			开户银行		
金额	人民币 （大写）					
票据种类						
票据张数						
票据号码						

开户银行签章

复核　　　　　记账

此联是开户银行交给持（出）票人的回单

表 9-57

库存现金盘点报告表

2019 年 8 月 31 日

票面额	张数	金　额
壹佰元	201	20 100.00
伍拾元	12	600.00
贰拾元	10	200.00
拾元	11	110.00
伍元		
壹元		
伍角	1	0.50
壹角	7	0.70
合　　计		21 011.20

加:收入凭证未记账	
减:付出凭证未记账	
加:跨日收入	
加:跨日借条	
调整后实际账面余额:	
现金日记账账面余额	
盘点盈亏:	

处理意见:按制度相关规定处理,盘点时本人在场,并如数归还无误。

部长:陈栋　　　　　　监盘人员:周葆　　　　　　出纳:王艺龄

表 9-58

银行承兑汇票　　2

10200052
23462538

出票日期
（大写）　　贰零壹玖年零柒月贰拾壹日

出票人全称	上海沙丽对外贸易有限公司	收款人	全　称	四川利群食品有限公司
出票人账号	'41006001272704327315		账　号	9558854000001510000
付款行全称	交通银行上海闵行支行		开户银行	中国工商银行成都市宏济分理处

出票金额	人民币（大写）	叁拾玖万肆仟捌佰壹拾元整		亿	千	百	十	万	千	百	十	元	角	分
							¥	3	9	4	8	1	0	0	0

汇票到期日（大写）	贰零壹玖年零壹拾月贰拾壹日	付款行	行号	301290050439
承兑协议编号	2019（承兑协议）Mge0012		地址	上海市闵行区文井路 145 号

汇票请你行承兑，到期无条件付款 出票人签章	汇票已经承兑　到期日由本银行付款 承兑日期　　　年　　月　　日	承兑行盖章	密押 复核　　记账

被背书人四川华光食品有限公司	被背书人中国工商银行成都市宏济分理处	被背书人
四川利群食品有限公司 财务专用章　寒石 印以	四川华光食品有限公司 财务专用章　莲陈 印 委托收款	
背书人签章 2019 年 7 月 21 日	背书人签章 2019 年 8 月 31 日	背书人签章 年　月　日

表 9-59

贴现凭证（代申请书）①

第 135 号

填写日期	2019 年 8 月 31 日

贴现汇率	种 类	银行承兑汇票	号码	23462538	申请人	名 称	四川华光食品有限公司
	出 票 日	2019 年 7 月 21 日				账 号	95588540000151 0000
	到 期 日	2019 年 10 月 21 日				开户银行	中国工商银行成都市宏济分理处

汇票承兑人（或银行）	名 称	工行成都市宏济分理处	账号			开户银行	

汇 票 金 额（即贴现金额）	人民币（大写）	叁拾玖万肆仟捌佰壹拾元整		千	百	十	万	千	百	十	元	角	分
					¥	3	9	4	8	1	0	0

贴现率 每月	0.6%	贴现利息		千	百	十	万	千	百	十	元	角	分
				千	百	十	万	千	百	十	元	角	分
		实际贴现金额											

银行审批		科目（借）	
		对方科目（贷） 记账	
	负责人 信贷员	复核 记账	

此致
根据《银行结算办法》的规定，附送承兑汇票申请贴现。请审核。
工商银行成都市宏济分理处（贴现银行）
申请人盖章处

财务专用章
四川华光食品有限公司

陈莲
中国 印金

此联银行做贴现借方凭证

表 9-60

中国工商银行

进账单（回单）　**2**

年　月　日

<table>
<tr><td rowspan="3">出票人</td><td>全　称</td><td></td><td rowspan="3">收款人</td><td>全　称</td><td></td><td rowspan="7">此联是开户银行交给持（出）票人的回单</td></tr>
<tr><td>账　号</td><td></td><td>账　号</td><td></td></tr>
<tr><td>开户银行</td><td></td><td>开户银行</td><td></td></tr>
<tr><td rowspan="2">金额</td><td>人民币
（大写）</td><td colspan="2"></td><td colspan="1">亿 千 百 十 万 千 百 十 元 角 分</td></tr>
<tr><td colspan="3"></td></tr>
<tr><td>票据种类</td><td colspan="2"></td><td rowspan="3" colspan="2">开户银行签章</td></tr>
<tr><td>票据张数</td><td colspan="2"></td></tr>
<tr><td>票据号码</td><td colspan="2"></td></tr>
<tr><td>复核：</td><td colspan="2">记账：</td><td colspan="2"></td></tr>
</table>

（印章：中国工商银行四川省分行宏济分理处 20190830 业务清讫）

表 9-61

中国工商银行客户存款对账单

网店号：0073　　　　　单位：元　　2019 年 8 月 31 日　　　　　页号：1

账号：9558854000001510000　　　户名：四川华光食品有限公司　　上页余额：2 708 700.00

<table>
<tr><th>日期
年/月/日</th><th>业务种类</th><th>凭证号码</th><th>对方户名</th><th>摘要</th><th>借方发生额</th><th>贷方发生额</th><th>余额</th></tr>
<tr><td>2019-8-1</td><td></td><td></td><td></td><td>月初余额</td><td></td><td></td><td>2 708 700.00</td></tr>
<tr><td>2019-8-1</td><td>托收</td><td>3212</td><td>成都市光明实业公司</td><td>收款</td><td></td><td>5 000 000.00</td><td>7 708 700.00</td></tr>
<tr><td>2019-8-1</td><td>现支</td><td>8876</td><td></td><td>提现</td><td>8 000.00</td><td></td><td>7 700 700.00</td></tr>
<tr><td>2019-8-3</td><td>专凭</td><td>6135</td><td>咸阳副食品公司</td><td>收款</td><td></td><td>142 380.00</td><td>7 843 080.00</td></tr>
<tr><td>2019-8-4</td><td>转支</td><td>8571</td><td>成都市红光公司</td><td>付款</td><td>70 200.00</td><td></td><td>7 772 880.00</td></tr>
<tr><td>2019-8-4</td><td>现支</td><td>8877</td><td></td><td>提现</td><td>8 000.00</td><td></td><td>7 764 880.00</td></tr>
<tr><td>2019-8-7</td><td>电汇</td><td>676</td><td>南京市工行金陵支行</td><td>付款</td><td>85 500.00</td><td></td><td>7 679 380.00</td></tr>
<tr><td>2019-8-9</td><td>其他</td><td></td><td></td><td>收款</td><td></td><td>2 938.00</td><td>7 682 318.00</td></tr>
<tr><td rowspan="3">2019-8-10</td><td rowspan="3">其他</td><td rowspan="3">2941</td><td rowspan="3">国家税务总局成都市税务局第三税务所</td><td rowspan="3">付款</td><td>58 600.00</td><td></td><td>7 623 718.00</td></tr>
<tr><td>4 102.00</td><td></td><td>7 619 616.00</td></tr>
<tr><td>1 758.00</td><td></td><td>7 617 858.00</td></tr>
<tr><td>2019-8-10</td><td>现支</td><td>8878</td><td></td><td>提现</td><td>323 800.00</td><td></td><td>7 294 058.00</td></tr>
<tr><td>2019-8-12</td><td>转支</td><td>8578</td><td>四川省成都市星光电视台</td><td>付款</td><td>69 000.00</td><td></td><td>7 225 058.00</td></tr>
<tr><td>2019-8-12</td><td>现支</td><td>8879</td><td></td><td>提现</td><td>6 000.00</td><td></td><td>7 219 058.00</td></tr>
<tr><td>2019-8-14</td><td>转支</td><td>8579</td><td>成都市蚂蚁运输有限公司</td><td>付款</td><td>9 000.00</td><td></td><td>7 210 058.00</td></tr>
<tr><td>2019-8-17</td><td>转支</td><td>8580</td><td>中国平安保险公司成都分公司</td><td>付款</td><td>120 120.00</td><td></td><td>7 089 938.00</td></tr>
<tr><td>2019-8-18</td><td>现支</td><td>8880</td><td></td><td>提现</td><td>6 000.00</td><td></td><td>7 083 938.00</td></tr>
<tr><td>2019-8-20</td><td>进账单</td><td></td><td>成都人民连锁公司</td><td>收款</td><td></td><td>197 750.00</td><td>7 281 688.00</td></tr>
<tr><td>2019-8-22</td><td>电汇</td><td>678</td><td>内江糖酒公司</td><td>付款</td><td>50 000.00</td><td></td><td>7 231 688.00</td></tr>
<tr><td>2019-8-23</td><td>托收</td><td>1803</td><td>成都市向阳实业公司</td><td>付款</td><td>46 800.00</td><td></td><td>7 184 888.00</td></tr>
<tr><td>2019-8-23</td><td>现支</td><td>8881</td><td></td><td>提现</td><td>10 000.00</td><td></td><td>7 174 888.00</td></tr>
<tr><td>2019-8-28</td><td>贷款</td><td></td><td></td><td>收款</td><td></td><td>500 000.00</td><td>7 674 888.00</td></tr>
<tr><td>2019-8-29</td><td>专凭</td><td>6183</td><td></td><td>收款</td><td></td><td>426 600.00</td><td>8 101 488.00</td></tr>
<tr><td>2019-8-30</td><td>其他</td><td></td><td></td><td>收款</td><td></td><td>5 600.00</td><td>8 107 088.00</td></tr>
<tr><td>2019-8-30</td><td>转支</td><td>8581</td><td>成都市企业社会保险工作局</td><td>付款</td><td>120 000.00</td><td></td><td>7 987 088.00</td></tr>
</table>

打印次数：1　　　验证码：418187095021　　　　　　　可用余额：7 987 088.00

请仔细核对发生额明细及账户余额，如有疑问请与我行联系

（印章：自助回单机专用章（002））

表 9-62

中国建设银行客户存款对账单

网店号：007　467358 币种：人民币　　　　单位：元　　2019 年 8 月 31 日　　　　　　页号：1

账号：4300150106105000000　　　　户名：四川华光食品有限公司　　上页余额：920 000.000

日期	业务	凭证	对方户名	摘要	借方发生额	贷方发生额	余额
年/月/日	种类	号码					
2019-8-1				月初余额			920 000.00
2019-8-2	转支	3747	成都市宏达机械设备公司	付款	150 000.00		770 000.00
2019-8-7	电汇	0677	海南食品机械厂	付款	470 000.00		300 000.00
2019-8-19	其他			收款		20 825.91	320 825.91

打印次数：1　　　　　验证码：526983215875　　　　　　　　可用余额：320 825.91

请仔细核对发生额明细及账户余额，如有疑问请与我行联系

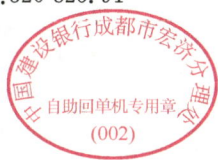

表 9-63

银行存款余额调节表

银行账号：　　　　　　　　　年　月　日　　　　　　　　　单位：元

项　目	金额	项　目	金额
企业银行存款日记余额		银行对账单余额	
加：银行已收，企业未收		加：企业已收，银行未收	
减：银行已付，企业未付		减：企业已付，银行未付	
调整后余额		调整后余额	

制表：

表 9-64

银行存款余额调节表

银行账号： 　　　　　　　　　年　月　日　　　　　　　　　　单位:元

项　　　目	金额	项　　　目	金额
企业银行存款日记余额		银行对账单余额	
加:银行已收,企业未收		加:企业已收,银行未收	
减:银行已付,企业未付		减:企业已付,银行未付	
调整后余额		调整后余额	

制表:

--✂-----------

表 9-65

出纳报告单

编号： 　　　　　　　　　年　月　日至　年　月　日　　　　　　　　单位:元

项目	上期结存	本期收入	合计	本期支出	本期结存
库存现金					
银行存款					
其中:基本账户					
一般账户					
专用账户					
其他货币资金					
其中:					
外埠存款					
银行汇票存款					

报告人:

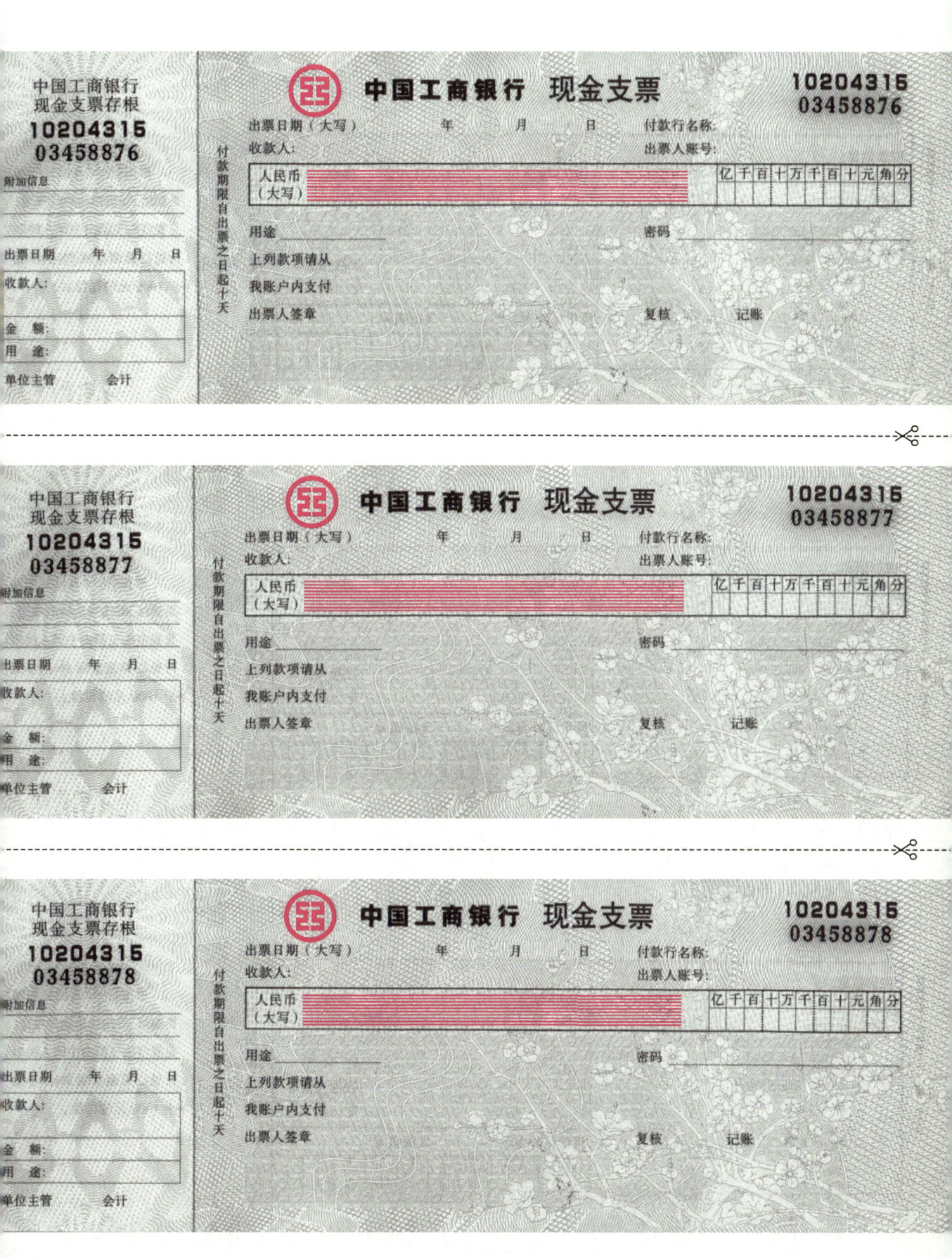

中国工商银行
现金支票存根
10204315
03458876

附加信息

出票日期　　年　月　日
收款人：

金　额：
用　途：
单位主管　　　会计

付款期限自出票之日起十天

中国工商银行　现金支票
10204315
03458876

出票日期（大写）　　年　月　日　　付款行名称：
收款人：　　　　　　　　　　　　出票人账号：

人民币
（大写）

亿	千	百	十	万	千	百	十	元	角	分

用途　　　　　　　　　　　　　密码
上列款项请从
我账户内支付
出票人签章　　　　　　　　　　复核　　　记账

中国工商银行
现金支票存根
10204315
03458877

附加信息

出票日期　　年　月　日
收款人：

金　额：
用　途：
单位主管　　　会计

付款期限自出票之日起十天

中国工商银行　现金支票
10204315
03458877

出票日期（大写）　　年　月　日　　付款行名称：
收款人：　　　　　　　　　　　　出票人账号：

人民币
（大写）

亿	千	百	十	万	千	百	十	元	角	分

用途　　　　　　　　　　　　　密码
上列款项请从
我账户内支付
出票人签章　　　　　　　　　　复核　　　记账

中国工商银行
现金支票存根
10204315
03458878

附加信息

出票日期　　年　月　日
收款人：

金　额：
用　途：
单位主管　　　会计

付款期限自出票之日起十天

中国工商银行　现金支票
10204315
03458878

出票日期（大写）　　年　月　日　　付款行名称：
收款人：　　　　　　　　　　　　出票人账号：

人民币
（大写）

亿	千	百	十	万	千	百	十	元	角	分

用途　　　　　　　　　　　　　密码
上列款项请从
我账户内支付
出票人签章　　　　　　　　　　复核　　　记账

附加信息：

（贴粘单处）

收款人签章
年　月　日

身份证件名称：　发证机关：
号码

淮海华赢印务有限公司 · 2011 年印制

中国工商银行
现金支票存根

1020431S
03458900

根据《中华人民共和
票据法》等法律法规的规定
签发空头支票由中国人民银
行处以票面金额 5%但不
于 1000 元的罚款。

1020431B
03458900

中国工商银行 现金支票

附加信息：

（贴粘单处）

收款人签章
年　月　日

身份证件名称：　发证机关：
号码

淮海华赢印务有限公司 · 2011 年印制

中国工商银行
现金支票存根

1020431S
03458900

根据《中华人民共和
票据法》等法律法规的规定
签发空头支票由中国人民银
行处以票面金额 5%但不
于 1000 元的罚款。

1020431B
03458900

中国工商银行 现金支票

附加信息：

（贴粘单处）

收款人签章
年　月　日

身份证件名称：　发证机关：
号码

淮海华赢印务有限公司 · 2011 年印制

中国工商银行
现金支票存根

1020431S
03458900

根据《中华人民共和
票据法》等法律法规的规定
签发空头支票由中国人民银
行处以票面金额 5%但不
于 1000 元的罚款。

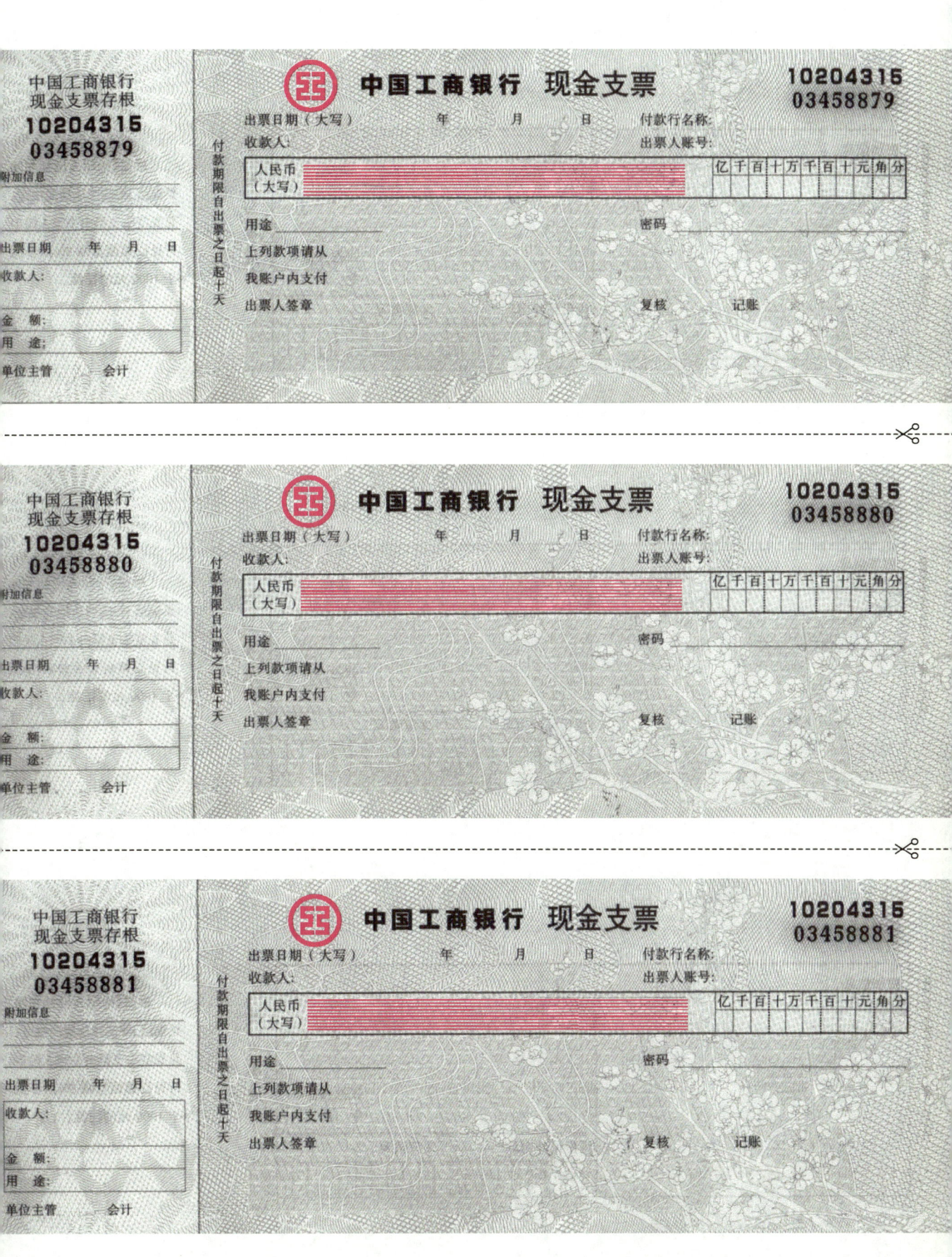

附加信息:

（贴粘单处）

收款人签章
年 月 日

身份证件名称:　　　　发证机关:
号码

根据《中华人民共和国
票据法》等法律法规的规定
签发空头支票由中国人民银
行处以票面金额 5%但不低
于 1000 元的罚款。

附加信息:

（贴粘单处）

收款人签章
年 月 日

身份证件名称:　　　　发证机关:
号码

根据《中华人民共和国
票据法》等法律法规的规定
签发空头支票由中国人民银
行处以票面金额 5%但不低
于 1000 元的罚款。

附加信息:

（贴粘单处）

收款人签章
年 月 日

身份证件名称:　　　　发证机关:
号码

根据《中华人民共和国
票据法》等法律法规的规定
签发空头支票由中国人民银
行处以票面金额 5%但不低
于 1000 元的罚款。

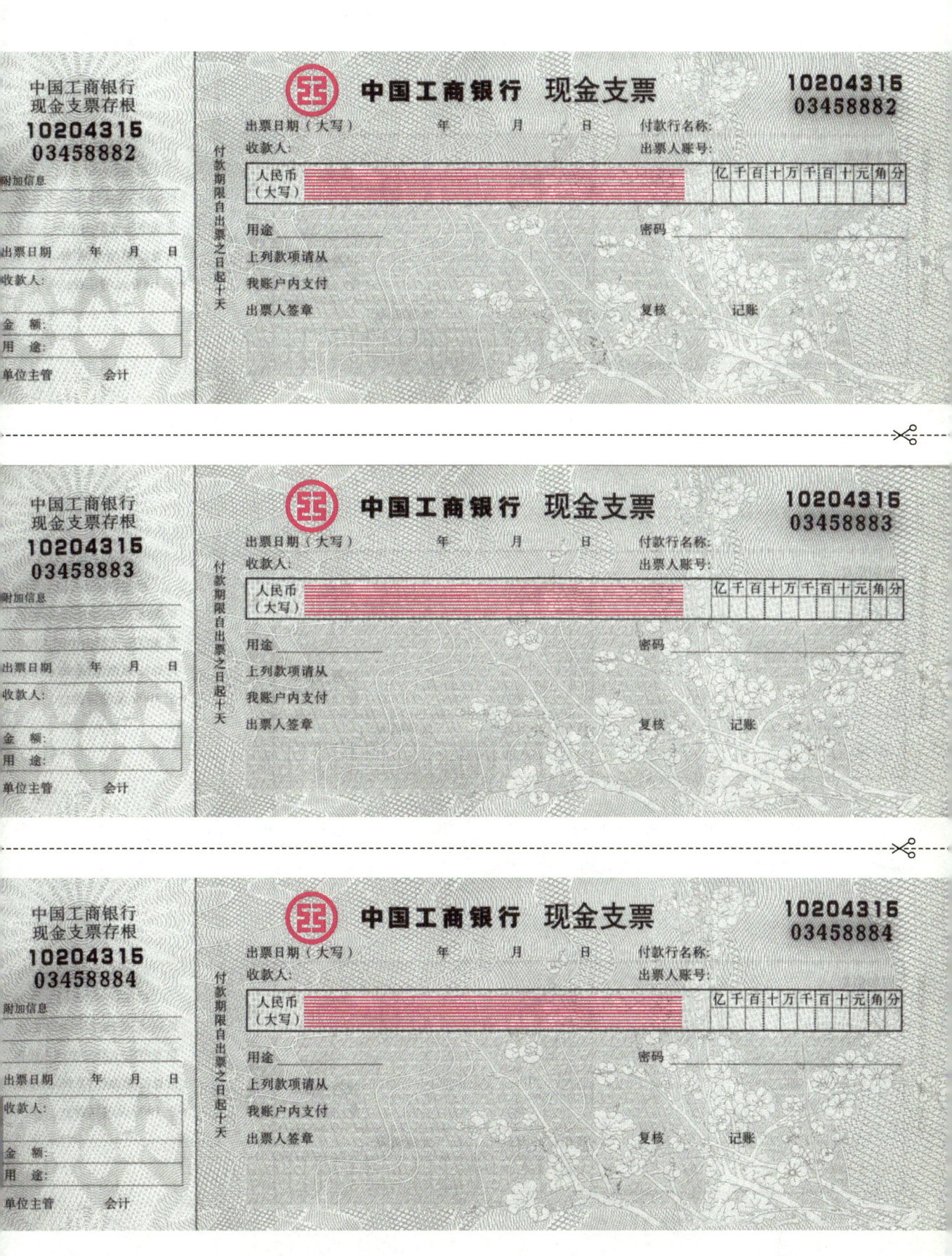

附加信息：

收款人签章
年　月　日

（贴粘单处）

身份证件名称：　　　发证机关：

号码

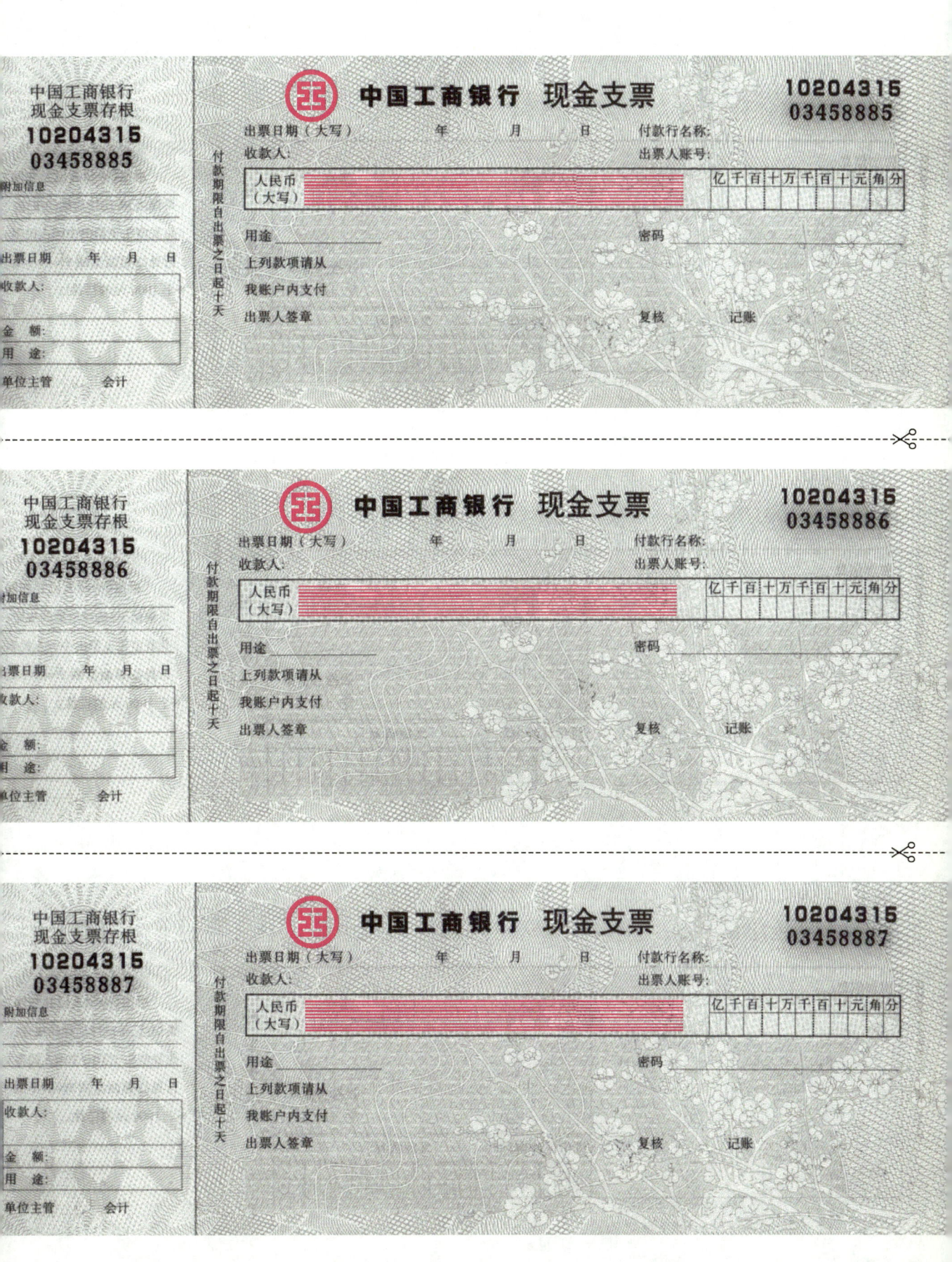

附加信息：

收款人签章
年 月 日

身份证件名称： 发证机关：
号码

（贴粘单处）

中国工商银行
现金支票存根
10204315
03458900

根据《中华人民共和国票据法》等法律法规的规定，签发空头支票由中国人民银行处以票面金额5%但不低于1000元的罚款。

淮阴华森印务有限公司 · 2011年印制

10204315
03458900

中国工商银行 现金支票

附加信息：

收款人签章
年 月 日

身份证件名称： 发证机关：
号码

（贴粘单处）

中国工商银行
现金支票存根
10204315
03458900

根据《中华人民共和国票据法》等法律法规的规定，签发空头支票由中国人民银行处以票面金额5%但不低于1000元的罚款。

淮阴华森印务有限公司 · 2011年印制

10204315
03458900

中国工商银行 现金支票

附加信息：

收款人签章
年 月 日

身份证件名称： 发证机关：
号码

（贴粘单处）

中国工商银行
现金支票存根
10204315
03458900

根据《中华人民共和国票据法》等法律法规的规定，签发空头支票由中国人民银行处以票面金额5%但不低于1000元的罚款。

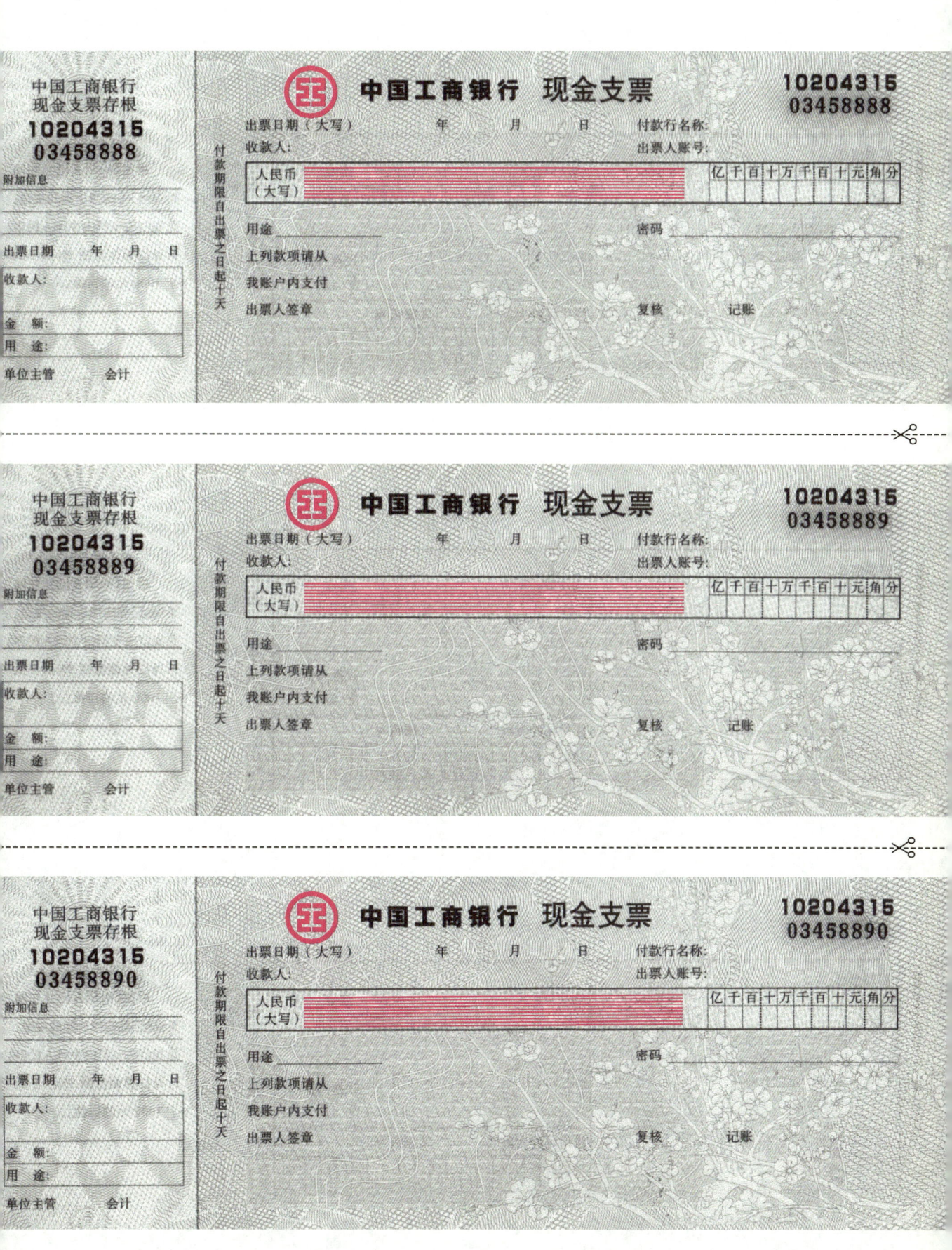

中国工商银行
现金支票存根
10204315
03458888

附加信息

出票日期　年　月　日
收款人：

金　额：
用　途：

单位主管　会计

付款期限自出票之日起十天

中国工商银行　现金支票

10204315
03458888

出票日期（大写）　　年　　月　　日　　付款行名称：
收款人：　　　　　　　　　　　　　　出票人账号：

人民币
（大写）　　　　　　　　　　　　　　　亿千百十万千百十元角分

用途　　　　　　　　　　　　　　密码
上列款项请从
我账户内支付
出票人签章　　　　　　　　　　复核　　记账

中国工商银行
现金支票存根
10204315
03458889

附加信息

出票日期　年　月　日
收款人：

金　额：
用　途：

单位主管　会计

付款期限自出票之日起十天

中国工商银行　现金支票

10204315
03458889

出票日期（大写）　　年　　月　　日　　付款行名称：
收款人：　　　　　　　　　　　　　　出票人账号：

人民币
（大写）　　　　　　　　　　　　　　　亿千百十万千百十元角分

用途　　　　　　　　　　　　　　密码
上列款项请从
我账户内支付
出票人签章　　　　　　　　　　复核　　记账

中国工商银行
现金支票存根
10204315
03458890

附加信息

出票日期　年　月　日
收款人：

金　额：
用　途：

单位主管　会计

付款期限自出票之日起十天

中国工商银行　现金支票

10204315
03458890

出票日期（大写）　　年　　月　　日　　付款行名称：
收款人：　　　　　　　　　　　　　　出票人账号：

人民币
（大写）　　　　　　　　　　　　　　　亿千百十万千百十元角分

用途　　　　　　　　　　　　　　密码
上列款项请从
我账户内支付
出票人签章　　　　　　　　　　复核　　记账

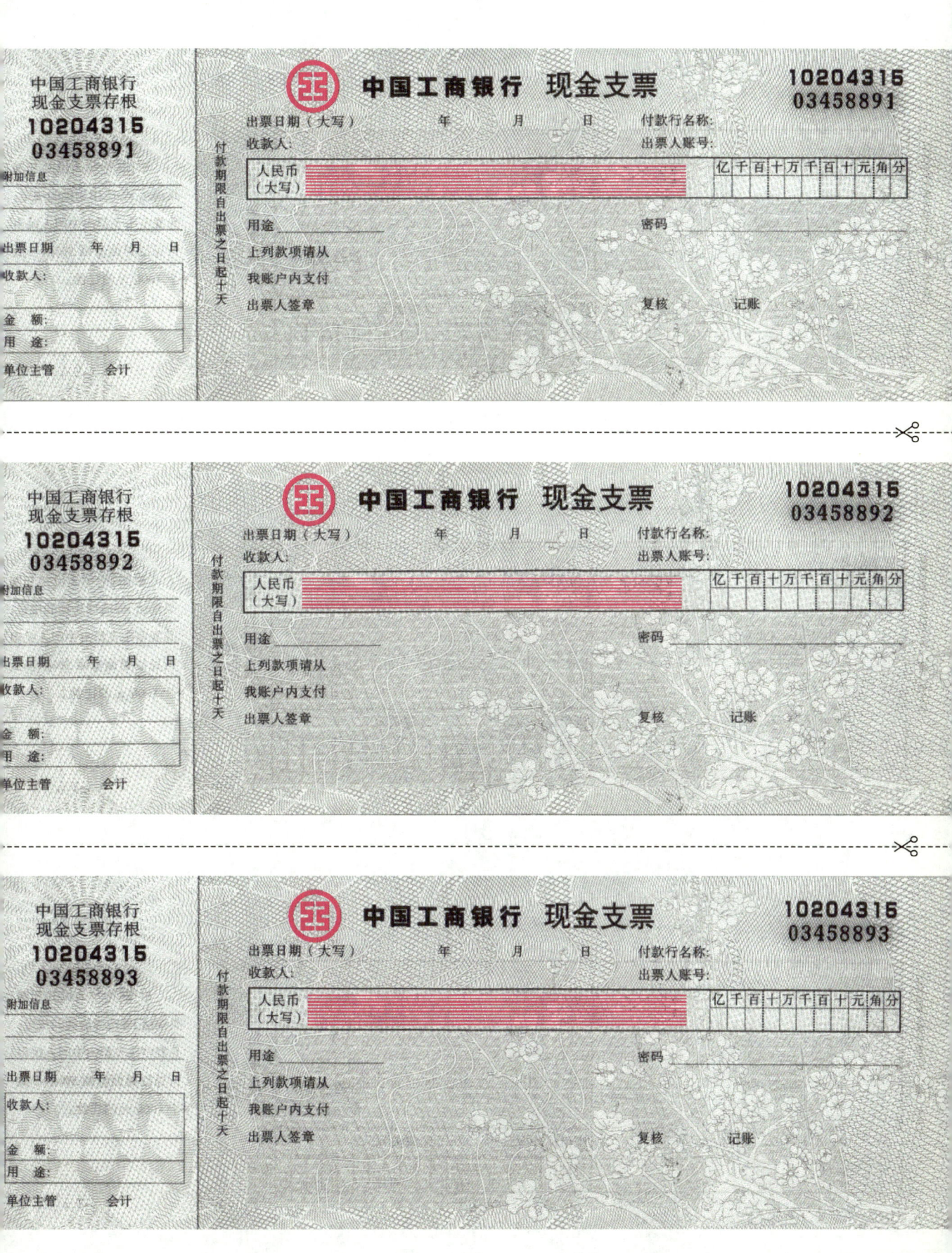

中国工商银行
现金支票存根
10204315
03458891

附加信息

出票日期　　年　月　日
收款人：

金　额：
用　途：
单位主管　　会计

付款期限自出票之日起十天

中国工商银行　现金支票
10204315
03458891

出票日期（大写）　　年　　月　　日　　付款行名称：
收款人：　　　　　　　　　　　　　　出票人账号：

人民币
（大写）

亿千百十万千百十元角分

用途　　　　　　　　　　密码
上列款项请从
我账户内支付
出票人签章　　　　　　　复核　　记账

中国工商银行
现金支票存根
10204315
03458892

附加信息

出票日期　　年　月　日
收款人：

金　额：
用　途：
单位主管　　会计

付款期限自出票之日起十天

中国工商银行　现金支票
10204315
03458892

出票日期（大写）　　年　　月　　日　　付款行名称：
收款人：　　　　　　　　　　　　　　出票人账号：

人民币
（大写）

亿千百十万千百十元角分

用途　　　　　　　　　　密码
上列款项请从
我账户内支付
出票人签章　　　　　　　复核　　记账

中国工商银行
现金支票存根
10204315
03458893

附加信息

出票日期　　年　月　日
收款人：

金　额：
用　途：
单位主管　　会计

付款期限自出票之日起十天

中国工商银行　现金支票
10204315
03458893

出票日期（大写）　　年　　月　　日　　付款行名称：
收款人：　　　　　　　　　　　　　　出票人账号：

人民币
（大写）

亿千百十万千百十元角分

用途　　　　　　　　　　密码
上列款项请从
我账户内支付
出票人签章　　　　　　　复核　　记账

附加信息：

贴粘单处

收款人签章
年　月　日

身份证件名称：　　　发证机关：

号码

✂ -

附加信息：

贴粘单处

收款人签章
年　月　日

身份证件名称：　　　发证机关：

号码

✂ -

附加信息：

贴粘单处

收款人签章
年　月　日

身份证件名称：　　　发证机关：

号码

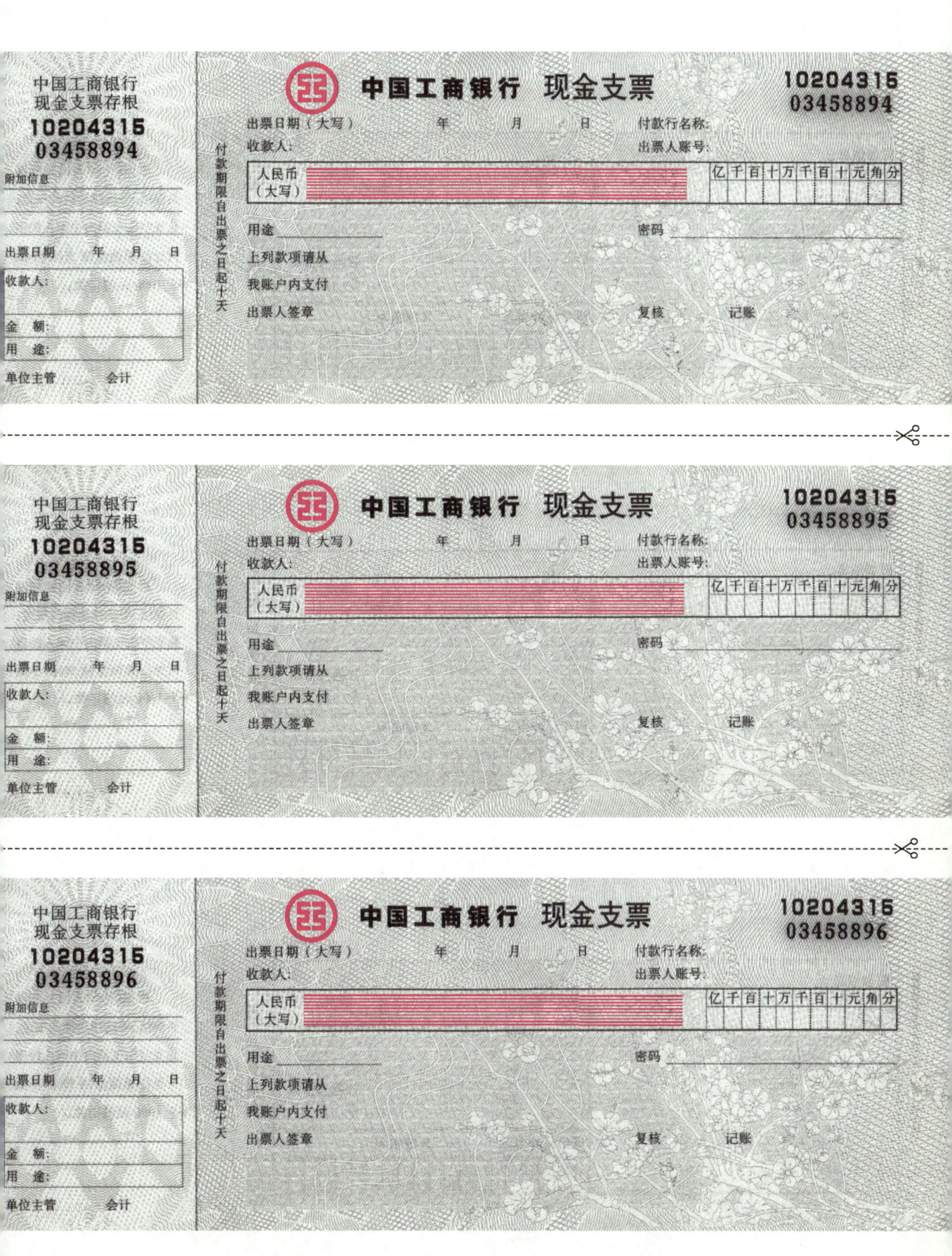

中国工商银行
现金支票存根
10204315
03458894

附加信息

出票日期　年　月　日

收款人：

金　额：

用　途：

单位主管　　会计

付款期限自出票之日起十天

中国工商银行　现金支票
10204315
03458894

出票日期（大写）　　年　　月　　日　　付款行名称：
收款人：　　　　　　　　　　　　　出票人账号：

人民币
（大写）

亿千百十万千百十元角分

用途：　　　　　　　　　　　　　密码

上列款项请从

我账户内支付

出票人签章　　　　　　　　　复核　　　记账

中国工商银行
现金支票存根
10204315
03458895

附加信息

出票日期　年　月　日

收款人：

金　额：

用　途：

单位主管　　会计

付款期限自出票之日起十天

中国工商银行　现金支票
10204315
03458895

出票日期（大写）　　年　　月　　日　　付款行名称：
收款人：　　　　　　　　　　　　　出票人账号：

人民币
（大写）

亿千百十万千百十元角分

用途：　　　　　　　　　　　　　密码

上列款项请从

我账户内支付

出票人签章　　　　　　　　　复核　　　记账

中国工商银行
现金支票存根
10204315
03458896

附加信息

出票日期　年　月　日

收款人：

金　额：

用　途：

单位主管　　会计

付款期限自出票之日起十天

中国工商银行　现金支票
10204315
03458896

出票日期（大写）　　年　　月　　日　　付款行名称：
收款人：　　　　　　　　　　　　　出票人账号：

人民币
（大写）

亿千百十万千百十元角分

用途：　　　　　　　　　　　　　密码

上列款项请从

我账户内支付

出票人签章　　　　　　　　　复核　　　记账

中国工商银行 现金支票

（贴粘单处）

附加信息：

收款人签章
年 月 日

身份证件名称： 发证机关：
号码 | | | | | | | | | | | | | | |

根据《中华人民共和国票据法》等法律法规的规定，签发空头支票由中国人民银行处以票面金额5%但不低于1000元的罚款。

中国工商银行 现金支票

（贴粘单处）

附加信息：

收款人签章
年 月 日

身份证件名称： 发证机关：
号码 | | | | | | | | | | | | | | |

根据《中华人民共和国票据法》等法律法规的规定，签发空头支票由中国人民银行处以票面金额5%但不低于1000元的罚款。

中国工商银行 现金支票

（贴粘单处）

附加信息：

收款人签章
年 月 日

身份证件名称： 发证机关：
号码 | | | | | | | | | | | | | | |

根据《中华人民共和国票据法》等法律法规的规定，签发空头支票由中国人民银行处以票面金额5%但不低于1000元的罚款。

中国工商银行
现金支票存根
10204315
03458897

附加信息

出票日期　　年　　月　　日
收款人：

金　额：
用　途：
单位主管　　会计

付款期限自出票之日起十天

中国工商银行　现金支票
10204315
03458897

出票日期（大写）　　　年　　　月　　　日　　付款行名称：
收款人：　　　　　　　　　　　　　　　　　出票人账号：

人民币
（大写）

| | | | | | | | | 亿 | 千 | 百 | 十 | 万 | 千 | 百 | 十 | 元 | 角 | 分 |

用途　　　　　　　　　　　　　　　　密码
上列款项请从
我账户内支付
出票人签章　　　　　　　　　　　复核　　　记账

中国工商银行
现金支票存根
10204315
03458898

附加信息

出票日期　　年　　月　　日
收款人：

金　额：
用　途：
单位主管　　会计

付款期限自出票之日起十天

中国工商银行　现金支票
10204315
03458898

出票日期（大写）　　　年　　　月　　　日　　付款行名称：
收款人：　　　　　　　　　　　　　　　　　出票人账号：

人民币
（大写）

| | | | | | | | | 亿 | 千 | 百 | 十 | 万 | 千 | 百 | 十 | 元 | 角 | 分 |

用途　　　　　　　　　　　　　　　　密码
上列款项请从
我账户内支付
出票人签章　　　　　　　　　　　复核　　　记账

中国工商银行
现金支票存根
10204315
03458899

附加信息

出票日期　　年　　月　　日
收款人：

金　额：
用　途：
单位主管　　会计

付款期限自出票之日起十天

中国工商银行　现金支票
10204315
03458899

出票日期（大写）　　　年　　　月　　　日　　付款行名称：
收款人：　　　　　　　　　　　　　　　　　出票人账号：

人民币
（大写）

| | | | | | | | | 亿 | 千 | 百 | 十 | 万 | 千 | 百 | 十 | 元 | 角 | 分 |

用途　　　　　　　　　　　　　　　　密码
上列款项请从
我账户内支付
出票人签章　　　　　　　　　　　复核　　　记账

附加信息：

（ 贴 粘 单 处 ）

收款人签章
年　月　日

身份证件名称：　　　发证机关：
号码

中国工商银行　现金支票

根据《中华人民共和国票据法》等法律法规的规定，签发空头支票由中国人民银行处以票面金额 5%但不低于 1000 元的罚款。

附加信息：

（ 贴 粘 单 处 ）

收款人签章
年　月　日

身份证件名称：　　　发证机关：
号码

中国工商银行　现金支票

根据《中华人民共和国票据法》等法律法规的规定，签发空头支票由中国人民银行处以票面金额 5%但不低于 1000 元的罚款。

附加信息：

（ 贴 粘 单 处 ）

收款人签章
年　月　日

身份证件名称：　　　发证机关：
号码

中国工商银行　现金支票

根据《中华人民共和国票据法》等法律法规的规定，签发空头支票由中国人民银行处以票面金额 5%但不低于 1000 元的罚款。

中国工商银行
现金支票存根
10204315
03458900

附加信息

出票日期　　年　　月　　日
收款人：

金　额：
用　途：

单位主管　　会计

中国工商银行　现金支票
10204315
03458900

付款期限自出票之日起十天

出票日期（大写）　　年　　月　　日　　付款行名称：
收款人：　　　　　　　　　　　　　　　出票人账号：

人民币
（大写）　　　　　　　　　　　　　　　亿 千 百 十 万 千 百 十 元 角 分

用途　　　　　　　　　　　　　　密码
上列款项请从
我账户内支付
出票人签章　　　　　　　　　　复核　　记账

中国工商银行
转账支票存根
10204330
00708577

附加信息

出票日期　　年　　月　　日
收款人：

金　额：
用　途：

单位主管　　会计

中国工商银行　转账支票
10204330
00708577

付款期限自出票之日起十天

出票日期（大写）　　年　　月　　日　　付款行名称：
收款人：　　　　　　　　　　　　　　　出票人账号：

人民币
（大写）　　　　　　　　　　　　　　　亿 千 百 十 万 千 百 十 元 角 分

用途　　　　　　　　　　　　　　密码
上列款项请从　　　　　　　　　　行号
我账户内支付
出票人签章　　　　　　　　　　复核　　记账

中国工商银行
转账支票存根
10204330
00708578

附加信息

出票日期　　年　　月　　日
收款人：

金　额：
用　途：

单位主管　　会计

中国工商银行　转账支票
10204330
00708578

付款期限自出票之日起十天

出票日期（大写）　　年　　月　　日　　付款行名称：
收款人：　　　　　　　　　　　　　　　出票人账号：

人民币
（大写）　　　　　　　　　　　　　　　亿 千 百 十 万 千 百 十 元 角 分

用途　　　　　　　　　　　　　　密码
上列款项请从　　　　　　　　　　行号
我账户内支付
出票人签章　　　　　　　　　　复核　　记账

中国工商银行 现金支票

附加信息：

收款人签章
年 月 日

身份证件名称：　　　发证机关：

号码

附加信息：

被背书人	被背书人
背书人签章 年 月 日	背书人签章 年 月 日

附加信息：

被背书人	被背书人
背书人签章 年 月 日	背书人签章 年 月 日

中国工商银行
转账支票存根

10204330

00708579

附加信息

出票日期　　年　　月　　日

收款人：

金　额：

用　途：

单位主管　　会计

付款期限自出票之日起十天

中国工商银行　转账支票

10204330

00708579

出票日期（大写）　　年　　月　　日

收款人：

人民币
（大写）

付款行名称：

出票人账号：

亿	千	百	十	万	千	百	十	元	角	分

用途

上列款项请从

我账户内支付

出票人签章

密码

行号

复核　　记账

中国工商银行
转账支票存根

10204330

00708580

附加信息

出票日期　　年　　月　　日

收款人：

金　额：

用　途：

单位主管　　会计

付款期限自出票之日起十天

中国工商银行　转账支票

10204330

00708580

出票日期（大写）　　年　　月　　日

收款人：

人民币
（大写）

付款行名称：

出票人账号：

亿	千	百	十	万	千	百	十	元	角	分

用途

上列款项请从

我账户内支付

出票人签章

密码

行号

复核　　记账

中国工商银行
转账支票存根

10204330

00708581

附加信息

出票日期　　年　　月　　日

收款人：

金　额：

用　途：

单位主管　　会计

付款期限自出票之日起十天

中国工商银行　转账支票

10204330

00708581

出票日期（大写）　　年　　月　　日

收款人：

人民币
（大写）

付款行名称：

出票人账号：

亿	千	百	十	万	千	百	十	元	角	分

用途

上列款项请从

我账户内支付

出票人签章

密码

行号

复核　　记账

附加信息(Memo):	被背书人	被背书人	
			（贴粘单处）
	背书人签章 年　月　日	背书人签章 年　月　日	

根据《中华人民共和国票据法》等法律法规的规定，签发空头支票由中国人民银行处以票面金额5%但不低于1000元的罚款。

附加信息(Memo):	被背书人	被背书人	
			（贴粘单处）
	背书人签章 年　月　日	背书人签章 年　月　日	

根据《中华人民共和国票据法》等法律法规的规定，签发空头支票由中国人民银行处以票面金额5%但不低于1000元的罚款。

附加信息(Memo):	被背书人	被背书人	
			（贴粘单处）
	背书人签章 年　月　日	背书人签章 年　月　日	

根据《中华人民共和国票据法》等法律法规的规定，签发空头支票由中国人民银行处以票面金额5%但不低于1000元的罚款。

中国工商银行
转账支票存根
10204330
00708582

附加信息

出票日期　年　月　日

收款人：

金　额：

用　途：

单位主管　　会计

中国工商银行　转账支票

10204330
00708582

出票日期（大写）　　年　　月　　日　　付款行名称：

收款人：　　　　　　　　　　　　　　出票人账号：

人民币
（大写）　　　　　　　　　　　　　亿 千 百 十 万 千 百 十 元 角 分

用途：　　　　　　　　　　　　密码

上列款项请从　　　　　　　　　行号

我账户内支付

出票人签章　　　　　　　复核　　记账

付款期限自出票之日起十天

中国工商银行
转账支票存根
10204330
00708583

附加信息

出票日期　年　月　日

收款人：

金　额：

用　途：

单位主管　　会计

中国工商银行　转账支票

10204330
00708583

出票日期（大写）　　年　　月　　日　　付款行名称：

收款人：　　　　　　　　　　　　　　出票人账号：

人民币
（大写）　　　　　　　　　　　　　亿 千 百 十 万 千 百 十 元 角 分

用途：　　　　　　　　　　　　密码

上列款项请从　　　　　　　　　行号

我账户内支付

出票人签章　　　　　　　复核　　记账

付款期限自出票之日起十天

中国工商银行
转账支票存根
10204330
00708584

附加信息

出票日期　年　月　日

收款人：

金　额：

用　途：

单位主管　　会计

中国工商银行　转账支票

10204330
00708584

出票日期（大写）　　年　　月　　日　　付款行名称：

收款人：　　　　　　　　　　　　　　出票人账号：

人民币
（大写）　　　　　　　　　　　　　亿 千 百 十 万 千 百 十 元 角 分

用途：　　　　　　　　　　　　密码

上列款项请从　　　　　　　　　行号

我账户内支付

出票人签章　　　　　　　复核　　记账

付款期限自出票之日起十天

(附加信息□）	被背书人	被背书人
	背书人签章 年　月　日	背书人签章 年　月　日

（ 贴 粘 单 处 ）

1DEG4330
0070B600

根据《中华人民共和国票据法》等法律法规的规定，签发空头支票由中国人民银行处以票面金额 5%但不低于 1000 元的罚款。

✂

(附加信息□）	被背书人	被背书人
	背书人签章 年　月　日	背书人签章 年　月　日

（ 贴 粘 单 处 ）

1DEG4330
0070B600

根据《中华人民共和国票据法》等法律法规的规定，签发空头支票由中国人民银行处以票面金额 5%但不低于 1000 元的罚款。

✂

(附加信息□）	被背书人	被背书人
	背书人签章 年　月　日	背书人签章 年　月　日

（ 贴 粘 单 处 ）

1DEG4330
0070B600

根据《中华人民共和国票据法》等法律法规的规定，签发空头支票由中国人民银行处以票面金额 5%但不低于 1000 元的罚款。

中国工商银行
转账支票存根
10204330
00708585

附加信息 _____
_____
出票日期　年　月　日
收款人：
金　额：
用　途：
单位主管　　会计

中国工商银行 **转账支票**

10204330
00708585

出票日期（大写）　　年　　月　　日　　付款行名称：
收款人：　　　　　　　　　　　　　　出票人账号：
人民币
（大写）　　　　　　　　　　　　　亿千百十万千百十元角分

用途 _____　　　　　密码 _____
上列款项请从　　　　　　　　　　行号 _____
我账户内支付
出票人签章　　　　　　　　　　复核　　　记账

付款期限自出票之日起十天

中国工商银行
转账支票存根
10204330
00708586

附加信息 _____
_____
出票日期　年　月　日
收款人：
金　额：
用　途：
单位主管　　会计

中国工商银行 **转账支票**

10204330
00708586

出票日期（大写）　　年　　月　　日　　付款行名称：
收款人：　　　　　　　　　　　　　　出票人账号：
人民币
（大写）　　　　　　　　　　　　　亿千百十万千百十元角分

用途 _____　　　　　密码 _____
上列款项请从　　　　　　　　　　行号 _____
我账户内支付
出票人签章　　　　　　　　　　复核　　　记账

付款期限自出票之日起十天

中国工商银行
转账支票存根
10204330
00708587

附加信息 _____
_____
出票日期　年　月　日
收款人：
金　额：
用　途：
单位主管　　会计

中国工商银行 **转账支票**

10204330
00708587

出票日期（大写）　　年　　月　　日　　付款行名称：
收款人：　　　　　　　　　　　　　　出票人账号：
人民币
（大写）　　　　　　　　　　　　　亿千百十万千百十元角分

用途 _____　　　　　密码 _____
上列款项请从　　　　　　　　　　行号 _____
我账户内支付
出票人签章　　　　　　　　　　复核　　　记账

付款期限自出票之日起十天

✄ -

(附加信息:)	被背书人	被背书人
	背书人签章 年　月　日	背书人签章 年　月　日

（贴粘单处）

根据《中华人民共和国票据法》等法律法规的规定，签发空头支票由中国人民银行处以票面金额 5%但不低于 1000 元的罚款。

深圳未华印制有限公司 · 2011 年印制

✄ -

(附加信息:)	被背书人	被背书人
	背书人签章 年　月　日	背书人签章 年　月　日

（贴粘单处）

根据《中华人民共和国票据法》等法律法规的规定，签发空头支票由中国人民银行处以票面金额 5%但不低于 1000 元的罚款。

深圳未华印制有限公司 · 2011 年印制

中国工商银行
转账支票存根
10204330
00708588

附加信息

出票日期　年　月　日
收款人：

金　额：
用　途：

单位主管　　会计

付款期限自出票之日起十天

中国工商银行　转账支票
10204330
00708588

出票日期（大写）　　年　　月　　日　　付款行名称：
收款人：　　　　　　　　　　　　　出票人账号：
人民币
（大写）　　　　　　　　　　　　　　　亿 千 百 十 万 千 百 十 元 角 分

用途　　　　　　　　　　　　　　　密码
上列款项请从　　　　　　　　　　　行号
我账户内支付
出票人签章　　　　　　　　　　复核　　记账

中国工商银行
转账支票存根
10204330
00708589

附加信息

出票日期　年　月　日
收款人：

金　额：
用　途：

单位主管　　会计

付款期限自出票之日起十天

中国工商银行　转账支票
10204330
00708589

出票日期（大写）　　年　　月　　日　　付款行名称：
收款人：　　　　　　　　　　　　　出票人账号：
人民币
（大写）　　　　　　　　　　　　　　　亿 千 百 十 万 千 百 十 元 角 分

用途　　　　　　　　　　　　　　　密码
上列款项请从　　　　　　　　　　　行号
我账户内支付
出票人签章　　　　　　　　　　复核　　记账

中国工商银行
转账支票存根
10204330
00708590

附加信息

出票日期　年　月　日
收款人：

金　额：
用　途：

单位主管　　会计

付款期限自出票之日起十天

中国工商银行　转账支票
10204330
00708590

出票日期（大写）　　年　　月　　日　　付款行名称：
收款人：　　　　　　　　　　　　　出票人账号：
人民币
（大写）　　　　　　　　　　　　　　　亿 千 百 十 万 千 百 十 元 角 分

用途　　　　　　　　　　　　　　　密码
上列款项请从　　　　　　　　　　　行号
我账户内支付
出票人签章　　　　　　　　　　复核　　记账

（附加信息）	被背书人	被背书人
	背书人签章 年　月　日	背书人签章 年　月　日

（　贴粘单处　）

1D604330
0070860O

根据《中华人民共和国票据法》等法律法规的规定，签发空头支票由中国人民银行处以票面金额 5%但不低于 1000 元的罚款。

（附加信息）	被背书人	被背书人
	背书人签章 年　月　日	背书人签章 年　月　日

（　贴粘单处　）

1D604330
0070860O

根据《中华人民共和国票据法》等法律法规的规定，签发空头支票由中国人民银行处以票面金额 5%但不低于 1000 元的罚款。

（附加信息）	被背书人	被背书人
	背书人签章 年　月　日	背书人签章 年　月　日

（　贴粘单处　）

1D604330
0070860O

根据《中华人民共和国票据法》等法律法规的规定，签发空头支票由中国人民银行处以票面金额 5%但不低于 1000 元的罚款。

中国工商银行
转账支票存根
10204330
00708591

附加信息

出票日期　年　月　日

收款人：

金　额：

用　途：

单位主管　　会计

付款期限自出票之日起十天

中国工商银行　转账支票

10204330
00708591

出票日期（大写）　　年　　月　　日　　付款行名称：

收款人：　　　　　　　　　　　　　出票人账号：

人民币
（大写）

亿	千	百	十	万	千	百	十	元	角	分

用途：　　　　　　　　　　　　　密码：

上列款项请从　　　　　　　　　　行号：

我账户内支付

出票人签章　　　　　　　　　　　复核　　　记账

中国工商银行
转账支票存根
10204330
00708592

附加信息

出票日期　年　月　日

收款人：

金　额：

用　途：

单位主管　　会计

付款期限自出票之日起十天

中国工商银行　转账支票

10204330
00708592

出票日期（大写）　　年　　月　　日　　付款行名称：

收款人：　　　　　　　　　　　　　出票人账号：

人民币
（大写）

亿	千	百	十	万	千	百	十	元	角	分

用途：　　　　　　　　　　　　　密码：

上列款项请从　　　　　　　　　　行号：

我账户内支付

出票人签章　　　　　　　　　　　复核　　　记账

中国工商银行
转账支票存根
10204330
00708593

附加信息

出票日期　年　月　日

收款人：

金　额：

用　途：

单位主管　　会计

付款期限自出票之日起十天

中国工商银行　转账支票

10204330
00708593

出票日期（大写）　　年　　月　　日　　付款行名称：

收款人：　　　　　　　　　　　　　出票人账号：

人民币
（大写）

亿	千	百	十	万	千	百	十	元	角	分

用途：　　　　　　　　　　　　　密码：

上列款项请从　　　　　　　　　　行号：

我账户内支付

出票人签章　　　　　　　　　　　复核　　　记账

（附加信息□）	被背书人	被背书人
	背书人签章 年　月　日	背书人签章 年　月　日

（贴粘单处）

（附加信息□）	被背书人	被背书人
	背书人签章 年　月　日	背书人签章 年　月　日

（贴粘单处）

（附加信息□）	被背书人	被背书人
	背书人签章 年　月　日	背书人签章 年　月　日

（贴粘单处）

中国工商银行
转账支票存根
10204330
00708594

附加信息

出票日期　年　月　日

收款人：

金　额：

用　途：

单位主管　　会计

中国工商银行 转账支票

10204330
00708594

付款期限自出票之日起十天

出票日期（大写）　　年　　月　　日　　付款行名称：

收款人：　　　　　　　　　　　　　出票人账号：

人民币
（大写）

亿 千 百 十 万 千 百 十 元 角 分

用途　　　　　　　　　　　　　密码

上列款项请从　　　　　　　　　行号

我账户内支付

出票人签章　　　　　　　　　复核　　记账

中国工商银行
转账支票存根
10204330
00708595

附加信息

出票日期　年　月　日

收款人：

金　额：

用　途：

单位主管　　会计

中国工商银行 转账支票

10204330
00708595

付款期限自出票之日起十天

出票日期（大写）　　年　　月　　日　　付款行名称：

收款人：　　　　　　　　　　　　　出票人账号：

人民币
（大写）

亿 千 百 十 万 千 百 十 元 角 分

用途　　　　　　　　　　　　　密码

上列款项请从　　　　　　　　　行号

我账户内支付

出票人签章　　　　　　　　　复核　　记账

中国工商银行
转账支票存根
10204330
00708596

附加信息

出票日期　年　月　日

收款人：

金　额：

用　途：

单位主管　　会计

中国工商银行 转账支票

10204330
00708596

付款期限自出票之日起十天

出票日期（大写）　　年　　月　　日　　付款行名称：

收款人：　　　　　　　　　　　　　出票人账号：

人民币
（大写）

亿 千 百 十 万 千 百 十 元 角 分

用途　　　　　　　　　　　　　密码

上列款项请从　　　　　　　　　行号

我账户内支付

出票人签章　　　　　　　　　复核　　记账

[附加信息（00）]	被背书人	被背书人
	背书人签章 年　月　日	背书人签章 年　月　日

（贴粘单处）

1DΕ04330
0070860O

根据《中华人民共和国票据法》等法律法规的规定，签发空头支票由中国人民银行处以票面金额 5%但不低于 1000 元的罚款。

[附加信息（00）]	被背书人	被背书人
	背书人签章 年　月　日	背书人签章 年　月　日

（贴粘单处）

1DΕ04330
0070860O

根据《中华人民共和国票据法》等法律法规的规定，签发空头支票由中国人民银行处以票面金额 5%但不低于 1000 元的罚款。

中国工商银行
转账支票存根

10204330
00708597

附加信息

出票日期　年　月　日

收款人：

金　额：

用　途：

单位主管　　会计

付款期限自出票之日起十天

中国工商银行　转账支票

10204330
00708597

出票日期（大写）　　年　月　日　　付款行名称：

收款人：　　　　　　　　　　　　出票人账号：

人民币
（大写）

亿 千 百 十 万 千 百 十 元 角 分

用途

上列款项请从

我账户内支付

出票人签章

密码

行号

复核　　记账

中国工商银行
转账支票存根

10204330
00708598

附加信息

出票日期　年　月　日

收款人：

金　额：

用　途：

单位主管　　会计

付款期限自出票之日起十天

中国工商银行　转账支票

10204330
00708598

出票日期（大写）　　年　月　日　　付款行名称：

收款人：　　　　　　　　　　　　出票人账号：

人民币
（大写）

亿 千 百 十 万 千 百 十 元 角 分

用途

上列款项请从

我账户内支付

出票人签章

密码

行号

复核　　记账

中国工商银行
转账支票存根

10204330
00708599

附加信息

出票日期　年　月　日

收款人：

金　额：

用　途：

单位主管　　会计

付款期限自出票之日起十天

中国工商银行　转账支票

10204330
00708599

出票日期（大写）　　年　月　日　　付款行名称：

收款人：　　　　　　　　　　　　出票人账号：

人民币
（大写）

亿 千 百 十 万 千 百 十 元 角 分

用途

上列款项请从

我账户内支付

出票人签章

密码

行号

复核　　记账

（附加信息）〔 〕	被背书人	被背书人
	背书人签章 年　月　日	背书人签章 年　月　日

（贴粘单处）

1D2C4330
0070B600

根据《中华人民共和国票据法》等法律法规的规定，签发空头支票由中国人民银行处以票面金额 5% 但不低于 1000 元的罚款。

深圳太华印制有限公司·2011 年印制

（附加信息）〔 〕	被背书人	被背书人
	背书人签章 年　月　日	背书人签章 年　月　日

（贴粘单处）

1D2C4330
0070B600

根据《中华人民共和国票据法》等法律法规的规定，签发空头支票由中国人民银行处以票面金额 5% 但不低于 1000 元的罚款。

深圳太华印制有限公司·2011 年印制

（附加信息）〔 〕	被背书人	被背书人
	背书人签章 年　月　日	背书人签章 年　月　日

（贴粘单处）

1D2C4330
0070B600

根据《中华人民共和国票据法》等法律法规的规定，签发空头支票由中国人民银行处以票面金额 5% 但不低于 1000 元的罚款。

深圳太华印制有限公司·2011 年印制

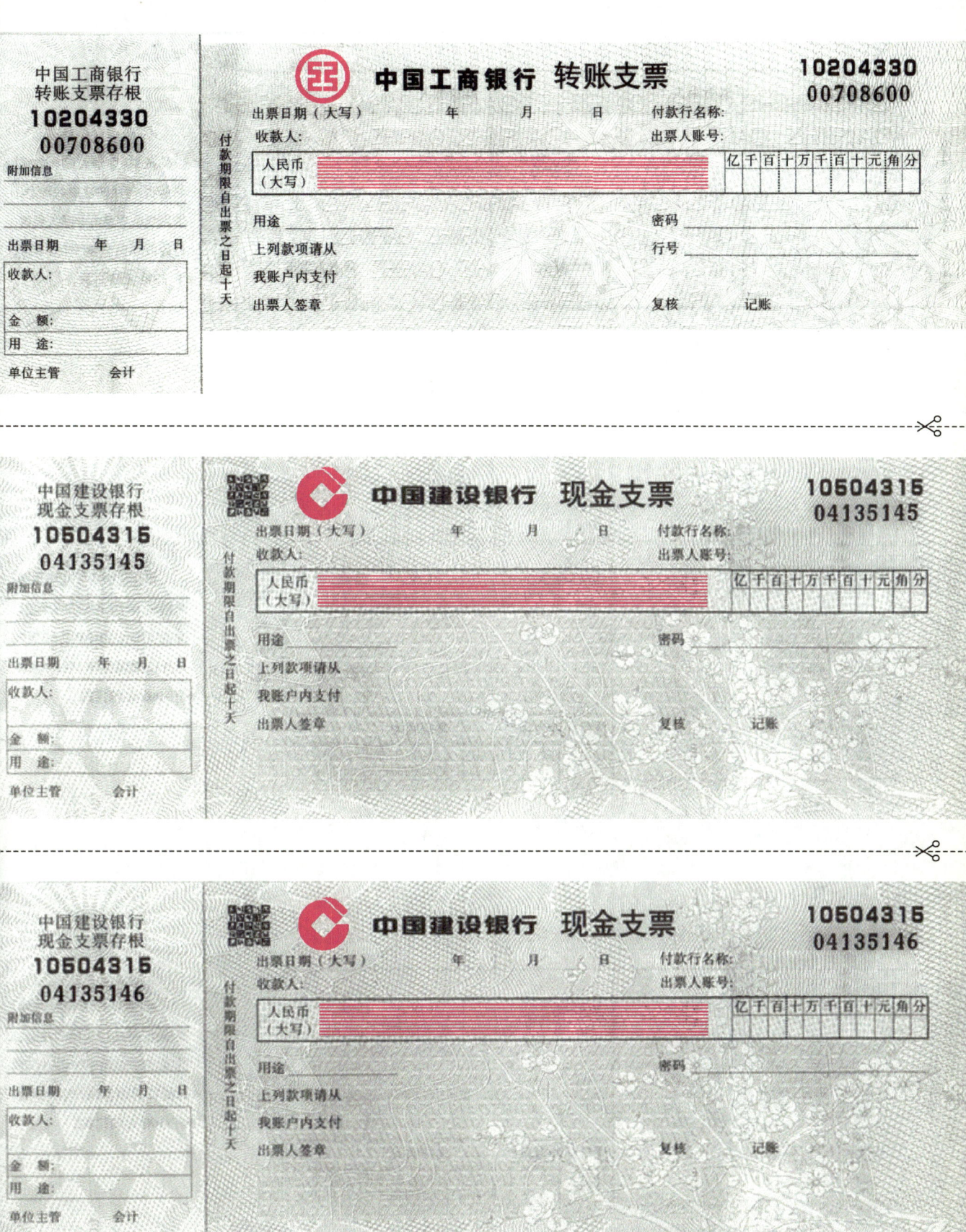

〔附加信息〕（10）	被背书人	被背书人
	背书人签章 年　月　日	背书人签章 年　月　日

（贴粘单处）

附加信息：

现金支票　中国建设银行

		收款人签章 年　月　日
	身份证件名称：	发证机关：
	号码	

（贴粘单处）

附加信息：

现金支票　中国建设银行

		收款人签章 年　月　日
	身份证件名称：	发证机关：
	号码	

（贴粘单处）

中国建设银行
现金支票存根
10504315
04135147

附加信息

出票日期　　年　月　日
收款人：

金　额：
用　途：

单位主管　　会计

付款期限自出票之日起十天

中国建设银行　现金支票

10504315
04135147

出票日期（大写）　　年　　月　　日　　付款行名称：
收款人：　　　　　　　　　　　　　　出票人账号：

人民币
（大写）

亿	千	百	十	万	千	百	十	元	角	分

用途　　　　　　　　　　　　　　密码

上列款项请从

我账户内支付

出票人签章　　　　　　　　复核　　　记账

中国建设银行
现金支票存根
10504315
04135148

附加信息

出票日期　　年　月　日
收款人：

金　额：
用　途：

单位主管　　会计

付款期限自出票之日起十天

中国建设银行　现金支票

10504315
04135148

出票日期（大写）　　年　　月　　日　　付款行名称：
收款人：　　　　　　　　　　　　　　出票人账号：

人民币
（大写）

亿	千	百	十	万	千	百	十	元	角	分

用途　　　　　　　　　　　　　　密码

上列款项请从

我账户内支付

出票人签章　　　　　　　　复核　　　记账

中国建设银行
转账支票存根
10504330
00703747

附加信息

出票日期　　年　月　日
收款人：

金　额：
用　途：

单位主管　　会计

付款期限自出票之日起十天

中国建设银行　转账支票

10504330
00703747

出票日期（大写）　　年　　月　　日　　付款行名称：
收款人：　　　　　　　　　　　　　　出票人账号：

人民币
（大写）

亿	千	百	十	万	千	百	十	元	角	分

用途　　　　　　　　　　　　　　密码

上列款项请从　　　　　　　　　　行号

我账户内支付

出票人签章　　　　　　　　复核　　　记账

⑈703747 ⑆002515409⑆ 6105250155⑈

附加信息：		
		收款人签章
		年 月 日
身份证件名称：	发证机关：	
号码		

（贴粘单处）

附加信息：		
		收款人签章
		年 月 日
身份证件名称：	发证机关：	
号码		

（贴粘单处）

附加信息：	被背书人	被背书人
	背书人签章	背书人签章
	年 月 日	年 月 日

（贴粘单处）

中国建设银行
转账支票存根
10504330
00703748

附加信息

出票日期　年　月　日

收款人：

金　额：

用　途：

单位主管　　会计

付款期限自出票之日起十天

中国建设银行　转账支票

10504330
00703748

出票日期（大写）　　年　　月　　日　　付款行名称：

收款人：　　　　　　　　　出票人账号：

人民币
（大写）　　　　　　　　　　　　亿千百十万千百十元角分

用途　　　　　　　　　　密码

上列款项请从　　　　　　行号

我账户内支付

出票人签章　　　　　　　复核　　记账

⑈703748 ⑆002515409⑈ 6105250155⑈

中国建设银行
转账支票存根
10504330
00703749

附加信息

出票日期　年　月　日

收款人：

金　额：

用　途：

单位主管　　会计

付款期限自出票之日起十天

中国建设银行　转账支票

10504330
00703749

出票日期（大写）　　年　　月　　日　　付款行名称：

收款人：　　　　　　　　　出票人账号：

人民币
（大写）　　　　　　　　　　　　亿千百十万千百十元角分

用途　　　　　　　　　　密码

上列款项请从　　　　　　行号

我账户内支付

出票人签章　　　　　　　复核　　记账

⑈703749 ⑆002515409⑈ 6105250155⑈

中国建设银行
转账支票存根
10504330
00703750

附加信息

出票日期　年　月　日

收款人：

金　额：

用　途：

单位主管　　会计

付款期限自出票之日起十天

中国建设银行　转账支票

10504330
00703750

出票日期（大写）　　年　　月　　日　　付款行名称：

收款人：　　　　　　　　　出票人账号：

人民币
（大写）　　　　　　　　　　　　亿千百十万千百十元角分

用途　　　　　　　　　　密码

上列款项请从　　　　　　行号

我账户内支付

出票人签章　　　　　　　复核　　记账

⑈703750 ⑆002515409⑈ 6105250155⑈

附加信息:	被背书人	被背书人
	背书人签章 年 月 日	背书人签章 年 月 日

（贴粘单处）

根据《中华人民共和国票据法》等法律法规的规定，签发空头支票由中国人民银行处以票面金额5%但不低于1000元的罚款。

附加信息:	被背书人	被背书人
	背书人签章 年 月 日	背书人签章 年 月 日

（贴粘单处）

根据《中华人民共和国票据法》等法律法规的规定，签发空头支票由中国人民银行处以票面金额5%但不低于1000元的罚款。

附加信息:	被背书人	被背书人
	背书人签章 年 月 日	背书人签章 年 月 日

（贴粘单处）

根据《中华人民共和国票据法》等法律法规的规定，签发空头支票由中国人民银行处以票面金额5%但不低于1000元的罚款。

银行进账单(回单)

年　月　日　　　　　　　　　　　　第　号

出票人	全　称		收款人	全　称	
	账　号			账　号	
	开户银行			开户银行	

金额	人民币 (大写)		亿	千	百	十	万	千	百	十	元	角	分

票据种类	
票据张数	
票据号码	

复核：　　　记账：

(受票银行盖章)

银行进账单(回单)

年　月　日　　　　　　　　　　　　第　号

出票人	全　称		收款人	全　称	
	账　号			账　号	
	开户银行			开户银行	

金额	人民币 (大写)		亿	千	百	十	万	千	百	十	元	角	分

票据种类	
票据张数	
票据号码	

复核：　　　记账：

(受票银行盖章)

银行进账单(回单)

年　月　日　　　　　　　　　　　　第　号

出票人	全　称		收款人	全　称	
	账　号			账　号	
	开户银行			开户银行	

金额	人民币 (大写)		亿	千	百	十	万	千	百	十	元	角	分

票据种类	
票据张数	
票据号码	

复核：　　　记账：

(受票银行盖章)

银行进账单(回单)

年 月 日　　　　　　　　第 号

出票人	全　称		收款人	全　称	
	账　号			账　号	
	开户银行			开户银行	

金额	人民币 (大写)		亿	千	百	十	万	千	百	十	元	角	分

票据种类	
票据张数	
票据号码	

复核:　　　　　记账:　　　　　　　　　　　　　　(受票银行盖章)

银行进账单(回单)

年 月 日　　　　　　　　第 号

出票人	全　称		收款人	全　称	
	账　号			账　号	
	开户银行			开户银行	

金额	人民币 (大写)		亿	千	百	十	万	千	百	十	元	角	分

票据种类	
票据张数	
票据号码	

复核:　　　　　记账:　　　　　　　　　　　　　　(受票银行盖章)

银行进账单(回单)

年 月 日　　　　　　　　第 号

出票人	全　称		收款人	全　称	
	账　号			账　号	
	开户银行			开户银行	

金额	人民币 (大写)		亿	千	百	十	万	千	百	十	元	角	分

票据种类	
票据张数	
票据号码	

复核:　　　　　记账:　　　　　　　　　　　　　　(受票银行盖章)

银行进账单（回单）

年 月 日　　　　　　　　　第 号

出票人	全 称		收款人	全 称	
	账 号			账 号	
	开户银行			开户银行	

金额	人民币（大写）		亿	千	百	十	万	千	百	十	元	角	分

票据种类	
票据张数	
票据号码	

复核：　　　　　记账：　　　　　　　　　　　　　（受票银行盖章）

- ✂ - - - - -

银行进账单（回单）

年 月 日　　　　　　　　　第 号

出票人	全 称		收款人	全 称	
	账 号			账 号	
	开户银行			开户银行	

金额	人民币（大写）		亿	千	百	十	万	千	百	十	元	角	分

票据种类	
票据张数	
票据号码	

复核：　　　　　记账：　　　　　　　　　　　　　（受票银行盖章）

- ✂ - - - - -

银行进账单（回单）

年 月 日　　　　　　　　　第 号

出票人	全 称		收款人	全 称	
	账 号			账 号	
	开户银行			开户银行	

金额	人民币（大写）		亿	千	百	十	万	千	百	十	元	角	分

票据种类	
票据张数	
票据号码	

复核：　　　　　记账：　　　　　　　　　　　　　（受票银行盖章）

银行进账单（回单）

年　月　日　　　　　　　　　第　号

出票人	全　称		收款人	全　称	
	账　号			账　号	
	开户银行			开户银行	

金额	人民币 （大写）			亿	千	百	十	万	千	百	十	元	角	分

票据种类	
票据张数	
票据号码	

复核：　　　　记账：

（受票银行盖章）

收 款 收 据

年　　月　　日　　　　　　　　No. 00490021

今收到	
金额（大写）　＿＿＿＿＿＿＿＿＿＿＿＿＿＿＿　金额（小写）	
收款方式	□现金□支票□信用卡□其他

四川华光食品有限公司
收款单位（盖章）
财务专用章

第二联　收据联

核准：　　　　会计：　　　　记账：　　　　出纳：　　　　经手人：

收 款 收 据

年　　月　　日　　　　　　　　No. 00490021

今收到	
金额（大写）　＿＿＿＿＿＿＿＿＿＿＿＿＿＿＿　金额（小写）	
收款方式	□现金□支票□信用卡□其他

四川华光食品有限公司
收款单位（盖章）
财务专用章

第二联　收据联

核准：　　　　会计：　　　　记账：　　　　出纳：　　　　经手人：

收 款 收 据

年　　月　　日　　　　　　　　No. 00490021

今收到

金额（大写）＿＿＿＿＿＿＿＿＿＿＿＿＿＿＿＿＿＿＿＿＿金额（小写）

收款方式　　□现金□支票□信用卡□其他

四川华光食品有限公司
财务专用章

收款单位 （盖章）

核准：　　　会计：　　　记账：　　　出纳　　　经手人：

第二联　收据联

收 款 收 据

年　　月　　日　　　　　　　　No. 00490021

今收到

金额（大写）＿＿＿＿＿＿＿＿＿＿＿＿＿＿＿＿＿＿＿＿＿金额（小写）

收款方式　　□现金□支票□信用卡□其他

四川华光食品有限公司
财务专用章

收款单位 （盖章）

核准：　　　会计：　　　记账：　　　出纳　　　经手人：

第二联　收据联

收 款 收 据

年　　月　　日　　　　　　　　No. 00490021

今收到

金额（大写）＿＿＿＿＿＿＿＿＿＿＿＿＿＿＿＿＿＿＿＿＿金额（小写）

收款方式　　□现金□支票□信用卡□其他

四川华光食品有限公司
财务专用章

收款单位 （盖章）

核准：　　　会计：　　　记账：　　　出纳　　　经手人：

第二联　收据联

参 考 文 献

［1］田国强.出纳实务(第四版)[M].上海:立信会计出版社,2012.

［2］薛跃.中小企业出纳通[M].上海:立信会计出版社,2005.

［3］田国强.出纳实务[M].上海:立信会计出版社,2006.

［4］姚克贤.计算技术[M].北京:中国财政经济出版社,1995.

［5］卢显林.计算技术习题集[M].北京:中国财政经济出版社,1995.

［6］刘太安.珠算与点钞[M].北京:中国财政经济出版社,2001.

［7］张建强.会计基本技能[M].北京:中国财政经济出版社,2006.

［8］傅丽.出纳基础知识与技术[M].北京:中国财政经济出版社,2006.

［9］陈凌.收银技术[M].北京:中国财政经济出版社,2006.

［10］孙振丹.会计分岗位实训[M].北京:中国财政经济出版社,2006.

［11］温亚丽.中小企业工商税务办事手册[M].北京:企业管理出版社,2006.

［12］郭晶洁.第一次当出纳有问必答[M].北京:企业管理出版社,2006.

［13］王义华.出纳入门捷径[M].深圳:海天出版社,2006.

［14］曹慧.珠算与点钞[M].北京:科学出版社,2004.

［15］索晓辉.出纳实务技能1本通[M].北京:中华工商联合出版社,2006.

［16］袁小勇,邵军.如何做出纳工作[M].北京:首都经济贸易大学出版社,2002.

［17］张家伦.出纳会计操作实务[M].北京:首都经济贸易大学出版社,2003.

［18］顾玉芳,梅义.出纳技术[M].上海:上海财经大学出版社,2003.

［19］何大安.第一次当出纳实账实战演练[M].北京:经济科学出版社,2005.

［20］杨成贤.出纳业务有问必答[M].北京:经济科学出版社,2005.